国际商会《银行付款责任统一规则》指南

[英] 戴维 J. 汉纳　著
中国国际商会/国际商会中国国家委员会　组织翻译

对外经济贸易大学出版社
中国·北京

ICC
International Chamber of Commerce
The world business organization

图书在版编目（CIP）数据

国际商会《银行付款责任统一规则》指南：汉、英 /（英）戴维 J. 汉纳著；中国国际商会，国际商会中国国家委员会组织翻译. —北京：对外经济贸易大学出版社，2017.8

ISBN 978-7-5663-1801-5

Ⅰ. ①国… Ⅱ. ①戴… ②中… ③国… Ⅲ. ①银行–付款–规则–汉、英 Ⅳ. ①F830.1-65

中国版本图书馆 CIP 数据核字（2017）第 160942 号

著作权合同登记号
图字：01–2017–6000

国际商会《银行付款责任统一规则》指南

[英] 戴维 J. 汉纳 著
责任编辑： 汪 洋 郭 巍

对 外 经 济 贸 易 大 学 出 版 社
北京市朝阳区惠新东街 10 号 邮政编码：100029
邮购电话：010－64492338 发行部电话：010－64492342
网址：http://www.uibep.com E-mail：uibep@126.com

北京华创印务有限公司印装 新华书店经销
成品尺寸：140mm×235mm 23 印张 340 千字
2018 年 1 月北京第 1 版 2018 年 1 月第 1 次印刷

ISBN 978-7-5663-1801-5
印数：0 001－3 000 册 定价：80.00 元

国际商会《银行付款责任统一规则》指南

国际商会服务机构
出版部
38　Cours Albert 1er
75008 巴黎
法国

国际商会第 751E 号出版物
ISBN：978-92-842-0191-4

翻译：徐珺、王桂杰、杨琳、刘昊翔、黄卉
校译：宋悦、刘昊翔、谭海文、宋燕、黄卉
译审：夏昀、徐珺

感谢/免责声明

作者特此对写作本书给予建议及支持的各公司、银行、其他机构及个人致谢。

尽管已竭尽所能确保本书的准确性，但是，对于任何个人或公司因本书中任何的声明而采取的行为或不作为所带来的任何损失，作者或出版社不承担任何责任。

特别致谢

特此对坚持不懈地经过长期艰苦努力将银行付款责任付诸现实的所有人士致谢。他们包括：

Doris Braun, John Bugeja, Neil Chantry, Chris Conn, Gary Collyer, Mary De Tuerk, Jose Carlos Guedes, Hank Hsu, Daisuke Kamai, Michael Kang, Urs Kern, Jana Kies, Michelle Knowles, Patrick Krekels, Ashutosh Kumar, Sara Joyce, Nadine Louis, Alexander Malaket, Manoj Menon, David Meynell, Robert Marchal, Murray McGuire, Evy Passa, Shin Mizutani, Thiago Fernandes Nascimento, Mike Quinn, Harriette Resnick, Lakshmanan Sankaran, Jay Singh, Tan Kah-Chye, Sanjay Tandon, Dan Taylor, Peter Tijou, Sharyn Trainor, David Vermylen, Hugo Verschoeren, Suwatchai Visanvit, Wang Guosheng, Alan Wong and Xiong Yuanmeng.

同时也对未在此提及的各位致歉。

致敬

向 Miriam，Tamsin，Jeni，Kerenza 及 Serena 致敬。

《国际商会〈银行付款责任统一规则〉指南》中文版序言

银行付款责任（Bank Payment Obligation，简称“BPO”）是一种新型的贸易金融工具，是在一个完全自动化的工作环境中，依赖结构化的信息比较和匹配，由一家银行给予另一家银行的一项不可撤销的承诺。作为规范 BPO 业务的指导性文件，《银行付款责任统一规则》（*Uniform Rules for Bank Payment Obligations*，简称“URBPO”）在 2013 年国际商会银行委员会里斯本会议上得以正式通过。国际商会中国国家委员会于 2015 年正式引进该规则。

本书作为 URBPO 的指南，详细介绍了 BPO 业务的基本要素、运用场景和工作流程，并提供实例分析和相关网站链接，可以说是金融机构深入理解 BPO 业务、掌握 BPO 规则，开展实际操作的实用宝典。

本书中文版译者倾注了大量心血，他们是中国银行徐珺、夏昀、宋悦、刘昊翔、谭海文、宋燕、黄卉，以及中国工商银行王桂杰、中国进出口银行杨琳，其中徐珺和夏昀两位同志还担任了本书的译审工作。感谢译者们为此书付梓所付出的辛勤劳动。正是他们丰富的专业经验，严谨的治学态度，我们才得以出版如此宝贵的学习资料，以飨读者。

希望本书能够为 BPO 业务在中国的发展做出贡献。

中国国际商会
国际商会中国国家委员会　秘书长

作 者 简 介

戴维 J. 汉纳是金融服务学院（前特许银行学会）的会员。他在交易银行业、软件服务、金融服务营销及业务咨询方面具有多年积累的丰富的专业经验，并具有通过使用新技术创新应用以推动变革带来业务盈利的业绩。他曾经在法国、比利时、德国及英国居住，并在巴克莱银行、ICL/富士服务、MISYS 银行系统及 SWIFT 工作过。

在 SWIFT 工作期间，戴维承担了将银行付款责任推向市场的主要职责，并且是国际商会《银行付款责任统一规则》（URBPO）1.0 版本起草小组成员。他是世界各地贸易及行业活动的著名主席、发言人及主持人。他著有许多文章，这些文章多数与产品创新、国际付款及现金管理中的科技应用、贸易及供应链融资有关。他是《贸易及福费廷评论》杂志的定期撰稿人。

戴维是 Hannah FSC 咨询公司（http: //hennahfscadvisory.co.uk）的执行董事，该机构的客户包括国际商会、德米卡及威尔明顿出版及信息有限公司，同时与贸易融资协会（www.www.tradefinanceassociates.com）保持密切的合作关系，并为 International Financial Bridge 公司提供顾问服务。可以通过 david@hennahfscadvisory.co.uk 或者 davidhennah@hotmail.co.uk 直接联系戴维。

前　言

贸易金融行业经常遭受使用过时平台和流程的批评。简化交易流程、将贸易金融业务带入 21 世纪的行业创新做法，将会受到银行家及公司的欢迎，银行付款责任（简称 BPO）即是这种首创的一个很好的例子。

作为贸易金融的工具，BPO 在本质上与跟单信用证相似。简而言之，BPO 是一家银行给予另一家银行的一项不可撤销的承诺，其将在电子数据信息成功匹配后于指定的日期付款。这里关键的区别是，BPO 是在一个完全自动化的工作环境中运作，依赖结构化的信息比较和匹配，而非对纸质单据的物理审核。通过这种方式处理贸易数据信息的能力代表了行业效率的重大飞跃。

2011 年，国际商会（ICC）银行委员会与 SWIFT 签署了里程碑式协议，该协议为国际商会承担制定约束 BPO 的规则这一责任铺平了道路。这一变化的重要性是无法低估的。BPO 不仅将受益于国际商会在管理行业规则方面已建立的职责及声誉，还将获得具有坚实基础的、全球公认的争议解决能力。《银行付款责任统一规则》（以下简称 URBPO）将巩固 BPO 在国际贸易中未来的影响力及地位。假以时日，这些规则可能最终有助于将 BPO 提高到与跟单信用证数十年以来享有的类似地位。

URBPO 有两个重要方面在此值得一提。第一，URBPO 在技术上是中立的。这意味着，不论用于交换 BPO 相关数据信息的是哪种基础交易匹配应用程序或服务提供商，该规则可以适用于任何 BPO 交易。第二，该规则依赖对 ISO 20022 报文传送标准的强制性遵循。这意味着，数据信息本身提交时必须始终遵循已确定的行业要求。

毫无疑问，国际商会接手对 BPO 的管理，将加快推进将 BPO 确立为可被接受的市场实务这一进程。下一步是市场欣然接受这一办理业务的新方法并相应地调整已经确立的程序及流程。在风险管理加强及借贷管控严格的情况下，交易银行家们有机会及责任指导他们的公司客户利用最佳实务的新发展，诸如 BPO 引入后产生的新发展。为确保成功的应用，教育及沟通至关重要。在我们期待下一代金融供应链解决方案的持续发展之际，像这样一本关于 URBPO 指南的著作将有助于扩展知识、认识及理解。

盖瑞 • 考利尔

国际商会 BPO 规则起草小组主席

“如果我能再活一次，我宁可从事商品贸易，而非研究理工学科”。

——阿尔伯特·爱因斯坦

引　　言

信用证是一种商业发明。有人认为信用证起源于公元前 3000 年的古巴比伦。的确，在费城的大学博物馆中陈列了那个年代的一个陶制的本票，该本票中含有一刻印，表明将在具体日期偿还确定金额附带利息。

人们普遍认为，信用证在欧洲的发展是受启发于马可波罗于 13 世纪在中国的发现。到 17 世纪，信用证在欧洲大陆及英国均获得广泛使用，而到 19 世纪时，得益于英镑得天独厚的优势及伦敦银行家们在促进国际金融领域发展方面的声誉，英国的银行实质上垄断了信用证开立业务。

第一次世界大战的爆发割断了已经在世界范围的商人间建立的良好可信的贸易关系。1919 年，国际商会成立，在民族主义及保护主义滋生时期，推动贸易流通的便利化。

自 1933 年以来，商法的全球使用已被一套致力于建立统一实务的规则补充。现在，《跟单信用证统一惯例》（UCP 600）的第六版修订版仍然是为贸易拟制的最为成功的一套民间规则。

21 世纪伊始，我们面对着不可阻挡的越来越多的跨境贸易流。同时，我们正翻开贸易及贸易金融的新篇章。无论我们追求的是哪种生活，我们拥有哪种业务利益，我们的日常生活无法不受不可抗拒的新技术浪潮的影响。当应用使之产生正面影响时，技术能够同时塑造及改变文化。新技术的开发能够使我们通过应用科学来追求我们的业务目标及宗旨。

今天，得益于新技术的力量，我们正面临贸易工具处理模式的转换。缓释风险的需求由更为强烈的智能且简单的系统及服务的需求所补充。公司将供应链的清楚可见性视为解开陷入困境的现金流的关键。技术可被用来提供对日常交易的详细洞察，并能够促使利用信息流支持货物及金钱的流动。

有别于信用证，BPO 是银行家们的创造。关于 BPO，有各种描述，如“游戏规则改变者”及“创造性的远见”。

将 BPO 解读为仅仅是一种电子化的或“简化的”信用证是不公平的。然而，BPO 的最简单的定义确实依赖于与信用证的直接比较。

信用证要求开证行承担凭物理提交相符单据付款的责任，而 BPO 则要求开证行（付款行）承担凭电子提交相符数据付款的类似责任。

实务中，BPO 交易的执行依赖三个组成部分的持续配合。第一部分是根据预定义的标准支持数据交换的一套结构化报文；第二部分是根据预定义的工作流支持数据匹配的平台；第三部分是支持实务统一性并因而促进业务普遍应用的一套规则，正如 UCP 成功支持了跟单信用证在全球范围的统一实践。

每个学习贸易金融的学生将知道“信用证”这一术语来源于拉丁语“accreditivus”，意为“做某事的能力”。银行付款责任使我们能够将贸易金融业务发展至另一层面，并为下一代贸易融资商产生整个全新的惯例。

本书中，我们将仔细审查以上三种组成部分：标准、平台及规则。我们将查看这三种组成部分必须配合及相互补充以促使成功完成一笔 BPO 交易的方式。我们将讨论工作流并提供银行付款责任在实务中应用的一些案例，以支持诸如装运前及装运后融资的各类价值主张。正因如此，本书编写目的不仅是指导实务人员解读《银行付款责任统一规则》，而且也是在真实业务情境中，为 BPO 的实务应用提供实质性的内容。

戴维 J. 汉纳#######
白金汉郡伯纳姆#####
2013 年 4 月

目　　录

图 目 录

表 目 录

流程图目录

第 1 章

什么是银行付款责任？

在首次考虑 BPO 这一不熟悉的概念时，自然而然地会将其与我们熟悉的某种工具比较，即跟单信用证。当然，公平地说，这两种工具的共同目的之一是风险缓释及付款保障。

贸易便利化的核心是这样一个基本的期望：确保买方按时收到所订购的货物或服务以及卖方按时获得付款。

在传统的贸易金融市场上，信用证要求开证行承担凭物理提交相符交单付款的责任。就缓释风险、获得付款保障以及在需要时获得融资而言，这一安排尤其有利于出口商。

直至现在，市场中尚无等效的工具使银行可以对日益增长的使用赊销销售的买卖双方提供类似水平的支持。

BPO 为市场带来了另一种选择以满足贸易中的银行及企业在风险缓释、融资、结算及信息管理上的需求。BPO 首要关注点是跨境贸易，但也可应用到国内贸易场景。

需要注意的是，不同于信用证，从一开始 BPO 就体现了代表买方的银行（被称为付款行）给予另一家代表卖方的银行（被称为收款行）的付款责任。

单一交易含有多家付款行开立的多项 BPO 从技术上来说是可能的。然而，只能有一家收款行，并且，在现有规则下，该银行始终是卖方银行。

在《银行付款责任统一规则》（以下简称 URBPO）中，BPO 的定义如下：

"'银行付款责任'或者'BPO'指……在根据已创建基础信息的要求提交全部数据集，产生数据匹配或接受数据错配后，付款行对收款行承担不可撤销的和独立的承诺，即支付或者承担延期付款责任并于到期日支付确定的金额给收款行。"

1.1　什么是基础信息？

要理解上述 URBPO 中提及的定义，我们首先需要了解什么是基础信息及其是如何创建的。

基础信息只能在银行之间创建。这些银行必须都连接到同一个信息平台，即交易匹配应用程序（以下简称 TMA）。

通过经由 TMA 交换结构型信息，买方银行及卖方银行可以就某特定交易的基础信息样式（参见图 1）相互达成协议。如果两家银行的初始基础信息提交相同（即，二者匹配），则完成基础信息创建。如果基础信息含有 BPO 的可选要素，则 BPO 也告建立。

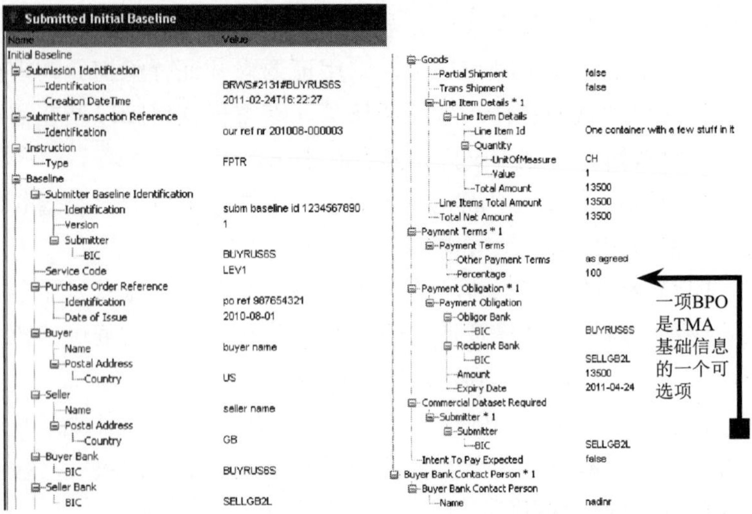

图 1　初始基础信息提交的条目示例

来源：SWIFT

已创建基础信息因此定义了为使 BPO 最终到期而必须由卖方银行（收款行）随后提交的数据要素。

就此上下文来看，BPO 不仅仅是一种产品。它包含了一整套框架，包括在完全自动化环境中支持金融供应链服务交付的标准、流程及规则。这些原则与我们熟悉的适用于跟单信用证（参见图 2）的框架相似。

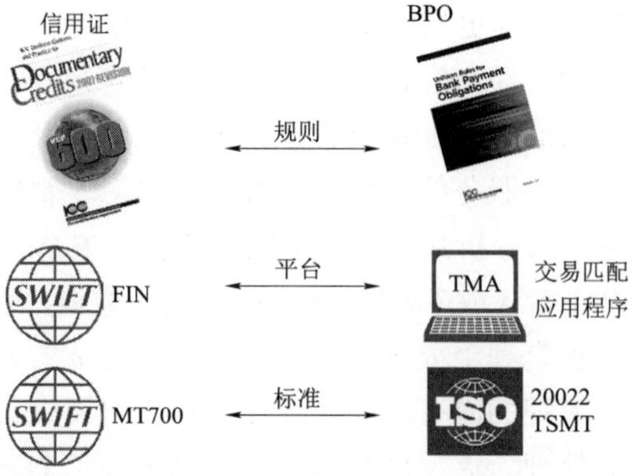

图 2　BPO 包含了一整套标准、流程及规则

本书中，我们将更深入地考虑完成一项 BPO 交易的所有必需要素，包括：

- ISO 20022 TSMT 报文标准；
- 交易匹配应用程序（TMA）的流程及工作流；当然还有
- 《国际商会银行付款责任统一规则》（URBPO）。

1.2　我们为什么需要 BPO?

在当代，世界贸易的交易量及交易额均保持了持续增长。据世界贸易组织的统计，世界商品贸易的美元价值 2011 年增长 19%，达到 18.2 万亿美元，同期世界商业服务出口额增长了 11%，达到 4.2 万亿美元。然而，诸如跟单信用证之类的传统贸易工具使用的统计数据多年保持平稳。

这意味着绝大多数新建立的贸易关系以赊销方式进行交易，单据由卖方直接寄送至买方，于是绕开了银行系统。

这不仅普遍地将银行的业务机会限制于交易末端的付款处理上，还对公司的交易伙伴寻找解决风险、融资、付款及信息需求的其他方案带来了潜在的挑战。

根据这些变化中的客户需求及市场动态，许多金融机构不得不重新调整它们的产品及服务的范围，以解决客户的增值供应链，寻求新的方法以支持付款交易、风险管理、流动性供应及信息流。

寻找另外途径获得交易融资已变得愈发重要。如保理之类的传统产品已越来越受欢迎，在向客户提供的服务中，与 “反向保理”或供应链金融等更为创新的融资形式相互竞争。

而且，银行日益将它们自己视为支持其客户进行数据收集及分析的服务提供商。国际现金管理、电子发票以及制作并匹配商业单据仅是所提供服务的一部分。数据质量对于银行至关重要，因为其与财务面的分析共同构成了成功的客户关系管理的基础。

应用公共平台（或TMA）来交换结构化数据，既有利于金融服务提供商，也有利于公司，因为其不仅避免成本、风险及受困于专有系统及流程的固有限制，还支持对于可再使用数据要素的快速及准确的处理。这反过来便利了一系列增值的赊销服务的发展及交付，包括风险缓释和融资，以及针对提高流程效率的付款、对账以及账户管理服务。

TMA 内的数据比较支持对货物沿着实体供应链移动进行跟踪，使提供创新金融供应链服务的触发点可识别。

在第一章余下内容中，我们将思考如何通过引入BPO来提高一家银行的客户价值主张。

1.3 解决金融供应链中的低效率

优化实体供应链多年来已经成为公司的主要关注点之一。利益相关者之间的合作已共同解决了普遍的低效率问题。

贸易市场的最新进展迫切需要解决金融供应链中的低效率。通过采用相似的合作方法，公司可以通过双赢的业务模式发展端至端的金融供应链策略，以解决从上游供应商至下游客户的所有参与者的需求。

同时，由于新的参与者的出现以及南南贸易的发展等原因，游戏规则正在改变。比任何以往更甚的是，金融供应链策略要求安全、速度及便利性相结合的贸易金融创新解决方案。

传统的基于纸质单据的融资工具（例如信用证）从风险及融资角度而言十分有效，但受欢迎程度已经下降了，部分原因是费用过高，部分原因是被认识到的价值链中各参与方的低效率。从公司的角度看，该种解决方案通常被认为过慢，不仅无法有效、及时地解决流动资金融资需求，也无法及时响应市场商机。

在风险范围的另一端，赊销交易尽管极为方便，但是公司既没有机会缓释付款违约风险，也没有机会获得其他融资方式。

BPO 的设计是取两种结算方式的最佳部分（参见图 3）。一方面，由于金融机构提供了付款保证，它提供了基于纸质单据的金融工具的安全性。另一方面，得益于源自数字化的数据处理及电子化匹配带来的直通式处理的效率提升，它同时提供了赊销交易的速度及便利。

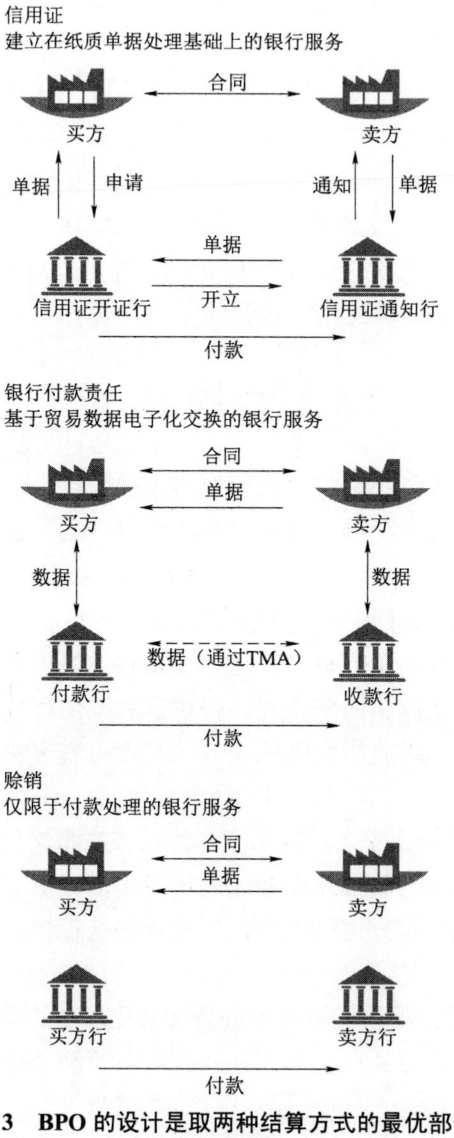

图 3　BPO 的设计是取两种结算方式的最优部分

来源：国际商会

BPO 不仅是风险缓释或提高运作效率的工具，还是强化买卖双方关系并为整个供应链提供重要价值的商业促成者。

1.4 优化营运资金

当今国际贸易公司的核心需求是：通过优化营运资金管理及资金周转周期提高公司流动性，以及通过开票和发票对账流程合理化来减少开支。

解决的方式包括通过优化购买条件来降低库存，以及通过协商来改善付款条件、使之标准化。灵活运用与订货、生产及交货流程状态相适用的外部融资，将有益于保持最佳流动性。

针对提高流程效率及简化库存管理所设计的方案的实施可通过在约定的付款条件中引入 BPO 予以补充，从而不仅提供灵活的融资形式，而且提供按时付款的保证。

1.5 付 款 保 证

银行付款责任允许买方向主要供应商提供他们将根据约定的付款条件按时付款的绝对保证。在收款行（卖方银行）提交的数据与约定条款相符的条件下，这一付款保证来源于某一付款行（或数家付款行）在到期日付款的法律义务。

从现金管理的角度来看，这对买卖双方同样有益，因为其实现了现金流入及流出的确定性。提供这种确定程度付款保证的能力强化了买方和供应商之间的关系，从而可带来协商机会以改善条款和条件。

BPO 比预付款安全，因为它允许买方在承诺付款前确认货物已经在规定日或之前按照所要求的规格出运。由于数据的电子处理更快捷，因此买方也可以潜在性地更快获得银行服务，包括所需要的融资。

BPO 为银行提供了对基础贸易交易更清楚的可视性，因此买卖双方可以从针对其在交易周期任何阶段流动资金需求的特定融资服务中获益。

该特色与现有的信用证实务可提供的服务内容相似，但沿着供应链条上选定的触发点，BPO 提供了更广范围的融资机会范畴。

1.6　提高了处理效率

对跟单信用证的主要的批评之一是其手工审单流程费钱耗时。决定采用 BPO 的买卖双方将只须关注与所需银行服务相关的有限的数据或元素。

这些数据元素将电子化方式交换并匹配。电子化数据匹配将提升处理的质量，降低不符点及争议的风险，从而加速确认过程。电子化处理将大大地降低与数据相符相关的处理费用。

1.7　降低了不符点风险

对单据的手工审核及分析具有内在主观性。因此，其结果经常是不确定的。

不符点的风险是重大的，会导致争议、延误及滞期费增加。经验性证据显示，逾 70%的单据在首次交单时被发现不相符。

决定采用 BPO 的买卖双方将会降低不符点的风险。通过用电子化的数据匹配替代手工审单处理，准确性及客观性将大幅提高，买卖双方将因此受益。

手工处理意味着对单据的逐行确认，但 BPO 仅需对有限数量的相关数据元素进行匹配，以实现付款保证或支持融资方案。

同时，BPO 具有更多的灵活性，即在发现数据错配时，买方有权立即决定接受或拒绝该错配。

1.8　缓释供应商违约风险

对于重要供应商，买方可能决定提供 BPO 以确保所订购的货物持续按时供应，而且没有不必要的供应链中断。供应商能够在交易周期的不同阶段获得其银行的融资。

卖方可以利用 BPO 获得营运资金，例如，支持生产（装运前融资、存货融资）、产品运输（包装及配送贷款）或业务发展及增长。

无法获取这些资金支持可能对供应商的持续交易能力产生不利影响。

1.9 强化买方/供应商关系

通过采用 BPO，买方可强化他们与关键供应商的关系。通过展示可靠性并给予供应商根据约定的付款条款和条件按时付款的保证，他们可以成为值得信赖的交易对手。

与其供应商签订 BPO 合同的买方将有助于简化供应链的处理流程，从而提高风险缓释及流程处理效率。这可转化为相较于其他买方的竞争性优势，进而改善付款条款。反之，延迟开立 BPO 可为买方大幅节省费用，从而为供应商带来相较于其他供应商的竞争性优势。

1.10 发展供应商网络

买方通常与全球多个供应商交易，这些供应商通常分属不同的司法管辖区，导致付款条款各异，并潜在地使用多个供应链融资平台。

平台使用不同的交换机制，从电子化专有数据格式到传真及电子邮件不等。当交易参与方数量增加或随时间推移变化时，那么与公司后台办公应用系统整合的费用变得高不可攀。这也意味着高额的上平台费用及冗长的了解你的客户（KYC）的流程。BPO 是针对四角商业模式设计的。它帮助买方通过在现有代理行网络中的选定银行联系上多个供应商。

1.11 基于全球信息传送标准的整合技术

通过定期地向银行通知货物流及相关的资金流，融资费用可得以降低。未来的潜力在于结构化的应收账款和托收管理。管理与流动性相关的处理流程可使公司免于信用评级下滑的风险，直至避免破产。

然而，就最好的实务而言，满足这些要求的条件是一个标准化的及可靠的数据结构。这只能通过将所有与流动性管理流程相关的信息技术系统联网来实现，该流程覆盖了所有的公司功能，包括收购、物流、现金管理、财务管理及信用管理。

国际贸易公司及出口行业企业还得考虑通往外部各方的众多门户，诸如全球环境下存在的银行、物流及保险提供者、供应商、客户及当局。

图 4　针对现金管理、贸易及供应链融资的 ISO 20022

来源：Misys

BPO 建立在标准 ISO 20022 报文格式基础之上，这一格式（包括电子发票）促进了对贸易、付款及现金管理数据的技术整合（参见图 4）。BPO 与以往电子化解决方式的主要区别是在其对贸易交易匹配机制的共同使用。以往的解决方案已经实现电子化数据交换（EDI）标准，但 BPO 不仅包括结构化的数据交换，而且更为重要的是，它还包括一套可最终通过任何公开交易匹配应用程序（TMA）实现的行业标准规则。

1.12　灵活的融资形式

与信用证相比，BPO 增加了灵活度，因为其可在交易周期的任何时间创建，并且金额可与货物总价值不同。从贸易相关的单据提取数据并进行匹配，创建了信息的连续性和可视性，这对于识别包括装运前、装运后、已确认应付账款及买方融资等多种融资方案的触发点，进而形成融资支持是必需的。

银团 BPO 也可帮助买方将付款风险分散至多个付款行。例如，牵头行可根据指示按照贸易资产配置模型分配风险。

在整个交易周期中有机会利用其他的融资形式，不仅可以降低买方的融资成本，而且可以降低卖方的确认费用，从而在供应链中创造更多的价值和为改善商业条款创造潜在机会。

更大的灵活度也使买卖双方减少了对昂贵的流动资金贷款的依赖，从而保存可用的相关授信额度。

BPO 允许提早兑现付款责任，具有闲置现金余额的买方可因此受益。选择提早支付的买方可从动态贴现中受益，并最终成为优选买方，增加商业交易伙伴之间的相互信任程度。

1.13 “沉默”BPO

公平地说，由于 BPO 被创建为银行间的工具而非银行对公司的承诺，围绕 BPO 的优势和劣势有不少争论。

有一个方面尚未得到广泛讨论或考虑，即银行在什么情况下，可能希望与另一家银行创建独立于公司交易对手之间付款安排的 BPO。

例如，在一个确认应付账款的情境下，买方银行可能需要以买方的名义创建授信额度，以用来为该客户的供应商融资。买方银行此时必须处理供应商上平台的相关事宜，包括了解你的客户（KYC）等。

买方银行并非采用三角解决方式，即买方银行直接给供应商融资（卖方银行排除在外），而是以通过共享的 TMA 交换数据的方式与卖方银行协商安排。

在基础信息创建后，BPO 可选择在交易周期的任何时间在银行间创建，以支持所需的融资方案。因此，卖方银行能够处理供应商上平台的相关事宜，并能在执行四角解决方案（买方、买方银行、卖方银行、卖方）中承担有效的职责。

这样一种安排可能需要参与行之间的风险/收益分担因素。然而，鉴于 BPO 单纯作为银行间的责任存在，那么它可能潜在地被设置为这些银行间的私下安排，对买卖双方均保持“沉默”，因为买方和卖方均未被要求在 BPO 承诺中承担有效的职责。

1.14　应用 BPO 的主要融资机会总结

1.14.1　基本融资选择

通过在交易开始时创建 BPO 作为已创建信息的一部分，可以获得若干基础融资选择（参见图 5）。

这些选择包括：

1. 在初始基础信息创建时，收款行可基于销售订单的付款承诺向卖方提供装运前融资。

2. 在与已创建基础信息比对并成功进行数据集匹配后，收款行可基于确认的应付账款向卖方提供装运后融资。

3. 付款行可选择在到期日支付 BPO，但是通过给予买方延长的付款期限推迟从买方处收款。

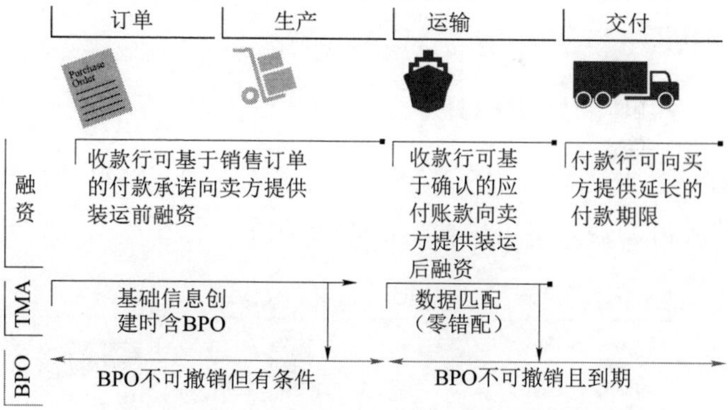

图 5　在交易开始时作为基础信息创建流程的一部分所建立的 BPO，创造了一定范围的基础融资选择

1.14.2　改变 BPO 的到期日

BPO 付款条款可以动态地修改，以契合买卖双方变化的需求。这可以促使银行间资金融通的产生。例如，将到期日提前可使买方银行/付款行为卖方银行/收款行进行资金融通。或者，将到期日推后可使卖方银行/收款行为买方银行/付款行进行资金融通（参见

图 6）。

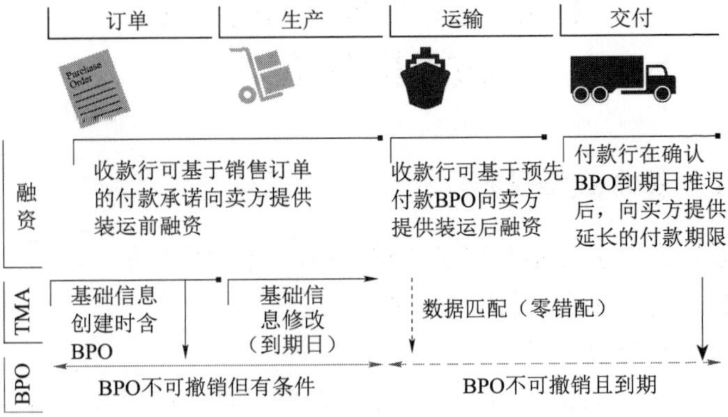

图 6　改变付款到期日支持银行间资金融通机会

1. 收款行可请求付款行通过相应修改基础信息，将付款到期日提前。这意味着收款行将提早收到付款，并能够将该笔资金用于给卖方融资。

2. 付款行可请求收款行通过相应修改基础信息，将付款到期日推后。这意味着付款行能够对买方延长付款期限而无须在到期日支付 BPO。

1.14.3　推迟创建 BPO

BPO 并非必须包含在基础信息创建流程中。BPO 可以延迟至有需要时再创建。这可以通过修改基础信息来达成（参见图 7）。

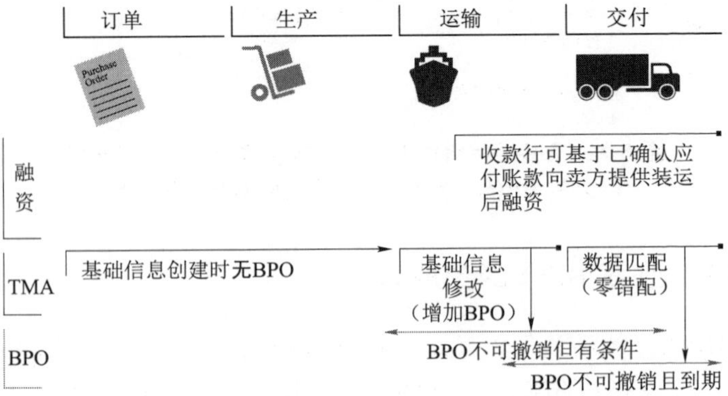

图 7　延迟 BPO 的开立缩减了对买方授信额度的需求

通过延迟创建 BPO，收款行可仅在卖方有需求的时候，为卖方提供装运后融资或已确认应付账款融资。

这种方法同样可使买方及买方银行/付款行受益，因为它限定买方的授信额度并因而减少整体资金成本。

1.14.4　使用 TMA“预匹配”功能，稍后再创建 BPO

使用 TMA“预匹配”功能，可将 BPO 的创建推迟到最后一个可能的时刻（参见图 8）。这在应付账款融资已被确认的情况下尤其相关，在这种情况下，卖方只在商业及运输数据提交后才确定融资需求。

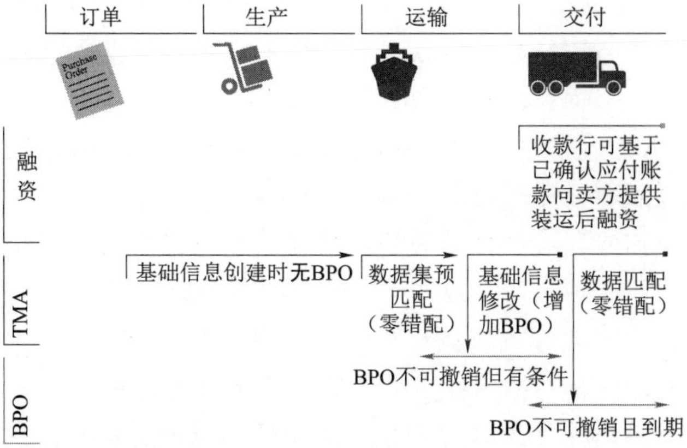

图 8　预匹配可将 BPO 的创建推迟到最后一个可能的时刻

通过预匹配数据集，卖方银行能够确认数据确实匹配。然而，预匹配的结果仅发送至卖方银行。这意味着如果有需求，卖方银行仍可选择在之后提交基础信息修改请求，请求买方银行（或另一付款行）同意添加 BPO。如果买方银行/付款行同意，则 BPO 被添加到基础信息中。

卖方银行此时可提交数据集做“完全推送”匹配，所有参与行都可看到该匹配结果，BPO 将到期。

1.15　BPO 的会计政策

BPO 交易中需要考虑的与会计有关的主要问题包括债务的性质及将一种债务转换为另一种债务的触发点。

一般的共识是，出于会计及财务报告目的，应该用处理进口信用证的相似方式来处理 BPO。

因此，如果提交的初始基础信息包含的付款责任部分显示买方银行将承担 BPO 付款行的职责，那么，该责任本身立刻被买方银行/付款行记录为表外或有负债。

如果提交的初始基础信息包含的付款责任部分显示买方银行以外的银行将承担 BPO 付款行的职责，那么，那家付款行在接受其被指定职责时应同样将其风险记录为表外或有负债。

在延期付款责任情况下，在所有要求的数据集提交并成功匹配时，或在错配被接受时，付款行的责任即成为直接的负债。此时，TMA 交易被视为完整的，因为不需要进一步提交数据。

如果卖方银行贴现付款责任，其风险暴露变成被记录为贷款/预付款的现金项目，并成为融资性负债。

当然，BPO 与信用证之间有实质性区别，因为 BPO 的开立是以收款行而非公司（卖方）为受益人的。

价值何时以及如何从收款行传递给卖方是公司与银行之间协商的事宜，其条款将在双方之间的合约中予以体现。

例如，收款行可将或有负债记录成以卖方为受益人。就会计目的而言，这将与信用证沉默保兑的处理方式类似。

仅作为指导，表格 A 提供了对本问题讨论观点的总结。

表 A　　BPO 会计政策建议总结

当事方/职责	负债类型	期　限	交易流	会计政策
付款行	或有	自基础信息创建起至所有要求的数据集成功匹配	BPO 创建为不可撤销、有条件的付款责任，数据集待提交	● 资产负债表外 ● 非融资性
收款行	或有	自基础信息创建起至所有要求的数据集成功匹配	BPO 创建为不可撤销、有条件的付款责任，数据集待提交	● 资产负债表外 ● 非融资性
● 付款行 ● 收款行	直接	自所有要求的数据集成功匹配时至任何延期付款期限终止之时	数据成功匹配后确认延期付款责任	● 资产负债表内 ● 融资性

续表

当事方/职责	负债类型	期　　限	交易流	会计政策
收款行	直接	自贴现时至任何延期付款期限终止之时	无追索权 BPO 贴现	• 资产负债表内 • 融资性
• 付款行 • 收款行	关账	在所有要求的数据集成功匹配后或在任何延期付款期限终止时立刻即期付款	转账给公司受益人（卖方）	关账

来源：国际商会讨论稿

1.16　BPO 的资本处理

众所周知的是，近期影响巴塞尔委员会监管框架的变化强调了一些未预期的结果，这些结果可能有损于传统的贸易融资业务。

作为一种新的金融工具，BPO 此时此刻缺少任何正式的使用历史。因此，就资本充足率而言，难以给出关于其表现的任何有意义的分析。

关于 BPO 资本处理及报告的有说服力的指导原则，只能随时间、在实际商业经营中发展。

目前的期待是，BPO 应作为或有负债对待，因此作为表外负债是合适的。如果在提交的数据集与已创建基础信息之间存在数据错配，则付款行无须履行付款责任。

在考虑 BPO 的资产处理方式时，有若干因素起作用，包括负债类型、风险期间以及违约和/或损失的可能性。

1.16.1　违约概率

违约概率（PO）是交易对手驱动的。这取决于已让渡给付款行的财务状况。

1.16.2　违约损失率

违约损失（lGD）率是产品驱动的。在缺少任何使用跟踪记录的情况下，BPO 的违约损失率的计算将主要依据内部评级基础模型，目前固定为45%。这应在一段时间后跟踪记录佐证增加时再进行回顾审视。

1.16.3 有效到期日

现适用于信用证的不受一年期到期日最低资本要求的约束（译者注：根据巴Ⅱ，在高级内评法下，风险加权资本的计算以一年期为最低要求。这就要求银行比短期贸易融资平均期限下持有资本的时间更长。巴塞尔委员会后决定对到期日不足一年的信用证开立及保兑信用证放弃一年期的最低要求。）被认为应类似适用于BPO。

1.16.4 杠杆率

关于表外负债风险加权资产的计算，BPO应按照一年以内承诺的信用转换系数为20%，而一年以上的为50%计算。

鉴于自动处理带来的效率提升，以及BPO通常在交易周期中的合期开立创建这一事实，BPO的平均付款期限被认为很有可能少于一年。

在巴塞尔III框架下，所有表外负债目前被视同于表内科目，因此在杠杆率计算中按信用转换系数100%来计算[①]。

仅作为指导，表B提供了对本问题讨论观点的总结。

表B　　BPO资本处理方法建议总结

违约概率	违约损失率	有效到期日	信用转换系数
交易对手驱动	45%（根据IRB基金）	最少一天（根据信用证）	RWA 1年：20% 1年以上：50% **杠杆率：100%**

来源：国际商会讨论稿

① 2013年4月，欧洲议会通过了《资本留存要求IV指令》（CRR IV）。CRR IV将担保的信用证信用转换系数修改回以前的20%的水平。这意味着在欧洲运营的银行将从更有利的资本处理方式中获益。在撰写本书时，如果当地监管当局决定采取类似措施，其他地区的银行是否可同样受惠，尚待分晓。

第 2 章

ISO 20022 贸易服务管理（TSMT）报文

《国际商会银行付款责任统一规则》（URBPO）以参与行（例如，卖方银行、收款行、买方银行、付款行或提交行）和交易匹配应用程序（TMA）之间的信息交换为基础，这类信息交换遵照 ISO 20022 标准进行。因此，适用 URBPO 的任何 TMA 必须至少能够处理 URBPO 第四条定义的 ISO 20022 TSMT 报文。

2.1 ISO 是什么?

对于不太熟悉金融报文领域的人来说，ISO 是“国际标准化组织”的简称，是世界最大的国际标准制定者和发布者，成员包括 160 多个国家标准机构。ISO 的宗旨是，在众多领域发布全球标准，以利于货物、服务和技术的跨境交易。

无须赘言，金融机构要开展业务，需要每天与客户及交易对手交换大量信息。为了提高效率，需要对特定类型信息的提交方式达成共识，且要有全自动环境中实现这种交换的被认可的结构，这样一台计算机才能读取和解读从另一台计算机收到的数据。

近年来，金融服务业已经发展了把数据组织为结构化格式的方法（称为语法学），以及数据定义（称为语义学）。基于对这些结构化格式和定义的广泛共识，金融机构能够在最低限度人工干预的条件下以电子方式交换信息。然而，一个不足之处是，全行业仍在沿用多种相互矛盾的标准，这意味着数据不能总是以同样的方式提交。使用不同的语法和语义妨碍直连处理，而这种不同有时是因为某些标准是某一组织所专有而导致的。

2.2 ISO 20022 是什么？

ISO 20022 是国际标准化组织为金融业开发的一套标准。使用 ISO 20022 报文可通过使用共同的数据词典实现格式和术语的一致性和统一性。

ISO 20022 中最广泛使用的语法是可扩展标记语言（XML），它允许使用者为报文的每个要素定义标识符和数据类型。

ISO 20022 包含使用以下方式进行报文开发的一个通用平台：

- 基于统一模型语言（UML），以独立语法的方式捕捉金融业务类型、业务交易和相关信息流的方法；
- 用于金融通信的业务条款的核心词典；
- 当优先使用基于 ISO 20022 XML 的语法时，将以 UML 描述的报文转换为 XML 格式的一套 XML 设计规则。

结果模型和衍生报文发布在报文名录下，存储于 ISO 20022 金融知识库，可以在 ISO 20022 网站中获取（http://www.iso20022.org）。

这个灵活的架构允许用户和报文开发组织构成的共同体定义报文集。这需要以国际认可的方式作出，使用国际认可的业务语义学，且当可行时，改为使用普遍适用的基于 XML 的语法。

金融报文定义根据业务领域编排，每一类报文都根据由 4 个字母构成的业务类型编码进行识别。就贸易服务管理来说，其业务类型编码是 TSMT。

2.3 ISO 20022 TSMT 是什么？

ISO 20022 TSMT 标准详细说明了数据集和相关 TSMT 报文的格式，数据集包含由参与行基于基础贸易交易提交的商业、运输、保险、证明及其他证明等，相关 TSMT 报文则在参与行与 TMA 间进行交换。就像金融服务领域的其他 ISO 标准一样，TSMT 报文所适用的 ISO 20022 标准可以公开获得，且不为任何技术提供者或金融机构所专有。目前 ISO 网站上发布的报文定义是贸易服务标准评估集团在 2008 年 4 月 11 日批准认可的。报文设计为在

TMA 用户与 TMA 自身之间进行交换，而非用户间报文。这些报文以完整的工作流管理功能支持了 TMA 的特征。

报文定义涵盖以下主要应用特征：

- 交易的创建（也称为基础信息）
- 数据集的匹配
- 交易（基础信息）的修改
- 接受/拒绝错配
- 状态及活动报告

2.4　ISO 20022 TSMT 报文

目前有 50 个正式注册的 ISO 20022 TSMT 报文在使用，它们专门被设计用于支持交易涉及的银行和执行数据处理的 TMA 之间交换信息和相关报告。下文为所有这些报文的定义。需要说明的是，tsmt.039.×××.××和 tsmt.043.×××.××目前不可用。

表 C 列出的 50 个报文中，仅有 19 个在 URBPO 中下了定义。这 19 个报文突出显示为**粗字体**。仅部分报文被定义的原因是，这些报文均为 URBPO 条款自身直接引用的报文。其他报文主要包括各类报告、请求及通知。

这些其他报文尽管超出了 URBPO 的直接范畴，但仍是交易匹配工作流的必要组成部分。因此，特别要注意的是，除了 URBPO 范畴内的报文，其他报文也会在交易过程中被交换。

表 C　这是 ISO 20022 TSMT 报文的完整清单，粗体字是 URBPO 第 4 条中定义的报文

报文类型	报文名称	用　途	发送自	发至
tsmt.001.001.03	回执	确认收到进入系统的报文	TMA	发出原始报文的参与行
tsmt.002.001.03	活动报告	报告给定时间段内发生活动的所有交易	TMA	发出活动报告请求的参与行
tsmt.003.001.03	活动报告请求	请求关于给定时间段内发生活动的所有交易的报告	参与行	TMA

续表

报文类型	报文名称	用　途	发送自	发至
tsmt.004.001.02	活动报告设定请求	要求设定生成活动报告的确定时间的请求	参与行	TMA
tsmt.005.001.02	**接受修改**	接受基础信息修改请求	买方银行、卖方银行或收款行（如有）	TMA
tsmt.006.001.03	**接受修改通知**	通知接受基础信息修改请求	TMA	买方银行、卖方银行或收款行（如有）
tsmt.007.001.02	**拒绝修改**	拒绝基础信息修改请求	买方银行、卖方银行或收款行（如有）	TMA
tsmt.008.001.03	**拒绝修改通知**	通知拒绝基础信息修改请求	TMA	买方银行、卖方银行或者收款行（如有）
tsmt.009.001.03	**基础交易修改请求**	请求修改已创建基础信息	买方银行、卖方银行或者收款行（如有）	TMA
tsmt.010.001.03	**基础信息匹配报告**	报告（a）基础信息成功创建（在提交两个零错配的初始基础信息提交后）或（b）因在两个初始基础信息提交中发现错配导致基础信息创建失败	TMA	参与行（不包括非买方银行的付款行）
tsmt.011.001.03	基础信息报告	报告对已创建基础信息中可变部分的预计算或最终计算结果	TMA	基础信息修改请求或数据集匹配涉及的银行
tsmt.012.001.03	基础信息重新提交	回应初始基础信息提交或重新提交错配的基础信息数据	初始基础信息提交的发送者或提交中指明的对手银行	TMA

续表

报文类型	报文名称	用　　途	发送自	发至
tsmt.013.001.03	**数据集匹配报告**	在提交已创建基础信息要求的所有数据集，并将这些数据集与该已创建基础信息进行自动比较后，向买方或卖方报告数据匹配或数据错配	TMA	每个参与行
tsmt.014.001.03	**数据集提交**	触发对根据已创建基础信息提交的信息的匹配或预匹配	参与行	TMA
tsmt.015.001.03	差异[①]报告	在要求基础信息修改后，列出已创建基础信息与新发起的基础信息间的差异	TMA	基础信息修改请求中涉及的银行
tsmt.016.001.03	差错报告	通知因在报文中检测出差错，TMA 无法处理自参与行收到的报文	TMA	导致处理过程中产生差错的报文的提交者
tsmt.017.001.03	发送数据集提交报告	传递交易项下与数据集相关的信息	TMA	参与行
tsmt.018.001.03	**完全推送报告**	通知发起基础信息、已创建基础信息或对已创建基础信息发起修改的具体细节，基础信息数据构成完全推送报告的一部分	TMA	每个参与行
tsmt.019.001.03	初始基础信息提交	创建交易	买方银行或卖方银行	TMA
tsmt.020.001.02	**接受错配**	接受数据错配	买方银行	TMA
tsmt.021.001.03	**接受错配通知**	通知买方银行对数据错配的接受	TMA	每个参与行
tsmt.022.001.02	**拒绝错配**	拒绝数据错配	买方银行	TMA

① 译者注：英文原文中的“delta”是希腊字母第四个字母“δ”。在科技术语中，“delta”一般被用来代表变量增量。由于使用 delta 的音译法无法直观体现报文的含义，因此译文根据“delta report”报文的功能译为“差异报告”。

续表

报文类型	报文名称	用　　途	发送自	发至
tsmt.023.001.03	**拒绝错配通知**	通知买方银行对数据错配的拒绝	TMA	每个参与行
tsmt.024.001.03	行为提醒	就逾期行为提醒参与行	TMA	某一参与行
tsmt.025.001.03	状态变更通知	通知基础信息（交易）状态的变动，如从发起到已创建	TMA	参与行
tsmt.026.001.02	状态变更请求	请求变更交易状态，如从完成到关闭	买方银行或卖方银行	TMA
tsmt.027.001.02	接受状态变更请求	通知对交易状态变更请求的接受	买方银行或卖方银行	TMA
tsmt.028.001.03	状态变更请求通知	通知收到对交易状态变更的请求	TMA	买方银行或卖方银行
tsmt.029.001.02	拒绝状态变更请求	通知对交易状态变更请求的拒绝	买方银行或卖方银行	TMA
tsmt.030.001.03	状态变更请求拒绝通知	将对交易状态变更请求的拒绝通知对方银行	TMA	买方银行或卖方银行
tsmt.031.001.03	接受状态展期	将对交易状态展期请求的接受通知对方银行	买方银行或卖方银行	TMA
tsmt.032.001.03	状态展期通知	将对交易状态展期请求的接受通知各方	TMA	参与行
tsmt.033.001.03	拒绝状态展期	通知对交易状态展期请求的拒绝	买方银行或卖方银行	TMA
tsmt.034.001.03	状态展期拒绝通知	将对交易状态展期请求的拒绝通知交易对手	TMA	买方银行或卖方银行
tsmt.035.001.03	状态展期请求	请求延展交易状态	买方银行或卖方银行	TMA
tsmt.036.001.03	状态展期请求通知	将交易状态展期请求通知交易对手	TMA	买方银行或卖方银行
tsmt.037.001.03	状态报告	报告银行可能参与的TMA中所有交易的状态	TMA	请求该报告的参与行
tsmt.038.001.03	状态报告请求	请求得到TMA中交易状态的报告	参与行	TMA

续表

报文类型	报文名称	用　　途	发送自	发至
tsmt.040.001.03	到期通知	用来通知若未采取行动，交易将在给定时间内结束	TMA	参与行
tsmt.041.001.03	交易报告	报告 TMA 中的交易详情	TMA	请求该报告的参与行
tsmt.042.001.03	交易报告请求	请求得到 TMA 中的交易详情报告	参与行	TMA
tsmt.044.001.01	付款意愿通知	表达买方在某笔或某几笔交易项下于特定时间支付具体金额的确定意愿	买方银行	TMA
tsmt.045.001.01	发送付款意愿通知	将买方在某笔或某几笔交易项下于特定时间支付具体金额的确定意愿通知卖方银行	TMA	卖方银行
tsmt.046.001.01	付款意愿报告	报告所收到的付款意愿报文	TMA	买方银行和卖方银行
tsmt.047.001.01	**特别请求**	用于以下特别场景：（1）通知不能提交数据集的原因，或（2）因不可抗力而不再承担已创建基础信息中的职责	（1）提交行 （2）参与行	TMA
tsmt.048.001.01	**特别通知**	提供从另一家参与行收到的特别请求报文的相关信息	TMA	参与行
tsmt.049.001.01	**接受职责及基础信息**	确认接受完全推送报告中基础信息指定的交易中的职责	提交行或者非买方银行的付款行	TMA
tsmt.050.001.01	**拒绝职责及基础信息**	通知拒绝完全推送报告中基础信息指定的职责	提交行或者非买方银行的付款行	TMA
tsmt.051.001.01	**接受职责及基础信息通知**	通知收到接受职责及基础信息，作为对完全推送报告的回应	TMA	每家参与行
tsmt.052.001.01	**拒绝职责及基础信息通知**	通知收到拒绝职责及基础信息，作为对完全推送报告的回应	TMA	每家参与行

附注：报文类型 tsmt.039.×××.××（请求存储数据集）和 tsmt.043.×××.××不可用

考虑按照这些报文的功能及流转进行分组也会有帮助。例如：

表 D　　基础信息创建报文

基础信息创建报文	
TMA 收到	**TMA 发出**
初始基础信息提交	完全推送报告
基础信息重新提交	基础信息匹配报告
接受职责及基础信息	接受职责及基础信息通知
拒绝职责及基础信息	拒绝职责及基础信息通知

表 E　　基础信息修改报文

基础信息修改报文	
TMA 收到	**TMA 发出**
基础信息修改请求	差异报告
接受修改	接受修改通知
拒绝修改	拒绝修改通知
	基础信息报告
	完全推送报告
接受职责及基础信息	接受职责及基础信息通知
拒绝职责及基础信息	拒绝职责及基础信息通知

表 F　　数据集提交报文

数据集提交报文	
TMA 收到	**TMA 发出**
数据集提交	发送数据集提交报告
	数据集匹配报告
接受错配	接受错配通知
拒绝错配	拒绝错配通知
	基础信息报告
	完全推送报告
接受职责及基础信息	接受职责及基础信息通知
拒绝职责及基础信息	拒绝职责及基础信息通知

表 G　报告类报文

报告类报文	
TMA 收到	**TMA 发出**
活动报告创建设定请求	
活动报告请求	活动报告
状态报告请求	状态报告
交易报告请求	交易报告
	付款意愿报告

表 H　特别报文

特别报文	
TMA 收到	**TMA 发出**
特别请求	特别通知
付款意愿通知	发送付款意愿通知

表 J　状态变更报文

状态变更报文	
TMA 收到	**TMA 发出**
状态变更请求	状态变更通知
接收状态变更请求	状态变更请求通知
拒绝状态变更请求	拒绝状态变更请求通知
状态展期请求	状态展期请求通知
接受状态展期	状态展期通知
拒绝状态展期	拒绝状态展期通知

表 K　技术类报文

技术类报文	
TMA 收到	**TMA 发出**
	回执
	行为提醒
	差错报告
	到期通知

这些报文流转将在第五章中在 URBPO 的情境下详细说明。

第 3 章

交易匹配应用程序（TMA）

如前文所述，《国际商会银行付款责任统一规则》（URBPO）以参与行和 TMA 之间的信息交换为基础，这类信息交换遵照 ISO 20022 TSMT 标准进行。因此，适用 URBPO 的任何 TMA 必须至少能够处理 URBPO 第四条定义的 ISO 20022 TSMT 报文。任何用来处理 BPO 相关交易的 TMA 似乎也要能够处理第二章所定义的其他 ISO 20022 TSMT 报文。这些报文与 BPO 无直接关联，但仍然构成整个交易工作流的必要组成部分。这些报文也包括回执及报告。

TMA 方案仅限银行参与。只有参与行和 TMA 之间的数据交换会强制适用 ISO 20022 TSMT 报文标准及 URBPO 规则（参见图 9）。买卖双方之间合同及/或单据的交换并无强制适用的规则或标准。这些交换通常基于纸质单据。同样，企业与银行之间的数据交换也无强制适用的规则或标准。这些数据交换可以采用双方接受的任意标准、格式和首选渠道。

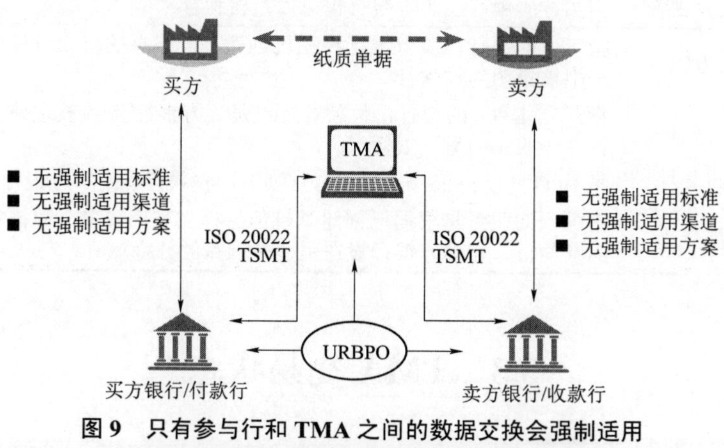

图 9　只有参与行和 TMA 之间的数据交换会强制适用 ISO 20022 TSMT 报文标准及 URBPO 规则

3.1 TMA 订购

任何想要参与 BPO 业务以向其企业客户提供 BPO 相关服务的银行，必须首先订购 TMA。为了交换 BPO 相关数据，银行必须订购同一 TMA 方案。

通常，成为 TMA 方案的会员需要交纳年费。一般仅符合条件的金融机构可以订购 TMA。资格条件标准由 TMA 方案的运营商决定。

TMA 方案的运营商会将其成员名单制成目录，以便加入该方案的任何银行可以查询其他成员。

订购 TMA 方案的银行应熟悉该方案的运作条款及条件，包括具体的操作要求和通知期限。

只要适合，参与行可希望考虑这些条款及条件对其与企业客户约定的合同义务的影响，因为这些义务可能会依赖于 TMA 的可用性及性能。

3.2 TMA 职责

订购 TMA 的银行可能会承担下列一个或多个职责。这些职责被统称为“参与行”（参见表 L）。

表 L　　参与行在 TMA 交易中可能承担的职责

买方银行	指买方的银行，买方银行也可以是付款行
卖方银行	指卖方的银行，卖方银行将在已创建基础信息的付款责任部分中被指明为收款行
付款行	指开立 BPO 的银行，付款行可以是买方银行及/或被邀请担任这一职责的另一银行
收款行	指 BPO 的受益银行，在现有规则下，收款行总是卖方银行
提交行	指唯一的职责是根据已创建基础信息提交一个或多个数据集的参与行，如卖方银行设在另一个国家的分行

3.3 TMA 交易状态

一宗交易经过 TMA 的不同处理阶段之后，其状态会发生变化。表 M 展示了“TMA 交易状态”中部分可能在任何特定时间适用的状态。

表 M　　　　TMA 交易可能的状态

TMA 交易状态	TMA 描述
已提交	已自买方银行或卖方银行处收到初始基础信息提交
部分匹配	买方银行或卖方银行（适用时）重新提交基础信息之后，两个基础信息中部分数据匹配，部分数据错配
已创建	重新提交的基础信息与初始基础信息提交完全匹配，TMA 出具一份零错配的基础信息匹配报告以确认基础信息“已创建”
有效	数据集已被提交，从而与已创建基础信息进行匹配
已请求修改	参与行提交了基础信息修改，其他参与行必须接受或拒绝
已请求变更状态	买方银行或卖方银行已请求修改状态，对手银行必须接受或拒绝
完成	所有数据集均与已创建基础信息成功匹配，这时，基础信息可以重新开放或关闭
结束	除报告请求的例外，再无相关后续操作

以下因素通常会导致交易状态的改变：数据匹配、基础信息修改、状态变更请求或超时。

每项 TMA 交易从买方银行或卖方银行发送初始基础信息提交报文开始。初始基础信息提交报文可能包含或不包含形式上体现为付款责任部分的 BPO。虽然技术上可以从发票中提取数据以创建基础信息，但通常做法是使用销售订单中提取的数据。

若无付款责任部分，则可以在以后通过基础信息修改的方式添加，但必须得到参与行的同意。

收到初始基础信息提交报文后，TMA 将发送带有唯一交易识别代码的回执报文。

交易可以在基础信息被创建之前关闭。这种情况下，初始基础信息提交报文的提交者应向 TMA 提交状态变更请求报文。

基础信息已创建之后若想关闭交易，买方银行或卖方银行必须向 TMA 提交状态变更请求报文。TMA 将向对手银行发送状态变更请求通知报文。

对手银行如果同意，会向 TMA 发送状态变更请求接受报文，交易将关闭。

3.4 TMA 数据集

根据 ISO 20022 TSMT 报文标准，可提交到 TMA 并与基础信息进行比较的数据集共有五种类别：

- 商业（基于自商业发票中提取的数据）
- 运输
- 保险
- 证明信
- 其他证明信

可以提交一个数据集与多个基础信息进行比较。例如，一张发票可能需要与多个销售订单相匹配。

3.5 TMA 必选项

3.5.1 基础信息

创建基础信息所要求的必选项为：

- 交易编号
- 销售订单编号
- 买方名称及国别
- 买方银行的识别码（BIC8）
- 卖方名称及国别
- 卖方银行的识别码（BIC8）
- 货物：每项的数量与金额
- 付款条件
- 商业数据集提交行的识别码（卖方银行或提交行）
- BPO（可选）：
    - 付款行
    - 收款行

    - 金额
    - 效期
- 联系人（买方银行或卖方银行）

3.5.2　商业数据集

- 交易编号
- 商业数据集识别码
- 发票号及出具日
- 销售订单编号
- 买方名称及国别
- 买方银行识别码（BIC8）
- 卖方名称及国别
- 卖方银行识别码（BIC8）
- 付款条件
- 货物：每项的数量与金额
- 结算方式：贷方账户的账号

3.5.3　运输数据集

- 运输数据集识别码
- 发货人：名称及国别
- 运输单据编号及出具日
- 预计或实际的发运日期
- 运输：至少一个发货港和一个目的地
- 销售订单编号

3.5.4　保险数据集

- 保险数据集识别码
- 保单出具人：名称及国别
- 出具日
- 保险单据编号
- 保额
- 被保险人：银行识别码（BIC8）或名称及地址
- 索赔地点

3.5.5 证明数据集

- 证明数据集识别码
- 证明编号
- 证明类型
- 证明的特性
- 证明出具人：名称及国别
- 出具日

3.5.6 其他（证明）数据集

- 证明数据集识别码
- 证明编号
- 证明类型
- 证明出具人：名称及国别
- 出具日

3.6 TMA 创建 BPO

BPO 在基础信息中是可选栏位（参见图 10），仅包括非常少的数据要素：

- 付款行：承担付款责任的银行。
- 收款行：该责任下收取款项的银行。
- 金额：该责任下需支付的最高金额。
- 比例：该责任下需支付的最高金额，表述为在已创建基础信息中的占比。
- 费用：付款行的扣费金额。
- 费用比例：付款行的扣费金额，表述为在付款行支付金额中的占比。
- 效期：BPO 的最迟可用日期。
- 适用法律：BPO 适用哪国法律。
- 付款条件（付款代码、比例及金额）：转账所需的付款处理细节，包括扣费前的金额等。
- 结算条件：转账指示。

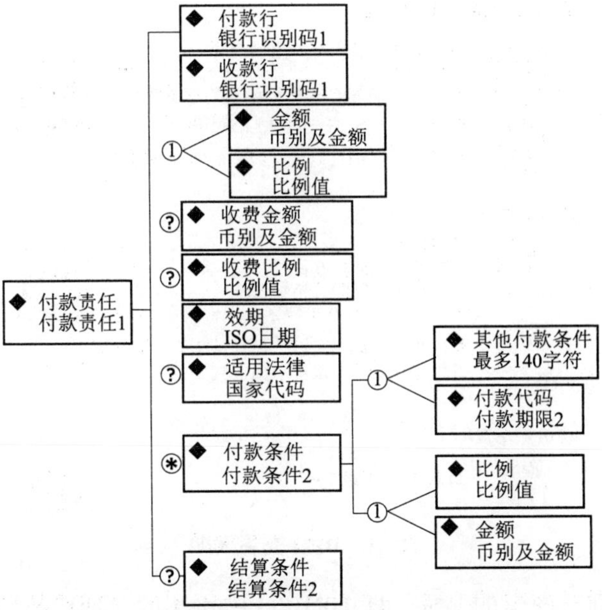

图 10　BPO 在 TMA 基础信息中为可选项

来源：SWIFT

“其他付款条件”栏位可以输入 140 个字符的自由格式报文，该栏位可由 TMA 逐个字符进行匹配。有意思的是，该栏位给银行创造了限定其付款责任的潜在机会，条件是在每个基础信息提交中使用的文本正好匹配，从而对某一付款条件产生了相同的理解。例如，一个作为付款行的买方银行可以使用以下措辞：“当买方未向卖方付款时，本 BPO 项下才付款。”或者，非买方银行的付款行可以通过增加“当买方银行未向卖方银行付款时，本 BPO 项下才付款”的语句限定自己的付款责任。在付款条件中加入这样的限定可以让银行在作出付款承诺时更为灵活。

付款行可以通过重复填写付款代码和比例栏位来表明其打算付款的时间间隔，如一月底支付 25%，三月底支付 75%。

需要注意的是，TMA 并不创建 BPO。TMA 向参与行通知 BPO 的存在，反映参与行同意参与一个包含 BPO 的交易。

参与行会收到有关数据匹配条件的通知，这些条件必须满足，从而当 TMA 产生零错配的基础信息匹配报告时，BPO 可成为一项具有法律约束力且不可撤销的责任（参见图 11）。

随后，TMA 将允许参与行提交数据集。提交的数据集将自动

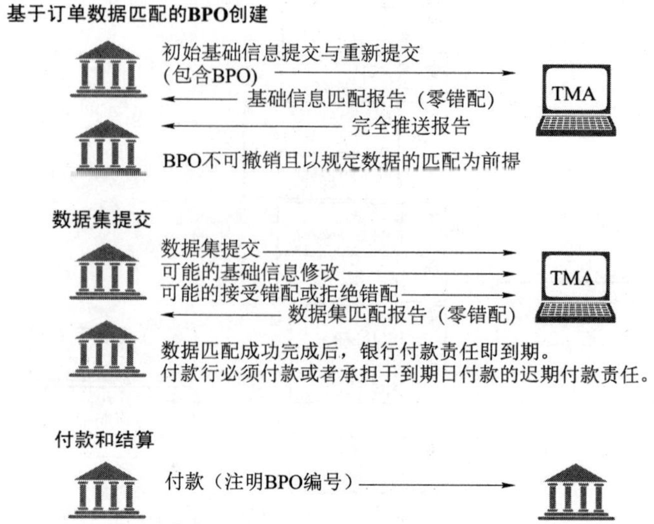

图 11　BPO 交易周期

与一系列已商定的要求，即 URBPO 中所述的已创建基础信息进行比较。

最终，BPO 的结算将发生在 TMA 之外。出于对账目的，建议在付汇时使用结构化的描述栏位，在该栏位中引用独有的 TMA 交易识别码及相关发票号码。这种描述通常适用于 SWIFT MT 103 的 70 栏位或 SWIFT MT 202 的 72 栏位。

通过 TMA 交换的报文和数据并不代表或建立合同。TMA 不作任何商业决策。因此，参与行、其企业客户及其他第三方之间所涉及的责任和由此引发的争议均超出 TMA 范围。

通过一项 TMA 交换的数据不会取代或替换纸质单据，没有去纸质化的强制要求。在绝大多数的适用情形中，纸质单据仍将继续存在。正如第 4 章所说，这是 URBPO 与 eUCP 的一个主要区别。

作为对 UCP 的补充，eUCP 为等效于纸质单据的电子交单搭建了架构，并提供了使 UCP 和 eUCP 共同使用的规则。相应地，URBPO 为从基础单据中提取的数据提供了一个类似的电子化提交的架构。

3.7　TMA 数据和报文匹配规则

除了公共领域的国际商会规则（URBPO）和 ISO 报文标准（ISO

20022 TSMT），还存在众多专属于各个 TMA 的规则。

这些规则包括会员条款中规定的报文匹配方案，以及一套确定所提交数据如何匹配的规则（参见图 12）。

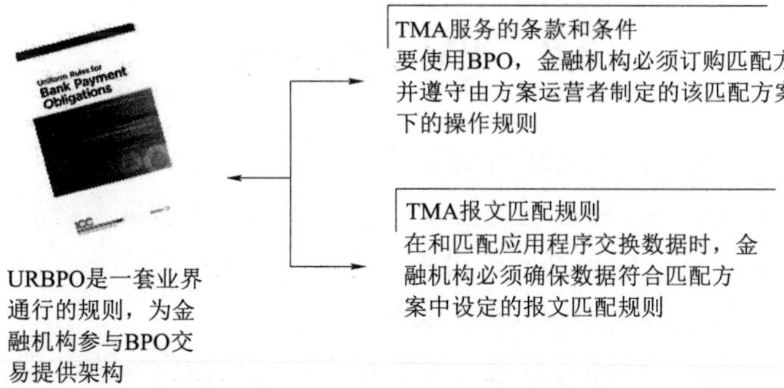

图 12　除 URBPO 外，用户必须考虑 TMA 条款和条件，以及该 TMA 特有的具体匹配规则

比如，可使用一套报文匹配规则来对在报文结构或模式中不应出现的报文要素进行限制和规定。

通用的匹配规则可用于描述对整个报文有效的规则。该类限制和规则的确定通常构成 TMA 功能的一部分。

针对单个报文的限制和规则可以有多种形式。例如，通常会规定报文中的内容是必选项还是可选项，或者，内容应以编码而不是文本的形式提交。

通常，一些数据元素被设定为“核心要素”，即这些要素必须提交，且必须匹配。

同时，控制必选要素的数量，将有益于在复杂的匹配过程中为用户提供一定的灵活性。

匹配规则用于描述一个报文要素是否必须匹配（a）另一个报文中相同的报文要素，或（b）另一个报文中相同或不同的报文要素。匹配规则还会规定如何匹配，即“严格匹配”或“松散匹配”。

“严格匹配”指栏位内容必须和要匹配的对应栏位的内容完全一致，即拟匹配的要素将逐字符进行匹配，仅当双方数据完全相同时才视为匹配。大多数数据要素均须严格匹配。

“松散匹配”指进行数据元素内容匹配时，不考虑大小写、空格和标点符号。除字母和数字以外的所有字符均视为标点符号。

在每种情况下，匹配之前 TMA 会先进行一些处理，比如，移除首尾的空格，或是将某些要素，如时间和日期，转换成可扩展标记语言（XML）的规范表达方式。这将会降低匹配过程中的“误报”风险。

3.8 TMA 预匹配

某些情况下，卖方银行可能希望提交一组数据集进行匹配，但是又不想让买方银行看到匹配结果，例如，希望保留日后添加 BPO 的可能性。如果基础信息中的数据已经匹配并已报告给所有参与行，则此后将无法再产生 BPO。

这个目标可以通过提交“预匹配”形式的数据集来实现。在此情况下，TMA 仅向卖方银行发送数据匹配报告。交易状态不会改变，且仍存在提交基础信息修改请求以添加 BPO 的可能。

3.9 TMA 基础信息修改

根据 URBPO，仅买方银行或卖方银行/收款行可以要求修改或者接受对已创建基础信息的修改请求。任何修改发起必须全部接受或全部拒绝，不可以部分接受基础信息修改请求。

如果涉及提交行的基础信息项下有基础信息修改请求，TMA 将向提交行发送完全推送报告和差异报告，列明已创建基础信息和新发起基础信息间的全部差异。提交行无须接受或拒绝修改，但若适用，其须向 TMA 提交接受职责及基础信息报文以确认其职责。

如果涉及非买方银行的付款行的基础信息须修改，TMA 同样也会向付款行发送完全推送报告和差异报告。

在此情况下，付款行必须反馈接受职责及基础信息报文或拒绝职责及基础信息报文。

接受职责及基础信息报文表明付款行明确接受修改，且将在修改后的已创建基础信息项下继续接受其职责。

如果付款行提交拒绝职责及基础信息报文，则基础信息无变化，付款行在其已同意的基础信息项下的责任也将保持不变。在此情况下，买方银行和卖方银行必须在已创建基础信息下继续工作并考虑其他变通的修改方式（比如替换付款行），或者同意关闭交易。

3.10　对 TMA 错配的接受和拒绝

如果数据集包含一项数据错配，TMA 会向所有参与行发送注明不符点的数据集匹配报告。买方银行可以通过向 TMA 发送接受错配报文来接受数据错配。

如果买方银行是唯一的付款行，TMA 将重新核算基础信息以适应所需的变更。在此情况下，交易状态将变为“完成”。如果买方银行希望拒绝数据错配，其可向 TMA 发送拒绝错配报文。在此情况下，TMA 将处理或忽略错配的数据集，基础信息将无变化，且其状态为“有效”。错配只能完全接受或拒绝，而不能部分接受而其余拒绝。

如果买方银行接受数据错配，但是还存在提交行和/或非买方银行的付款行，则 TMA 将向每家参与行发送接受错配通知报文。如果提交行或付款行同意接受错配，其将向 TMA 提交接受职责及基础信息报文，以确认其同意接受并将在数据错配情况下继续其职责。

如果提交行或付款行不同意，其可以发送拒绝职责及基础信息报文。在此情况下，TMA 将废弃该数据集提交，而错配将会被拒绝。基础信息仍为有效，有待进一步提交，如其他数据集、基础信息修改或状态变更请求。

3.11　TMA 单次发运与分批发运

已创建基础信息会注明是否允许分批装运。

TMA 通常会存储收到的数据集，直到所有的数据集均已收到，然后再与已创建基础信息进行比较。

如果在所有的数据集提交之前需要数据匹配报告，则可由卖方银行或提交行将其数据集提交标记为需要强制 TMA 进行匹配并生成报告。

发运计划表在 TMA 基础信息中是可选数据模块。该计划可在项目栏或货物栏获取。项目栏可以包含一个最早和最晚的装运日期。或者，其可列出几个单独的发运日期。TMA 不允许一个项目栏内的发运计划有重叠，因此每个项目栏必须确定一个谨慎而不同的发运期间。

3.12 TMA 下多家付款行

一项 BPO 总是和一个单独的 TMA 交易相关联。而一个单独的 TMA 交易却可能包括多项 BPO。每项 BPO 分别为一家付款行的责任。

若一个单独的 TMA 交易包含多项 BPO，参与的付款行之间不产生连带和多项责任。

若一个单独的 TMA 交易中涉及多家付款行，每家付款行应付的金额与其在整个 BPO 总金额中的份额成正比。

比如，两家付款行的 BPO 金额之和可能少于已创建基础信息中的交易总价值。表 N 解释了如何在多批发运的情况下计算每家付款行应付的金额。

在这个例子中，基础信息创建时的价值为 100。A 银行发出了一个价值为 30 的 BPO，B 银行发出了一个价值为 60 的 BPO。

表 N　　　　多家银行参与的 BPO 示例

金额	A 银行应付给收款行的金额	B 银行应付给收款行的金额
第一批装运=27	27×(30/100)=8.1	27×(60/100)=16.2
第二批装运=21	21×(30/100)=6.3	21×(60/100)=12.6
最终装运=52	52×(30/100)=15.6	52×(60/100)=31.2
总计=100	总计=30	总计=60

在三次组合发运过程中，发运总额为 100（27+21+52=100）。与此同时，两个付款行都履行了各自的义务（A 银行：8.1+6.3+15.6=30；B 银行：16.2+12.6+31.2=60）。

如果存在非买方银行的付款行并发现了数据错配，则买方银行必须首先接受该错配。

其次，所有的付款行必须通过向 TMA 提交接受职责及基础信息的方式来确认其对数据错配的接受。

TMA 随后会向所有参与行发出接受职责及基础信息通知，表明所有付款行已经确定继续其职责。若基础信息修改请求中涉及非买方银行的付款行，则 TMA 必须向所有参与行发送接受职责及基础信息通知，通知他们每家付款行均已确认了其在修改后的已创建基础信息中将继续承担的职责。

在一笔交易中包含多项 BPO 能为贸易资产分摊带来更多机会，例如在一个牵头银行模型中（参见图 13）。

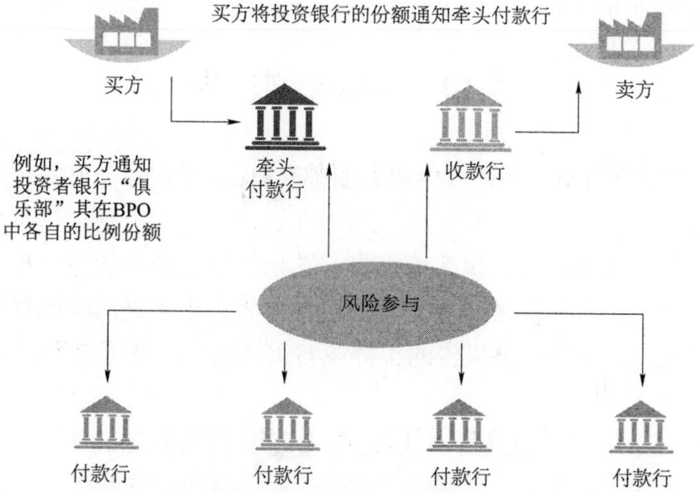

图 13　多项 BPO 为贸易资产分摊创造了机会

在当前的经济环境下，对此类风险分摊方案的需求增长明显。

譬如，在一项 BPO“俱乐部”中，买方可以指示一家银行（买方银行）来担任牵头付款行的职责，并提议邀请其他付款行按比例承担风险。当然，这些银行可以被邀请参与交易的前提是卖方银行接受其作为付款行。

促进风险参与有多种方法。风险参与也可由卖方银行/收款行主动发起。

3.13　TMA 特别报文

特别请求报文可能包含以下代码之一：

- CSDS：无法提交数据集
- MWFT：必须退出交易

包含 CSDS 代码的特别请求报文可由提交行发出，以通知其他参与行其无法提交与已创建基础信息的约定条款相符的所需数据。

包含 MWFT 代码的特别请求报文可由参与行发出，以通知其他参与行不可抗力的情况。

在两种情形下，TMA 均会发送特别通知报文来通知其他参与行。交易的状态不会改变，有待其他参与行的进一步指示，比如，修改基础信息。

3.14 TMA 报 告

所有的 TMA 在报告生成方面都有自己的程序。一些报告会伴随某一事件的发生自动生成，比如在数据与已创建基础信息比较之后，自动生成数据集匹配报告。其他的报告则可能需要根据请求而生成，比如涵盖所有交易的活动报告，当某类活动已在规定期间发生，且要求该报告的银行参与该活动中时方可产生。

3.15 TMA 数据存储

TMA 必须完整记录其收到和发出的所有报文。发生争议时，通过 TMA 交换的报文可以作为证据。但是，TMA 本身并不作为合规管理所要求的存储记录系统。

3.16 TMA 计时与超时

针对计时和超时，每个 TMA 会有其具体规则。TMA 应当包括能够在需要某项行为或逾期未收到反馈时自动生成警告报文和提醒的功能。

第 4 章

银行付款责任统一规则

《银行付款责任统一规则》（URBPO）的适用范围仅适用于参与行和 TMA 之间的互动。URBPO 和 ISO 20022 标准仅在银行间强制使用。选择 BPO 作为结算方式，通常是买卖双方协商一致的结果。

在为企业提供的服务水平方面，银行间在风险缓释、融资、付款担保、处理效率、服务价格等方面存在竞争。此类竞争没有规则或强制性标准，银行和企业可协商确定具体合作条款。

通过银行间的协作，在共享的 TMA 平台上实现特定数据要素的匹配后，BPO 完成创建。在此过程中，必须使用 URBPO 和 ISO 20022 TSMT 报文标准。

采用一套全球认可和接受的行业标准规则的优势之一，是参与行除例外情况外，可减少——如果不是全然避免——在银行本身之间商订补充双边协议的情况。

4.1 要　点

- BPO 是一项新型贸易结算工具。它被设计为补充而非替代现有的贸易结算解决方案。

- 与遵循 UCP 的信用证、URC 的托收和 URDG 的保函类似，BPO 项下的实际结算是在 URBPO 范围*之外*的。

- URBPO 仅适用于*银行间*领域，并不适用于银行和企业客户间的互动。

- 银行间的互动是一种*合作*关系，需要使用同一个 TMA 来进行数据匹配。因此，URBPO 提供了明晰的指南。银行与企业是一种*竞争*关系，各银行通过在 BPO 项下提供差异化的产品、服务进行竞争。

4.2 URBPO 和 UCP/eUCP 的主要区别

这些年来，国际商会（ICC）已成为全球经济中不可或缺的一环，在这个重要职责方面，它打造的国际规则、机制和标准，在整个国际贸易和商业十分复杂的领域内天天使用。

国际商会跟单信用证统一惯例（通常称为“UCP”）自 1933 年首次颁布以来，已经历六次修订。UCP 是国际商会在贸易领域制定的最成功的非官方规则。目前，ICC 增补了 eUCP，以涵盖跟单信用证项下电子化交单的可能性。

表 P 列举了 UCP/eUCP 和 URBPO 的一些关键不同点。UCP 适用于跟单贸易以及银行体系内纸质单据的流转，而 URBPO 则被设计为支持“银行辅助赊销”贸易。在 URBPO 项下，纸质单据仍将存续，但是由卖方直接交付买方。

银行无须审单，而是根据 TMA 生成的数据匹配报告进行后续处理。

相较于 UCP，URBPO 的规则相对简短。与手工处理大量纸质单据的复杂性相比，URPBO 相对简明的特性反映出在自动环境中管理数据电子处理所需的规则相对简单。

很重要的一点是，URBPO 是一套独立的规则，而 eUCP 是作为 UCP 的补充来使用的。因此，eUCP 适用于无纸化的信用证交易，包括采取单据扫描和影像化处理等方式。eUCP 未针对数据交换设置强制标准。故此，数据将不一定采用适合电子匹配的格式。

另一方面，在 URBPO 项下提交的数据并非用来取代纸质单据，而仅是根据约定的行业标准（ISO 20022 TSMT），允许从这些单据中提取数据元素以构造成支持电子化数据匹配的方式。

这样，单据可直接从卖方寄到买方，而无需通过银行系统。如此一来，凭借在 TMA 进行数据匹配及遵循 URBPO 所提供的任何银行服务即成为“银行支持下的赊销”。

表 P　　UCP、eUCP 和 URBPO 的关键区别

规则	UCP	eUCP	URBPO
适用范围	信用证	信用证	银行支持下的赊销
长度	50 页	10 页	10 页

续表

规则	UCP	eUCP	URBPO
范围	处理单据而非货物	处理数据而非货物	处理数据而非货物
开立	通常在交易初始阶段开立信用证		可通过基础信息修改的方式在任何时间增添 BPO
义务	银行对企业	对 UCP 的补充	银行对银行
不符点	开证行持单直到申请人放弃不符点		通过接受错配和接受职责及基础信息，错配可以毫无延误地被接受
保兑	信用证可以加保或不加保		BPO 的“保兑”通常通过卖方银行和卖方另行签署协议实现
单据	仅限纸质单据	可能的单据无纸化处理方式，包括扫描的影像	从纸质单据中提取数据要素
标准	纸质	无	必须使用 ISO 20022 TSMT
平台	纸质	技术中性（文件传递）	技术中性（TMA）

● 第 1 条

范围

a.《国际商会银行付款责任统一规则》（以下简称 URBPO）是为银行付款责任（以下简称 BPO）设计的框架体系。BPO 与买卖双方之间的基础贸易合同相关，就该基础贸易合同而言，参与行同意通过使用相同的交易信息匹配应用程序（以下简称 TMA），参与已创建基础信息。

b. URBPO 不提供确定是否发生数据匹配或数据错配的依据。这将由适用的 TMA 的功能及各参与行所同意的适用于该 TMA 的条款所决定。

小结要点

- URBPO 所提供的“框架体系”与 UCP600 为跟单信用证所

制定的框架体系方法十分相似。

- 但是，范围仅限于银行间的保证，以支持参与的金融机构开展合作，使银行可在其公司服务协议方面竞争。
- 所提及的“交易匹配应用程序”（TMA）在技术上保持中立。
- 各家银行必须参与/订购同一个 TMA。

评论

尽管在其他国际商会规则中并不常见，但是，起草小组认为，URBPO 作为例外，应该包含其适用范围。鉴于 URBPO 是一种全新的金融工具，起草小组的考虑合乎情理。在现在的银行及监管环境中，特别是根据“了解你的客户”（KYC）的原则，对数据与其基础贸易交易之间关系的关注是必要的。包含“基础贸易交易”术语并不意指与基础合同的任何关系，也并不违反 URBPO 第 6 条和第 7 条内容。

重要的是要记住 URBPO 的应用范围限于参与行与 TMA 之间的通常被称之为“银行间范围内”的数据交换。这与国际商会、SWIFT 在 2011 年 9 月签署的谅解备忘录中所约定的应用范围，以及 URBPO 起草小组所了解的应用范围一致。这项定义体现了 BPO 与跟单信用证业务之间的实质性差别。BPO 的受益人或收款人只能是有权代表卖方接受付款的卖方银行。

根据 URBPO 第 1.0 版，卖方不能成为 BPO 直接的受益人或收款人。因此，卖方与卖方银行签署的服务协议将一定会包含卖方银行最终会将收到款项转交给卖方的条款。

考虑到其应用范围的限制，有意设计 URBPO 是要经由所有所涉银行必须认购的一个共同 TMA，通过交换一套议定的构筑数据，来支持所涉银行之间的协作。

除了通过公共平台进行数据交换之外，各家参与行还可基于其发起或收到的 BPO，在所谓的“竞争性”领域向客户提供融资或其他产品和服务。

银行服务还应该定义数据接收和发送的方式，以及以报告和电子数据表格形式输出的个体交易状态等数据。

未来 URBPO 的修订版本可能将允许除了卖方银行之外的其他参与方（例如，另一家银行或者卖方自己）成为 BPO 的收款人或受益人。但是，这将要求不仅在 ISO 20022 报文标准，而且在

TMA 的工作流和设计，以及 TMA 方案运营者对所定义方案的管理方法方面的任何相关限制条件作前后一致的变更。

● 第 2 条

应用

a. URBPO 是适用于下述 BPO 的一套规则，即当已创建基础信息中的付款责任部分明确声明其遵循本规则时，或者当各参与行在单独协议中约定 BPO 遵循本规则时。除非在已创建基础信息中或单独协议中明确修改或排除，本规则各条文对各参与行均有约束力。

b.（i）如果已创建基础信息或单独协议未注明所适用的 URBPO 版本，则该 BPO 将遵循根据第 9（d）条创建基础信息时现时生效的版本。

（ii）本文本版本号为 URBPO 1.0。

c.（i）URBPO 要求使用在国际标准组织（以下简称 ISO）注册的合适的 ISO 20022 贸易服务管理（以下简称 TSMT）报文。使用任何其他报文类型意味着该交易不在本规则范围内。

（ii）本规则中只涉及适用于 BPO 的 TSMT 报文。

小结要点

- BPO 的发起者是付款行，并不必然是买方银行。
- BPO 的受益人是收款行，同时也是卖方银行。
- 基础信息的创建不以 BPO 的存在为前提条件。
- 如果在基础信息创建之时尚未发起 BPO，后续可通过基础信息修改的方式增加银行付款责任。
- 使用 ISO 20022 TSMT 报文的要求是强制性的。
- 目前，在 ISO 20022 TSMT 报文中，未就说明 URBPO 的适用性设置专门的栏位。
- 将适时就上述报文标准进行进一步改进。
- 同时，银行之间需要就使用、修改或排除 URBPO 达成一致。
- 由于电子解决方案的更新速度快于传统纸质解决方案，与 eUCP 相同，URBPO 使用了版本编号规则。

评论

BPO 不是一条报文。BPO 的细节仅能在已创建基础信息的付款责任部分中找到。

正如上文中所提到的，BPO 的受益人是银行，也就是我们所知的收款行，在目前的规则下为卖方银行。在付款行与收款行签署双边协议后的任何时间，BPO 可以被添加到已创建基础信息中。

这是 BPO 与跟单信用证的另一个不同之处。虽然 UCP 600 并未排除在交易中的任何一个时点申请开立跟单信用证的可能性，但是在业务实践中信用证均在交易初始环节开立，且在交易期间一直有效，以便有效缓释风险。

随着简洁化作业的电子数据取代手工作业的纸质单据成为趋势所向，根据缓释买方信用风险或是为营运资金融资提供担保的实际需要，在合适时点，而非固定在交易初始环节开立 BPO 将会更具可操作性。推迟开立 BPO 减少了对买方信贷额度的占用，有效降低客户资金成本。

第 2（a）条的条款介绍了可通过在 ISO 20022 TSMT 报文中注明，或者各家参与行单独签署协议的方式，声明是否接受 URBPO。在编写 URBPO 时，在 ISO 20022 TSMT 报文中没有设置专门的栏目来声明是否适用 URBPO，现已针对这一不足提出改进建议。因此，在 ISO 20022 TSMT 报文更改之前，银行在确认使用 URBPO 时均需签署双边协议。

根据第 2（c）（ii）条，将在 URBPO 下使用的仅为适当注册的 ISO 20022 TSMT 报文。使用任何其他报文类型都会使 URBPO 失效。

类似于 UCP、URDG 等其他国际商会规则，经所有的参与行同意，可以对 URBPO 进行修改或排除适用。

由于电子解决方案更新速度快于纸质解决方案，与 eUCP（目前的版本是 1.1）类似，对 URBPO 进行了版本编号。

未来，根据市场实践或行业标准的变化，对 URBPO 的一两个条款进行修订后，版本号亦需进行升级。

• 第 3 条

总定义

就本规则而言：

“银行付款责任”或者“BPO”指按照第 10（c）条的规定，在根据已创建基础信息的要求提交全部数据集，产生数据匹配或接受数据错配后，付款行对收款行承担不可撤销的和独立的承诺，即支付或者承担延期付款责任并于到期日支付确定的金额给收款行。

“银行工作日”指参与行在其履行受本规则约束的行为的地点通常开业的一天。

“基础信息”指由买方银行或卖方银行提交给 TMA 的与基础贸易交易相关的数据。

“买方银行”指买方的银行。买方银行也可以是付款行。

“数据匹配”指对所有要求的数据集与已创建基础信息比较后，数据集匹配报告的结果显示零错配。

“数据错配”指对所有要求的数据集与已创建基础信息比较后，数据集匹配报告的结果显示一个或多个错配。

“数据集”指为与已创建基础信息进行比较，由参与行向 TMA 发送的数据集提交中包含的任何数据类别（例如，“商业”、“运输”、“保险”、“证明信”或“其他证明信”）。

“已创建基础信息”指自 TMA 发送含有零错配的基础信息匹配报告并显示状态为“已创建”之时的基础信息。

“参与行”指卖方银行或收款行（依赖于其在任何给定时间的职责）、买方银行、付款行或提交行。

“付款行”指开立 BPO 的银行。

“付款责任部分”指基础信息中指定为“付款责任”的部分，该部分包含了付款条件等 BPO 条款。

“收款行”指 BPO 的受益银行。收款行总是卖方银行。

“卖方银行”指卖方的银行。卖方银行将在已创建基础信息的付款责任部分中被指明为收款行。

“提交”指（i）买方银行或卖方银行通过发送基础信息向 TMA 提交数据的行为，或者根据情况需要，如此提交的基础信息，或者（ii）参与行通过向 TMA 发送一个或多个数据集向付款行提交数据的行为，或者根据情况需要，如此提交的数据集。

“提交行”指唯一的职责是根据已创建基础信息提交一个或多个数据集的参与行。

“贸易服务管理（以下简称 TSMT）信息”或者“TSMT 信息”指由国际标准组织（ISO）在贸易服务管理业务领域颁布的 ISO

20022 信息类型。

“交易匹配应用程序”或“TMA”指任何集中的数据匹配和工作流应用程序，无论是否专属于参与行，该程序提供的服务包括处理从各参与行处收到的 TSMT 信息、自动比较该类信息中所包含的数据，以及随后向各参与行发送所有相关的 TSMT 信息。

“世界标准时间”或“UTC”指由国际电信联盟所定义、应用于电子化计算及数据管理设备的国际时间标准，是与格林威治标准时间（简称 GMT）等同的技术指标，也是 BPO 适用的时间标准。

“零错配”指某个基础信息所代表的数据与相对应的基础信息所代表的数据匹配，或者根据内容所指，所有要求的数据集与已创建基础信息要求的数据相匹配。

小结要点

- 定义与诸如开立行、保兑行等传统用法不同。

评论

与国际商会近来所有的规则修订情况相类似，URBPO 包括在规则范围内使用的有关各种银行职责的已定义的术语和其他重要术语一览表。为与国际商会其他规则进行区分，URBPO 并未使用在现有其他规则中常见的开立行、通知行、保兑行等术语，并引入了一系列新术语（比如以付款行代替开立行）。

TMA 是各家参与行选择的数据匹配平台。理论上，这可以是 SWIFT 的贸易服务设施（TSU）平台、或是可处理与所需的工作流一致的、所规定的 ISO 20022 TSMT 报文的任何其他专有解决方案。

为明确起见，需要注意一点，“BPO”这一术语不受知识产权方面的限制，SWIFT 的 TSU 平台并未被授权为处理 BPO 有关交易的唯一平台。

在 URBPO 中，一个较为生僻的概念是“世界标准时间”亦即“UTC”。UTC 是公认精度最高的、用以校对全世界电脑时钟的网络时间协议。正因如此，它可被视为格林威治标准时的一个当今科学的对应时，以及应用于 BPO 时间标尺的不二之选。

关于“数据集”的定义，对“商业、运输、保险、证明信或其他证明信”的引用与 ISO 20022 TSMT 标准中的报文协议相一致。

一个已受到挑战并且以后很可能会在 URBPO 后续版本中获得重新考虑的有趣方面是，坚持“收款行必须永远是卖方银行”。

这个定义排除了在通过 TMA 进行的 ISO 20022 报文交换中让渡任何款项的可能。因此，在目前的业务实践中，该种让渡需要单独安排。

从技术角度来看，应该改变系统及规则，以便将常见于买方的业务情形（付款行有可能不是买方银行）复制到卖方（收款行有可能不是卖方银行）。

一些业内人士认为，付款行应仅允许收款行提交与已创建基础信息进行比较的数据集。这反映了对提交行的履职情况及不能及时、准确输入所需信息的担忧。

目前的 URBPO 版本认可第三方提交行的独立职责（通常为卖方银行设在另一个国家的分支机构），即该银行的唯一职责是根据已创建基础信息提交所要求的数据。

这将允许参与行在特定交易中自行决定是否接受上述做法。

● 第 4 条

报文定义

“接受修改”指由买方银行、卖方银行或收款行（适用时）向 TMA 发送的 TSMT 报文，表示接受基础信息修改请求。

“接受修改通知”指由 TMA 向买方银行、卖方银行或收款行（适用时）发送的 TSMT 报文，通知其接受基础信息修改请求。

“拒绝修改”指由买方银行、卖方银行或收款行（适用时）向 TMA 发送的 TSMT 信息，表示拒绝基础信息修改请求。

“拒绝修改通知”指由 TMA 向买方银行、卖方银行或收款行（适用时）发送的 TSMT 信息，通知其拒绝基础信息修改请求。

“基础信息修改请求”指由买方银行、卖方银行或收款行（适用时）向 TMA 发送的 TSMT 信息，要求对已创建基础信息进行修改。

“基础信息匹配报告”指在基础信息提交后，由 TMA 向参与行（除买方银行以外的付款行）发送的 TSMT 信息，表示基础信息已建立或发现两条基础信息存在错配。

“数据集匹配报告”指在提交已创建基础信息所要求的全部数据集，并且该数据集与已创建基础信息自动比较后，由 TMA 向各参与行发送的 TSMT 信息，通知其数据匹配或数据错配。

“数据集提交”指由参与行向 TMA 发送的 TSMT 信息，该信息包含一个或多个数据集用于数据比较。

“完全推送报告”指由 TMA 向参与行发送的 TSMT 信息，通知发起基础信息、已创建基础信息或对已创建基础信息发起修改。

“接受错配”指由买方银行向 TMA 发送的接受数据错配的 TSMT 信息。

“接受错配通知”指由 TMA 向参与行发送的 TSMT 信息，通知其买方银行接受数据错配。

“拒绝错配”指由买方银行向 TMA 发送的拒绝数据错配的 TSMT 信息。

“拒绝错配通知”指由 TMA 向参与行发送的 TSMT 信息，通知其买方银行拒绝数据错配。

“接受职责及基础信息”指由提交行或除买方银行以外的付款行向 TMA 发送的 TSMT 信息，接受完全推送报告中基础信息指定的相应职责。

“接受职责及基础信息通知”指由 TMA 向参与行发送的 TSMT 信息，通知其提交行或除买方银行以外的付款行已回应完全推送报告，发送了接受职责及基础信息。

“拒绝职责及基础信息”指由提交行或除买方银行以外的付款行向 TMA 发送的 TSMT 信息，拒绝完全推送报告中基础信息指明的职责。

“拒绝职责及基础信息通知”指由 TMA 向参与行发送的 TSMT 信息，通知其提交行或除买方银行以外的付款行已回应完全推送报告，发送了拒绝职责及基础信息。

“特别通知”指由 TMA 向参与行发送的 TSMT 信息，通知其另一家参与行提出的特别请求。

“特别请求”指由（i）提交行向 TMA 发送的 TSMT 信息，说明阻止其提交数据集的原因，或（ii）参与行向 TMA 发送的 TSMT 信息，表明因不可抗力（根据第 13 条）而不再承担已创建基础信息中的职责。

小结要点

- 文中提及的所有 TSMT 报文都是 ISO 20022 TSMT 报文。
- URBPO 仅定义与银行付款责任报文流直接相关的报文。

评论

URBPO 中定义的所有报文均为 ISO 网站上正式公布的 ISO 20022 TSMT 报文清单的一部分。

但是，根据第二章所述，这仅是受 URBPO 约束的报文的子集。

在实际交易中，参与行和 TMA 可能需要交换其他报文。然而，这些报文与 URBPO 并无直接关系。

有时，ISO 所使用的报文定义会需要更改，以反映市场实践或行业标准的变化。在此情况下，如同由这种更改引起的任何相应的效果那样，URBPO 会需要作相应的更改。

国际商会的职责是，在任何时候都确保 URBPO 与 ISO 20022 TSMT 报文标准的设计和定义相一致。

● 第 5 条

解释

就本规则而言：

如情形适用，单数词形包含复数含义，复数词形包含单数含义。

参与行在不同国家的分支机构视为不同的银行。

小结要点

- 规则的撰写以单数词形为主，与国际商会规则的常见做法相同。

评论

URBPO 的撰写以单数词形为主。这是采纳了其他国际商会规则（如 UCP 600 第 3 条）的做法，即单数词形包含复数词形意义。

根据 TMA 的设计，参与行可通过分支机构银行识别代码方式予以识别，例如 SWIFT 报文 BIC8。每个单独的 BIC8 可被分别识别为参与行。

该解释与其他国际商会规则一致（例如，UCP 600 的第 3 条）。

● 第 6 条

银行付款责任与合同

a. BPO 与可能作为其开立基础的销售合同或其他合同是相互独立的。即使在已创建基础信息中含有对此类合同的任何援引，参与行也与该合同无关，且不受其约束。因此，付款行的承诺不受买方基于其与参与行或卖方之间的关系而产生的任何请求或抗辩的影响。

b. 收款行在任何情况下不得利用买方与买方银行或除买方银行以外的付款行之间的合同关系。

小结要点

- 这项规则说明了 BPO 独立于基础合同。

评论

这项规则强调，BPO 独立于交易基础合同。这项规则借鉴了 UCP 600 第 4 条中的措辞及表述的原则，并进行了改编以符合 URBPO 的上下文内容。

● 第 7 条

数据与单据、货物、服务或履约行为

参与行处理的是数据，而不是数据或单据可能涉及的单据、货物、服务或履约行为。

小结要点

- 数据可能基于或节选自多数情况下仍存在的纸质单据。
- 但是，参与行对这些与数据相关的单据、货物、服务或履约行为不承担任何责任。

评论

这项规则强调，对于与输入或接收的数据有关的单据、货物、服务或履约行为，参与行不承担任何责任。

应该注意的是，在交易中采用 BPO 作为约定的付款条款，并不意味着对单据进行替换。在大多数情况下，预计纸质单据将继续作为实体供应链流程的一部分进行使用与交换。

在对纸质单据进行交换的同时，将从中提取数据并通过 TMA

提交这些电子化数据，以确定是否满足 BPO 的条款。在此方面，URBPO 与 eUCP 有所区别。

eUCP 是《国际商会跟单信用证统一惯例》适用于电子交单业务情形的补充规则，而 URBPO 是为电子交单及从纸质单据（多数情况下仍然在使用）中提取的数据做数据匹配而制定的规则。

● 第 8 条

BPO 的失效日

a. 已创建基础信息必须规定一个数据集提交的失效日。

b. TMA 收到已创建基础信息要求的全部数据集的时间必须不得晚于截止日当日的世界标准时间 23:59:59。

c. 数据匹配将只在已创建基础信息要求的全部数据集提交后进行。TMA 随后将向参与行发送数据集匹配报告，通知其数据匹配或数据错配。

小结要点

● BPO 失效日是提交数据的最后日期，并非 TMA 完成数据匹配流程的最后日期。

评论

类似于 UCP 600 第 6 条，BPO 的失效日是可提交数据的最后日期，并非 TMA 完成数据匹配流程的最后日期。

通过电子化处理数据，银行在营业时间之外仍可处理业务。

UTC 的应用使得全球可使用一致及标准的时间协议。

● 第 9 条

参与行的职责

a. 如果参与行在收到 TSMT 报文之日因除第 13 条提及的原因外歇业，则该 TSMT 报文视为在下一个银行工作日收到。

b. 如果参与行被要求按照 TMA 发送的报文行事，则参与行必须毫不延误如此行事。

c. 参与行应确保由其向 TMA 提交的任何数据准确地反映了其从与基础贸易交易相关的货物、服务或履约行为的买方或卖方处收到的数据。

d. 只有在各参与行接受其职责后，包含 BPO 的基础信息才成为已创建基础信息：

i）**当买方银行是唯一的付款行时：**

如果TMA发送零错配基础信息匹配报告，确认买方银行提交的基础信息与卖方银行或收款行（如有）提交的基础信息匹配；或

ii）**当除买方银行以外的付款行是唯一的付款行时：**

如果TMA发送接受职责及基础信息通知，确认该付款行及提交行（如有）已接受由买方银行及卖方银行或收款行（如有）提交的基础信息中指定的职责。该通知将在TMA发送零错配基础信息匹配报告后发送；或

iii）**当可能包括买方银行的多家银行为付款行时：**

如果TMA发送接受职责及基础信息通知，确认各付款行及提交行（如有）已接受由买方银行及卖方银行或收款行（如有）提交的基础信息中指定的职责。该通知将在TMA发送零错配基础信息匹配报告后发送。

小结要点

- 对于未执行的操作，TMA将会定期发送提醒。
- 参与行有责任确保数据不被更改。

评论

第9（a）条指出，如果银行因周末、国家节假日或其他类似原因歇业（不包括第13条提及的不可抗力），TSMT报文仍将递交。然而，这些报文不会被认为在下一个银行工作日之前已送达。

第9（b）条要求，银行在收到TMA发送的报文后，应该**毫不延迟地**执行相应操作。TMA应定期向上述银行发送指令，督促尽快执行规定操作。这是TMA标准服务的一部分，也是其交易处理流程中的一个环节（但与URBPO无关）。

“毫不延迟”虽然没有明确定义，但是与国际商会其他规则（如UCP 600第9条）中所采取的同类措辞的概念及意义一致。应该注意的是，“毫不延迟”是指根据收到报文的内容要求尽快进行操作，并不一定是尽快完成付款。

有观点认为，第9（b）条应该强制要求参与行必须在一定时间内（如一个银行工作日）完成规定操作。但是，实施这一规则将要求针对未在规定时间内执行操作的银行设置可操作性的惩罚。

在实践中，不会理所当然地通过处罚来逼迫银行在约定的时间行事。因此，“毫不延迟”这个术语在此情况下可能是最有效、最具可行性的措辞。买家与卖家可与其服务提供商就在规定时间内完成规定操作达成协议。这属于个体协商的范畴。

第 9（c）条重申，参与行有责任确保提交至 TMA 的数据与从企业客户或其他可信渠道获得的数据保持一致。这与 UCP 600 第 9（b）、（c）条中的概念吻合，数据应与最初收到时保持一致。

第 9（d）条概述了确认参与行接受职责的时间。在买方银行是唯一付款行、除了买方银行之外的其他银行是唯一付款行或存在多家付款行等不同情形中，这将有所区别。

● 第 10 条

付款行的责任

a. 付款行将依据 BPO 不可撤销地承担责任：

（i）**如果已创建基础信息建立时已包含 BPO：**

根据第 9（d）条，自 TMA 已向各参与行发送零错配基础信息匹配报告或状态为“已创建”的接受职责及基础信息通知之时起；或

（ii）**如果通过修改已创建基础信息的方式添加 BPO：**

根据第 11（c）条，自 TMA 已向各参与行发送接受修改通知或接受职责及基础信息通知之时起。

b. 一项 BPO 总是对应单一的已创建基础信息。一项已创建基础信息可能包含多项 BPO，并且每项 BPO 都是一家付款行的责任。

c. 付款行必须根据已创建基础信息中付款责任部分指定的付款条款，支付或者承担延期付款责任并于到期日支付确定的金额给收款行，如果在已创建基础信息规定的 BPO 截止日之前或当日，该已创建基础信息所要求的数据集全部提交并在做了数据比较后显示：

（i）**数据匹配**；或

（ii）**数据错配且买方银行是唯一的付款行：**如果 TMA 向收款行发送接受错配通知确认买方银行接受错配；或

（iii）**数据错配且除买方银行外的付款行是唯一的付款行：**如果付款行及提交行（如有）已通过向 TMA 发送接受职责及基础信

息确认其职责，并且 TMA 通过向各参与行发送接受职责及基础信息通知予以确认。该通知将在 TMA 通过向各参与行发送接受错配通知，确认买方银行的接受错配后发送；或

（iv）**数据错配且可能包括买方银行的多家银行为付款行：**

当

a）TMA 通过向各参与行发送接受错配通知，确认买方银行的接受错配；并且

b）付款银行及提交行（如有）已通过向 TMA 发送接受职责及基础信息确认其职责，并且 TMA 通过向各参与行发送接受职责及基础信息通知予以确认。

d.（i）付款行对收款行的应付总金额不超过其 BPO 金额。

（ii）如果一项提交涉及部分发货或者提供部分服务或履约，付款行在BPO项下对收款行在该项提交下应付的金额应根据第10（d）（iii）条的规定和该提交与已创建基础信息中反映的总值成比例。在任何情况下，应付金额均不得超过 BPO 的余额。

（iii）如果已创建基础信息中包含多项 BPO，各付款行在该提交项下对收款行的应付金额应与其 BPO 的金额占已创建基础信息中反映的总值成比例。

（iv）如已创建基础信息中包含多项 BPO，付款行之间不得创建连带责任。

e. 付款行在 BPO 项下的履约行为不依赖于其从任何一方获得偿付的权利或能力。

f. BPO 在下述首先发生的事项之前保持生效：

（i）在已创建基础信息要求的全部数据集提交并实现数据匹配或依据第 10（c）条接受错配之前，BPO 失效，或

（ii）已创建基础信息被修改以解除付款行责任，或

（iii）BPO 已根据其条款予以全额支付。

g. 如果数据比较结果为数据错配且被买方银行或买方银行以外的付款行拒绝，付款行无须支付或者承担延期付款责任并于到期日支付。

小结要点

- 在基础信息匹配报告表明基础信息“已创建”后，付款行负有付款义务。

● 付款时间需与已创建基础信息包含的指令一致。

● 如果有多家付款行，每家付款行仅受 BPO 中与其相关的付款金额约束，与同一已创建基础信息中其他任何付款行付款与否无关。

评论

第 10（a）（i）条表明，自基础信息匹配报告声明基础信息“已创建”之时起，付款行即开始承担付款义务。与国际商会其他规则一样，URBPO 并未就付款行在数据匹配后付款或承诺延期付款的时间要求做出具体规定。但是，第 10（c）、（e）条明确规定，BPO 下的付款及对应时间要求需与已创建基础信息中的指令一致。

在此再次说明，关于 URBPO 是否应明确付款时间要求，目前尚存争议。但是，基础信息设有专门的栏位以描述付款详细信息，而且付款行都应该遵守这些栏位的要求。因此，URBPO 并不需要就所有 BPO 项下的交易明确付款操作标准流程。

每项 BPO 只对应一条已创建基础信息，但是一条已创建基础信息可能涉及多家付款行。第 10（b）条说明，BPO 是有关付款行的责任。第 10（d）条强调，当存在多家付款行时，各家付款行仅受 BPO 中与其相关的付款金额约束，与同一已创建基础信息中其他任何付款行的付款情况无关。正如之前提到的，URBPO 并未提及付款行免除自身义务的有关内容。免除付款责任应与已创建基础信息中的条件相一致。与其他国际商会规则相同，第 10（f）条强调，URBPO 并未对取消执行任何已承诺义务进行规定。第 10（g）条旨在明确，在出现数据错配时，不承担任何付款义务。

● 第 11 条

修改

a. 对包含 BPO 的已创建基础信息的修改，或对已创建基础信息添加 BPO 的修改，须获得各参与行的同意。

b.（i）卖方银行、收款行（如适用）或买方银行可以通过发送基础信息修改的方式请求修改已创建基础信息。卖方银行或收款行（如适用）或买方银行，视情况适用，可以通过发送接受修改的方式接受基础信息修改请求；及

（ii）在接受修改后，TMA 将向各付款行及提交行（如适用）发送完全推送报告，请求其向 TMA 发送接受职责与基础信息报文确认其在交易中的职责。

c. 对包含 BPO 的已创建基础信息的修改，或对已创建基础信息增添 BPO 所做的修改，在以下情形下生效：

（i）**当买方银行是唯一的付款行时**：如果 TMA 回应接受修改报文，向买方银行发送接受修改通知。

（ii）**当除买方银行以外的付款行是唯一的付款行时**：如果 TMA 向各参与行发送接受职责及基础信息通知，确认付款行和提交行（如适用）已接受完全推送报告中所含的基础信息中指明的职责。

（iii）**当可能包括买方银行的多家银行为付款行时**：如果 TMA 回应完全推送报告，向各参与行发送接受职责及基础信息通知，确认各付款行和提交行（如适用）已确认其在接受修改报文中规定的职责。

d. 如果任何参与行发送拒绝修改报文或拒绝职责和基础信息报文（如适用）拒绝对已创建基础信息提出的修改，并且 TMA 向其他各参与行发送拒绝修改通知或拒绝职责与基础信息通知（如适用），则已创建基础信息将保持不变。

小结要点

- 本条概述了修改流程，以及对已创建基础信息的修改在生效前需要哪些当事方的同意。

评论

第 11（a）、（b）条主要阐述了基础信息修改流程，以及对已创建基础信息的修改在生效前需要哪些当事方的同意。

第 11（c）条阐述了接受修改生效的基础。

第 11（d）条阐述了拒绝基础信息修改请求的流程。

● 第 12 条

关于数据有效性的免责

参与行对下述内容概不负责：（i）从买方或卖方处收到的任何数据的来源、准确性、真实性、虚假性或法律效力；（ii）该数据相关的单据、或货物、服务或其他履约行为的描述、数量、重量、品质、状况、包装、交付、价值或其存在与否；或（iii）对任何数据相关的发货人、承运人、货运代理人、收货人、货物的保险人或其他任何人的诚信、作为与否、清偿能力、履约或资信状况。

小结要点

● 对免责条款的使用与其他国际商会规则相一致，与 UCP 600 第 34 条的有关措辞相同。

评论

与所有其他国际商会规则相同，对于提供给参与行的，或参与行提供的数据，需要制定免责条款。

第 12 条遵循 UCP 600 第 34 条有关单据效力的措辞。

● 第 13 条

不可抗力

a. 对由于天灾、暴动、骚乱、叛乱、战争、恐怖主义行为或任何罢工、停工或包括设备、软件和通讯网络故障等任何其他其无法控制的原因导致的营业中断的后果，包括无法访问 TMA，或者设备、软件或通讯网络故障，参与行概不负责。

b. 尽管有第 13（a）条的规定，但是，对于在营业中断期间已逾期的 BPO，且在 BPO 的失效日当日或之前全部数据集已经按照已创建基础信息的要求提交，并产生了遵循第 10（c）条的数据匹配或接受数据错配，那么，在恢复营业后，付款行将有责任支付或承担延期付款责任并于到期日支付确定的金额给收款行。

c. 在发生不可抗力的情况下，提交行或［受制于第 13（b）条］另一家参与行可以通过向 TMA 发送特别请求报文终止其在已创建基础信息中的职责，随后 TMA 将向各参与行发送特别请求通知报文。

小结要点

● 不可抗力的概念在其他国际商会规则的基础上有所延伸，覆盖了参与行无法使用 TMA 的情况。

评论

第 13（a）条提供了与 UCP 600 第 36 条相同的关于不可抗力条款的标准表述。但是，本条款的定义有所延伸，覆盖了参与行由于所述的一种或多种原因而无法使用 TMA 的情况。

第 13（b）条描述了在提交数据集之后，在尚未确认数据匹配或接受数据错配时，付款行由于不可抗力因素停止营业的情况。在付款行重新营业后，将要求付款行付款或承诺延期付款。如提交行或其他参与行希望终止执行职责，有关流程在第 13（c）条中有详细阐述。

● 第 14 条

交易信息匹配应用程序无法运行

对无论因何种原因交易信息匹配应用程序（TMA）无法运行所产生的后果，参与行概不负责。

小结要点

- 在无法使用 TMA 时，参与行将不承担任何责任。

评论

第 14 条提到，在例外情况下，可能会无法使用 TMA，此时参与行将不承担责任。由于每个已创建基础信息分别对应一个 TMA，无法使用 TMA 将同时影响并为各家参与行所知。

● 第 15 条

适用法律

a. BPO 的适用法律将是已创建基础信息中指明的付款行的分支机构或营业场所的所在地法律。

b. 在不被适用法律禁止的范围内，URBPO 为适用法律的补充。

c. 如果根据适用法律或监管要求，付款行被限制在 BPO 项下遵守其责任，则付款行对任何后果概不负责。

小结要点

- 第 15（a）条遵守 URDG 第 34 条约定的原则。
- 第 15（b）条源于 ISP98 第 1.02（a）条。
- ISO 20022 TSMT 报文未设置指示司法管辖的栏位。

评论

在解读和执行 URBPO 时，需要进一步明确法律适用原则。第 15 条（a）阐述了适用于 BPO 的法律，并遵循在 URDG 第 34 条约定的指导原则。

第 15（b）条由 ISP98 第 1.02（a）条修订而来。由于付款行处理数据，而非单据，在数据符合当地或国际法律及制裁规定的条件下，将要求付款行立即付款。

因此，第 16（c）条规定，如 TMA 附带的过滤程序显示数据匹配或数据错配的结果与适用法律或监管要求冲突，付款行将不承担履行后续操作职责的义务。应该注意的是，不应依赖 TMA 进行合规审查，参与行应通过内部的风险管理标准化流程和政策完成“了解你的客户”“反洗钱”等工作。

第 15 条仅涉及适用法律的问题，并未规定司法管辖的地点。在目前版本的 ISO 20022 TSMT 报文中，未设置专门的栏目规定司法管辖的地点。因此，明确司法管辖地点信息存在技术上的限制。

● 第 16 条

款项让渡

a. 根据适用法律条文，收款行有权让渡其在 BPO 项下可能有权或可能将有权获得的款项。本款仅涉及款项的让渡，而不涉及将已创建基础信息中的收款行职责转让给其他银行（职责的转让需根据第 11 条对已创建基础信息进行修改）。

b. 付款行表示同意前无须认可该款项让渡。

小结要点

● 根据目前的规则，卖方银行是 BPO 中的唯一收款行。

● 收款行有可能不是为卖方提供融资的银行。

● 在此情况下，第 16 条规定，收款行将债权或款项让渡或转让给另一家银行（与 UCP 类似）。

评论

如果收款行不是向卖方提供融资的银行，第 16 条将允许收款行通过与 UCP 600 第 39 条大体相同的方式，将债权或款项让渡或转让给另一家银行。

虽然现行的 URBPO 并未允许卖方银行之外的其他任何银行承担收款行的职责，但是在收款行与第三方在 URBPO 框架之外签署单独协议，且符合适用法律的情况下，收款行可将 BPO 项下对付款行的债权转让给第三方。

第 5 章

了解工作流

本章中，我们将详细讨论交易工作流的几个具体案例，以便能清楚了解交易如何创建，以及参与行和 TMA 之间进行数据交换后交易状态如何改变。

当然，我们无法穷尽所有的可能性，因此本章所提供的案例仅涉及一些常见商务情景中会出现的报文流。

基于这些有限的案例，我们鼓励读者运用案例中的商业逻辑，以便构建与另外场景需要相一致的其他工作流。

为方便阅读，本章摘抄了 URBPO 的相关条款，以便于条款与相关的工作流建立直接关联性。

5.1 创建基础信息

5.1.1 仅在两家主要银行间创建基础信息

为创建基础信息，主要银行（即买方银行或卖方银行）之一必须先向 TMA 提交初始基础信息提交报文。交易可由买方银行或卖方银行发起，且不一定包括 BPO。如果初始基础信息提交中不包含 BPO，可以在参与行一致同意的前提下通过基础信息修改的方式增加 BPO。

如果初始基础信息提交报文未能生效，交易将不会发起，TMA 将向提交报文的银行发送错误报告。

如果初始基础信息提交报文成功生效，交易的状态将变更为“已提交”，TMA 将向第一家银行（A 银行）发送回执，并向第二家银行（B 银行）发送完全推送报告。完全推送报告中包括一份初始基础信息提交报告。

当第二家银行（B 银行）向 TMA 发送基础信息再次提交申请（即该银行再次提交包含在完全推送报告中的基础信息），且结果为零错配时，交易状态将变为“已创建”。这是一个仅涉及两家银行即买方银行和卖方银行的基础交易场景。

如果已创建基础信息中包含“付款责任部分”这一可选数据模块，则 BPO 与基础信息同步创建。在此情况下，买方银行将成为付款行，卖方银行将成为收款行。更复杂的交易场景将涉及其他付款行及/或提交行。

以下节选自 URBPO 的定义及其他内容均与在 TMA 中创建基础信息的流程紧密相关，并将在下文中的流程图中予以说明：

第 3 条　总定义

“银行付款责任”或者“BPO”指按照第 10（c）条的规定，在根据已创建基础信息的要求提交全部数据集，产生数据匹配或接受数据错配后，付款行对收款行承担不可撤销的和独立的承诺，即支付或者承担延期付款责任并于到期日支付确定的金额给收款行。

“基础信息”指由买方银行或卖方银行提交给 TMA 的与基础贸易交易相关的数据。

“买方银行”指买方的银行。买方银行也可以是付款行。

“已创建基础信息”指自 TMA 发送含有零错配的基础信息匹配报告并显示状态为“已创建”之时的基础信息。

“参与行”指卖方银行或收款行（依赖于其在任何给定时间的职责）、买方银行、付款行或提交行。

“付款行”指开立 BPO 的银行。

“付款责任部分”指基础信息中指定为“付款责任”的部分，该部分包含了付款条件等 BPO 条款。

“收款行”指 BPO 的受益银行。收款行总是卖方银行。

“卖方银行”指卖方的银行。卖方银行将在已创建基础信息的付款责任部分中被指明为收款行。

“提交”指（i）买方银行或卖方银行通过发送基础信息向 TMA 提交数据的行为，或者根据情况需要，如此提交的基础信息，或者（ii）参与行通过向 TMA 发送一个或多个数据集向付款行提交数据的行为，或者根据情况需要，如此提交的数据集。

“提交行”指唯一的职责是根据已创建基础信息提交一个或多个数据集的参与行。

“交易匹配应用程序”或“TMA”指任何集中的数据匹配和工作流应用程序，无论是否专属于参与行，该程序提供的服务包括处理从各参与行处收到的 TSMT 报文、自动比较该类信息中所包含的数据，以及随后向各参与行发送所有相关的 TSMT 报文。

“零错配”指某个基础信息所代表的数据与相对应的基础信息所代表的数据匹配，或者根据内容所指，所有被要求的数据集与已创建基础信息要求的数据相匹配。

第 4 条　报文定义

“基础信息匹配报告”指在基础信息提交后，由 TMA 向参与行（除买方银行以外的付款行）发送的 TSMT 报文，表示基础信息已建立或发现两条基础信息存在错配。

“完全推送报告”指由 TMA 向参与行发送的 TSMT 报文，通知发起基础信息、已创建基础信息或对已创建基础信息发起修改。

第 9 条　参与行的职责

d. 只有在各参与行接受其职责后，包含 BPO 的基础信息才成为已创建基础信息：

i）当买方银行是唯一的付款行时：

如果 TMA 发送零错配基础信息匹配报告，确认买方银行提交的基础信息与卖方银行或收款行（如适用）提交的基础信息匹配；

第 10 条　付款行的责任

a. 付款行将依据 BPO 不可撤销地承担责任：

i）如果已创建基础信息建立时已包含 BPO：

根据第 9（d）条，自 TMA 已向各参与行发送零错配基础信息匹配报告或状态为“已创建”的接受职责及基础信息通知之时起；

根据对这些规则的应用，通过跟踪 TMA 中心发送和接收的 ISO 20022 TSMT 报文的工作流，下图阐述了基础信息创建的流程。

流程图 1 分析了一个最简单的案例：A 银行提交了有效的初始基础信息，B 银行收到完全推送报告。该完全推送报告包含 A 银行最初提交的基础信息细节。在此阶段，交易处于“已发起”

状态。

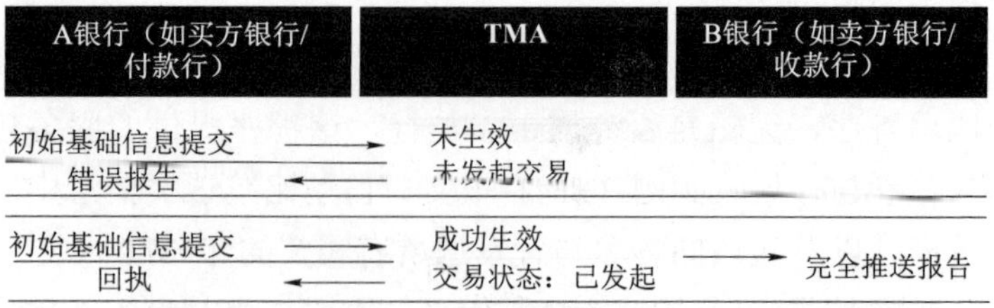

流程图 1　初始基础信息提交（买方银行/卖方银行）

此时，B 银行必须重新提交完全推送报告所包含的基础信息。如果 B 银行重新提交的基础信息与 A 银行提交的初始基础信息相匹配，基础信息的状态将变更为“已创建”。在此情况下，两家银行都会收到显示零错配的基础信息匹配报告（参见流程图 2）。

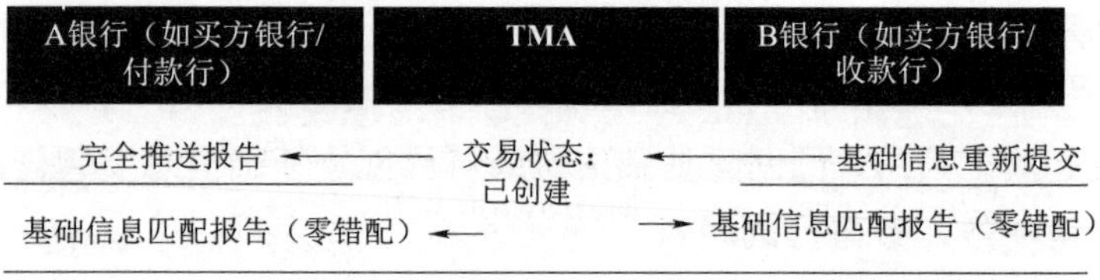

流程图 2　基础信息重新提交成功（零错配）：基础信息已创建

如果基础信息重新提交失败，并产生数据错配，基础信息匹配报告将会显示状态为“部分匹配”，并突出显示未能成功匹配的项目（参见流程图 3）。

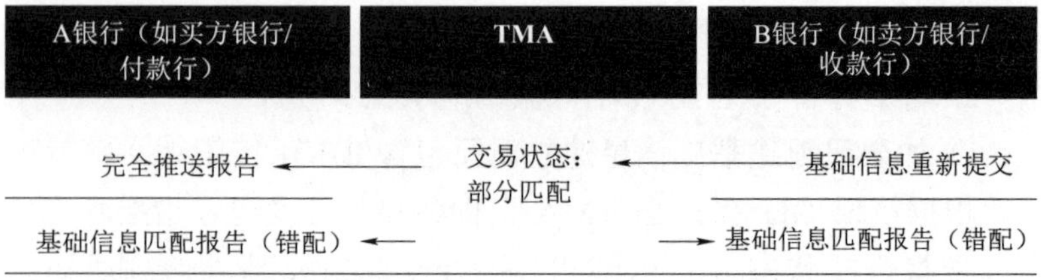

流程图 3　基础信息重新提交失败（错配）：基础信息部分匹配

为更正任何数据错配，A 银行或 B 银行必须再次重新提交基础信息。

一旦两家银行提交的基础信息完全匹配，基础信息将创建（参见流程图 4）。

如果已创建基础信息包含 BPO，则 BPO 也将同时创建。在此情况下，买方银行将成为付款行，卖方银行将成为 BPO 的收款行。

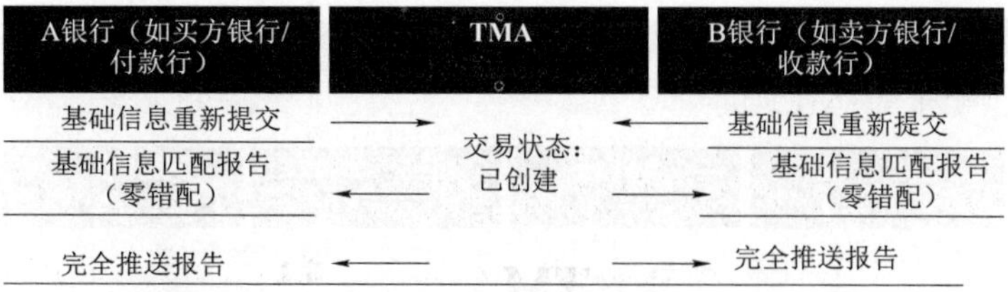

流程图4　基础信息创建（买方银行/卖方银行）

如果基础信息重新提交仍存在数据错配，则TMA达到提交次数的上限，将强制关闭交易，如流程图5所示。

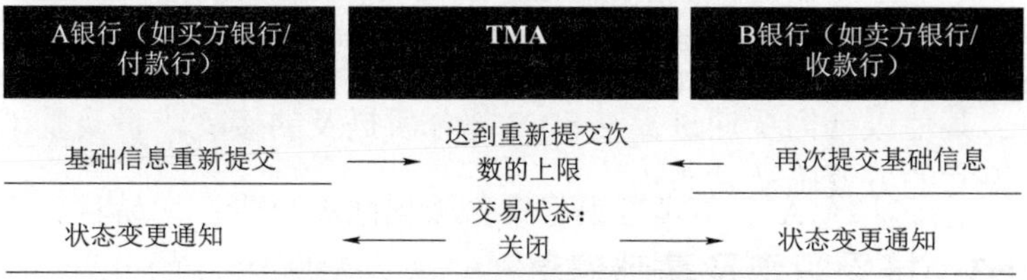

流程图5　重新提交失败—交易结束

如有必要，两家银行可发起新的交易而重新开始。这是最糟糕的场景。

5.1.2　与多家银行创建基础信息

第9（d）（ii）和（iii）条描述了更为复杂的与多家银行的交易场景。此时，在基础信息创建前，需要完成一些额外的步骤。基础信息匹配阶段的流程不变，只是在重新提交的基础信息匹配时，交易状态将暂时变为“等待接受职责”，如流程图6所示。也就是说，此时基础信息仅为部分匹配。

第9条　参与行的职责

d. 只有在各参与行接受其职责后，包含BPO的基础信息才成为已创建基础信息：

ii）当除买方银行以外的付款行是唯一的付款行时：

如果TMA发送接受职责及基础信息通知，确认该付款行及提交行（如有）已接受由买方银行及卖方银行或收款行（如有）提交的基础信息中指定的职责。该通知将在TMA发送零错配基础信息匹配报告后发送；或

iii）当可能包括买方银行的多家银行为付款行时：

如果TMA发送接受职责及基础信息通知，确认各付款行及提交行（如有）已接受由买方银行及卖方银行或收款行（如有）提

交的基础信息中指定的职责。该通知将在 TMA 发送零错配基础信息匹配报告后发送。

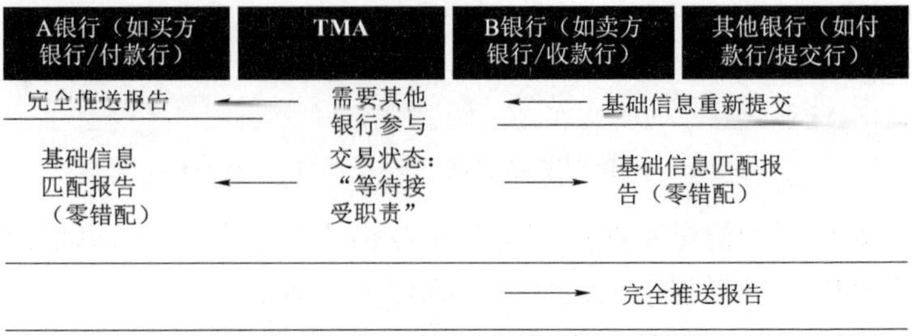

流程图 6　创建基础信息所需的其他银行

其他银行需要通过提交 5.1.3 部分所提及的接受职责及基础信息报文的方式确认其职责。

5.1.3　接受职责及基础信息

第 4 条　报文定义

“接受职责及基础信息”指由提交行或除买方银行以外的付款行向 TMA 发送的 TSMT 报文，接受完全推送报告中基础信息指定的相应职责。

“接受职责及基础信息通知”指由 TMA 向参与行发送的 TSMT 报文，通知其提交行或除买方银行以外的付款行已回应完全推送报告，发送了接受职责及基础信息。

当涉及其他银行时，为确保基础信息得以创建，其他银行（付款行及/或提交行）必须提交接受职责及基础信息报文，以应答完全推送报告中的基础信息。其他参与行将收到 TMA 发送的接受职责及基础信息通知报文，确认其接受职责。如流程图 7 所示，在本案例中，完全推送报告向所有参与行确认基础信息的创建。

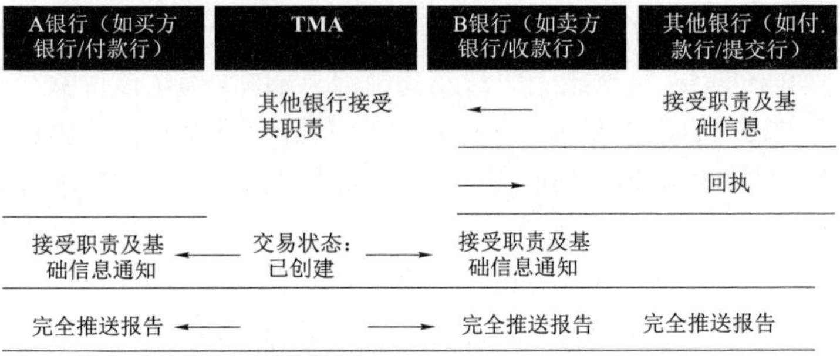

流程图 7　其他银行接受职责，基础信息创建

5.1.4　拒绝职责及基础信息

第 4 条　报文定义

“拒绝职责及基础信息”指由提交行或除买方银行以外的付款行向 TMA 发送的 TSMT 报文，拒绝包含在完全推送报告中的基础信息方面所指明的职责。

“拒绝职责及基础信息通知”指由 TMA 向参与行发送的 TSMT 报文，通知其提交行或除买方银行以外的付款行已回应完全推送报告，发送了拒绝职责及基础信息。

URBPO 第 4 条关于拒绝职责及基础信息报文的定义，提及了一家银行可能拒绝其在某特定交易中被要求履行的职责的可能性。

如果其他银行通过提交拒绝职责及基础信息报文的方式拒绝其职责，TMA 将通过发送拒绝职责及基础信息通知报文的方式通知其他参与行。

其他参与行必须就应对策略达成一致，例如替换拒绝职责的银行。

如果这些银行对其角色的拒绝不能由其余的银行来圆满地解决，其可能的结果是导致交易关闭的“状况变更要求”（参见流程图 8）。这将是最坏的案例场景。

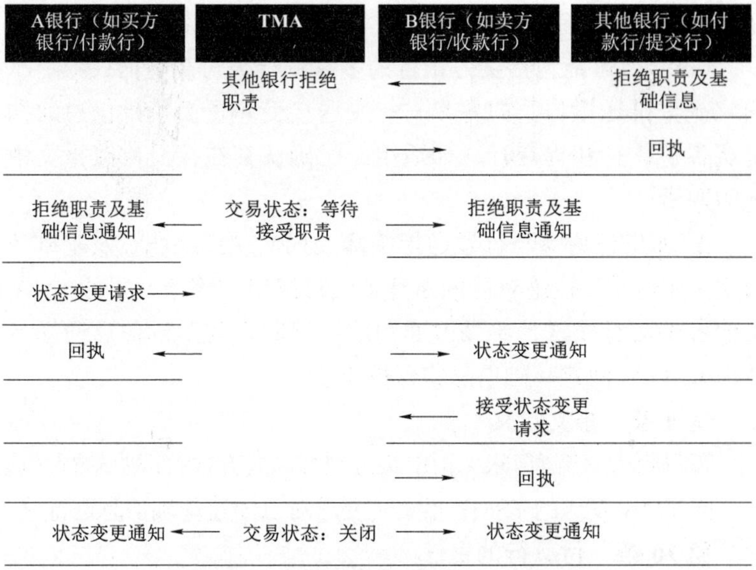

流程图 8　其他银行拒绝职责，交易结束

5.2 基础信息修改请求

第 11 条 修改

a. 对包含 BPO 的已创建基础信息的修改，或对已创建基础信息添加 BPO 所做的修改，须获得各参与行的同意。

b.（i）卖方银行、收款行（如有）或买方银行可以通过发送基础信息修改请求的方式请求修改已创建基础信息。卖方银行、收款行（如有）或买方银行，视情况适用，可以通过发送接受修改的方式接受基础信息修改请求；及

（ii）在修改被接受后，TMA 将向各付款行及提交行（如适用）发送完全推送报告，请求其向 TMA 发送职责与基础信息接受报文确认其在交易中的职责。

c. 对包含 BPO 的已创建基础信息的修改，或对已创建基础信息增添 BPO 的修改，在以下情形下生效：

（i）**当买方银行是唯一的付款行时**：如果 TMA 回应接受修改报文，向买方银行发送接受修改通知。

（ii）**当除买方银行以外的付款行是唯一的付款行时**：如果 TMA 向各参与行发送接受职责及基础信息通知，确认付款行和提交行（如适用）已接受完全推送报告中所含的基础信息中指明的职责。

（iii）**当可能包括买方银行的多家银行为付款行时**：如果 TMA 回应完全推送报告，向各参与行发送接受职责及基础信息通知，确认各付款行和提交行（如适用）已确认其在接受修改报文中规定的职责。

d. 如果任何参与行发送拒绝修改报文或拒绝职责及基础信息报文（如适用）拒绝对已创建基础信息提出的修改，并且 TMA 向其他各参与行发送拒绝修改通知或拒绝职责与基础信息通知（如适用），则已创建基础信息将保持不变。

第 4 条 报文定义

“基础信息修改请求”指由买方银行、卖方银行或收款行（适用时）向 TMA 发送的 TSMT 报文，要求对已创建基础信息进行修改。

第 10 条 付款行的责任

a. 付款行将依据 BPO 不可撤销地承担责任：

（ii）如果通过修改已创建基础信息的方式添加 BPO：

根据第 11（c）条，自 TMA 已向各参与行发送接受修改通知或接受职责及基础信息通知之时起。

URBPO 第 11 条规定了基础信息修改请求的处理流程。

基础信息创建后，基础信息修改请求可由买方银行或卖方银行提交。

如果存在等待接受错配的情况，则 TMA 将拒绝基础信息修改请求。

自发出基础信息修改请求起，至接受/拒绝基础信息修改请求止，均可收取数据集报文。

接受修改/拒绝修改流程结束后，可以进行数据比较。

接受基础信息修改的流程请见 5.2.1 及 5.2.2 节，拒绝基础信息修改的流程请见 5.2.3 及 5.2.4 节。

5.2.1　仅两家主要银行之间的接受基础信息修改

第 4 条　报文定义

“接受修改”指由买方银行、卖方银行或收款行（适用时）向 TMA 发送的 TSMT 报文，表示接受基础信息修改请求。

“接受修改通知”指由 TMA 向买方银行、卖方银行或收款行（适用时）发送的 TSMT 报文，通知其接受基础信息修改请求。

如流程图 9 所示，必须由未提交基础信息修改请求的主要银行（买方银行或卖方银行）来提交接受修改报文。本案例中，TMA

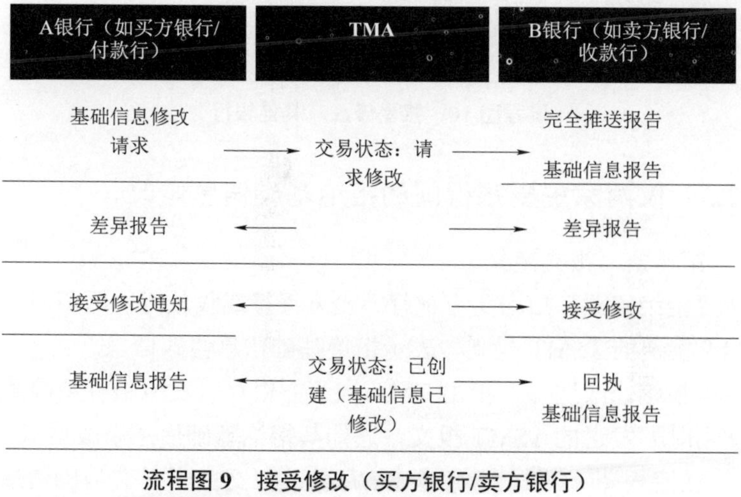

流程图 9　接受修改（买方银行/卖方银行）

将向请求该修改的银行发送接受修改通知。此时，基础信息得以修改。这将由 TMA 向双方银行发出基础信息报告予以确认。

5.2.2 涉及多家银行的接受基础信息修改

如果交易中涉及多家银行，这些银行必须通过提交接受职责及基础信息报文，以确认其继续接受职责，进而确认接受修改后的基础信息。

在本案例中，报文流如流程图 10 所示。

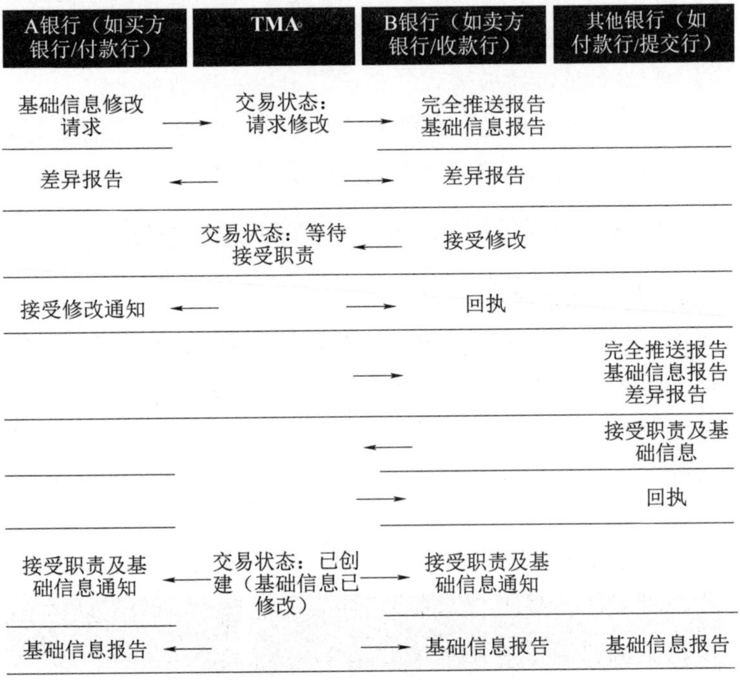

流程图 10　接受修改（其他银行）

5.2.3 仅两家主要银行间的拒绝基础信息修改

第 4 条　报文定义

“拒绝修改”指由买方银行、卖方银行或收款行（适用时）向 TMA 发送的 TSMT 报文，表示拒绝基础信息修改请求。

“拒绝修改通知”指由 TMA 向买方银行、卖方银行或收款行（适用时）发送的 TSMT 报文，通知其拒绝基础信息修改请求。

在流程图 11 中，拒绝基础信息修改报文由未提交基础信息修改请求的主要银行（买方银行或卖方银行）提交。在本案例中，TMA 将向要求该修改的银行发送拒绝修改通知。这时，基础信息保持不变。

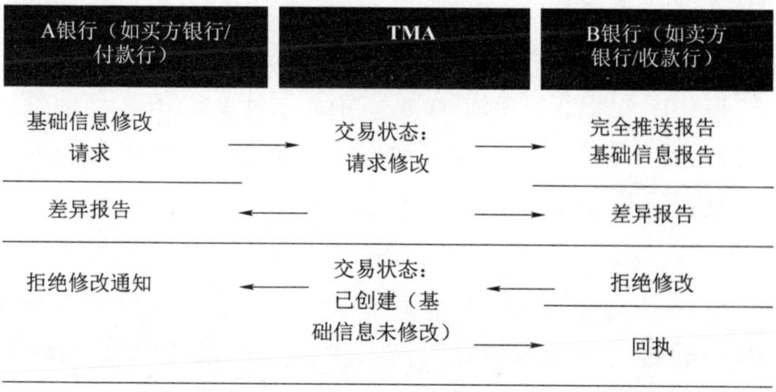

流程图 11　拒绝基础信息修改请求

5.2.4　涉及多家银行的拒绝基础信息修改

当交易涉及多家银行时，基础信息修改请求被主要银行接受后，仍可能被一家或多家其他银行拒绝。在这种情况下，基础信息仍将保持不变（参见流程图 12）。

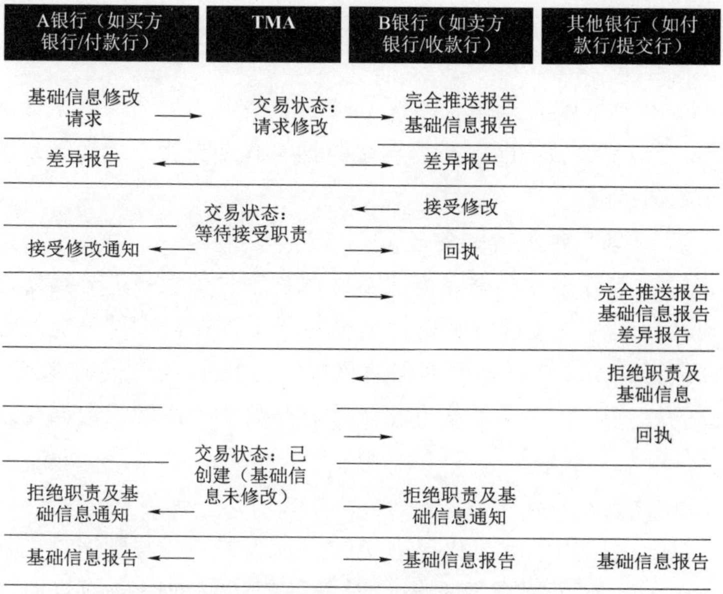

流程图 12　拒绝基础信息修改请求（其他银行）

5.3　数据集提交

第 3 条　总定义

“数据匹配”指对所有要求的数据集与已创建基础信息比较后，数据集匹配报告的结果显示零错配。

“数据集”指为与已创建基础信息进行比较，由参与行向 TMA 发送的数据集提交中包含的任何数据类别（例如，“商业”、“运输”、“保险”、“证明信”或“其他证明信”）。

“提交”指（i）买方银行或卖方银行通过发送基础信息向 TMA 提交数据的行为，或者根据情况需要，如此提交的基础信息，或者（ii）参与行通过向 TMA 发送一个或多个数据集向付款行提交数据的行为，或者根据情况需要，如此提交的数据集。

第 4 条　报文定义

“数据集匹配报告”指在提交已创建基础信息所要求的全部数据集，并且该数据集与已创建基础信息自动比较后，由 TMA 向各参与行发送的 TSMT 报文，通知其数据匹配或数据错配。

“数据集提交”指由参与行向 TMA 发送的 TSMT 报文，该报文包含一个或多个数据集用于数据比较。

第 8 条　BPO 的失效日

c. 数据匹配将只在已创建基础信息要求的全部数据集提交后进行。TMA 随后将向参与行发送数据集匹配报告，通知其数据匹配或数据错配。

第 10 条　付款行的责任

c. 付款行必须根据已创建基础信息中付款责任部分指定的付款条款，支付或者承担延期付款责任并于到期日支付确定的金额给收款行，如果在已创建基础信息规定的 BPO 失效日前或当日，该已创建基础信息所要求的数据集全部提交并在做了数据比较后显示：

i）**有数据匹配**

以上引用的条款与数据提交的规则有关。在基础信息创建后任意时点，均可提交数据集，以与已创建基础信息的数据进行比较。

5.3.1　仅涉及两家主要银行的基础信息

在最简单的情境中，数据集将由一家主要银行提交，该银行通常为卖方银行或收款行（如有）。若数据集与已创建基础信息相匹配，则将由 TMA 发送显示零错配的数据集匹配报告。若已创建基础信息包含付款责任部分，且提交的数据集与已创建基础信息相匹配，则 BPO 将到期。

此时，交易完成但未关闭。参与行可以在该交易项下继续要求发送报告，直至交易正式关闭。未经买方银行及卖方银行一致同意，交易不得关闭。提交状态变更请求报文后，交易将最终关闭，如流程图 13 所示。

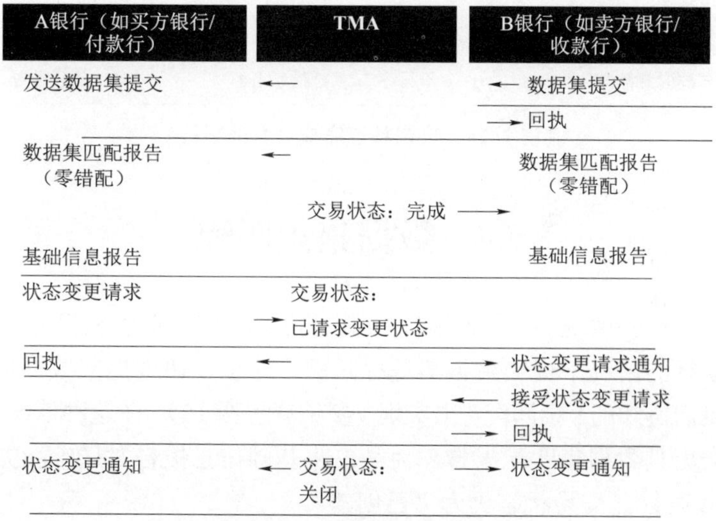

流程图 13　交易完成并关闭

交易完成及关闭的“两步走”方案与传统贸易融资的既有流程有所不同。例如，信用证、保函或托收项下一旦付款完毕，则通常关闭卷宗。但是，根据 ISO 20022 TSMT 报文所构造的工作流，即使全部完结，TMA 也不会自动关闭基础交易。如未明确要求关闭交易，基础信息将仍存在于 TMA 中，为后续报文交换预留可能性。然而，按照 TMA 的操作规则，若在规定期限内未进行操作，基础信息将最终“失效”，TMA 将随即关闭交易。

5.3.2 涉及多家银行的基础信息

若交易中涉及多家银行，这些银行也将收到一份基础信息匹配报告（参见流程图 14）。这对付款行而言尤为重要。因其需了解是否以及何时承担付款责任，例如基础信息指明的数据何时已被提交并实现匹配。

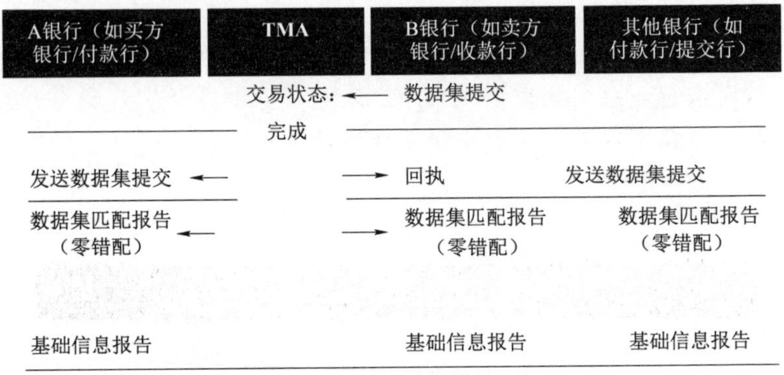

流程图 14　交易状态完成（其他银行）

5.4 数据集预匹配

在一些情况下，卖方银行/收款行可能希望在不告知买方银行/付款行的情况下提交数据集进行匹配。这可以通过提交数据集进行我们所知的“预匹配”来实现（参见流程图 15）。在这种情况下，不会出具数据集匹配报告，而是仅将基础信息报告发送给卖方银行/收款行。交易状态仍为“已创建”。

预匹配不会产生任何付款责任。

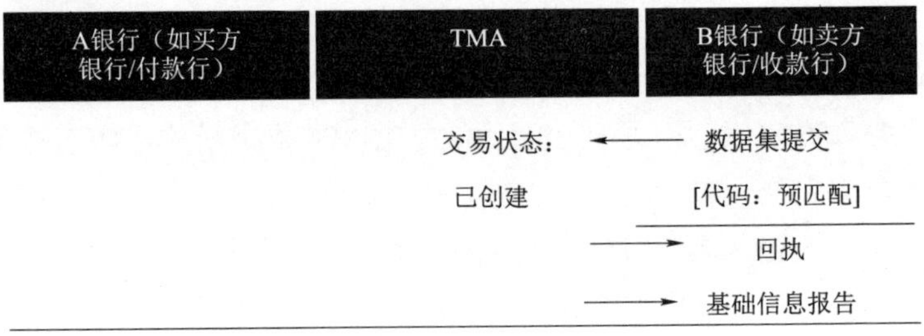

流程图 15　数据集预匹配—状态不改变

如创建基础信息时未包含 BPO，且卖方银行成功提交的数据集仅进行预匹配，而预匹配结果为零错配，卖方银行可以随后提交基础信息修改请求以添加 BPO。

若买方银行为唯一付款行，则当买方银行一提交接受修改，BPO 即告创建。若卖方银行随后提交用于匹配的数据集，则 BPO 将立即到期。

若涉及其他付款行，这些其他付款行也必须按照第 5.2.2 部分的要求，提交接受职责及基础信息，以创建 BPO。

5.5　接受错配

第 3 条　总定义

“数据错配”指对所有要求的数据集与已创建基础信息比较后，数据集匹配报告的结果显示一个或多个错配。

第 4 条　报文定义

“接受错配”指由买方银行向 TMA 发送的接受数据错配的 TSMT 报文。

“接受错配通知”指由 TMA 向各参与行发送的 TSMT 报文，通知其买方银行接受数据错配。

第 10 条　付款行的责任

c. 则付款行必须根据已创建基础信息中付款责任部分指定的付款条款，支付或者承担延期付款责任并于到期日支付确定的金额给收款行，如果在已创建基础信息规定的 BPO 失效日前或当日，该已创建基础信息所要求的数据集全部提交并在做了数据比较后显示：

（ii）**数据错配且买方银行是唯一的付款行**：如果 TMA 向收款行发送接受错配通知确认买方银行接受错配；或

（iii）**数据错配且除买方银行外的付款行是唯一的付款行**：如果付款行及提交行（如适用）已通过向 TMA 发送接受职责及基础信息确认其职责，并且 TMA 通过向各参与行发送接受职责及基础信息通知予以确认。该通知将在 TMA 向各参与行发送接受错配通知，确认买方银行的接受错配后发送；或

（iv）**数据错配且可能包括买方银行的多家银行为付款行**：

如果

a）TMA 通过向各参与行发送接受错配通知，确认买方银行接受错配；并且

b）付款行及提交行（如适用）已通过向 TMA 发送接受职责及基础信息确认其职责，并且 TMA 通过向各参与行发送接受职责及基础信息通知予以确认。

如前所述，在基础信息创建后任意时点，均可提交数据集以进行数据比较。

若提交的数据集包含数据错配，则买方银行（也可以是付款行）必须接受或拒绝数据错配。

5.5.1　仅涉及两家主要银行的基础信息；买方银行为付款行

若买方银行是唯一的付款行，则一旦买方银行接受错配，交易即告完成，并且 TMA 将通过向卖方银行/收款行发送接受错配通知予以确认（参见流程图 16）。

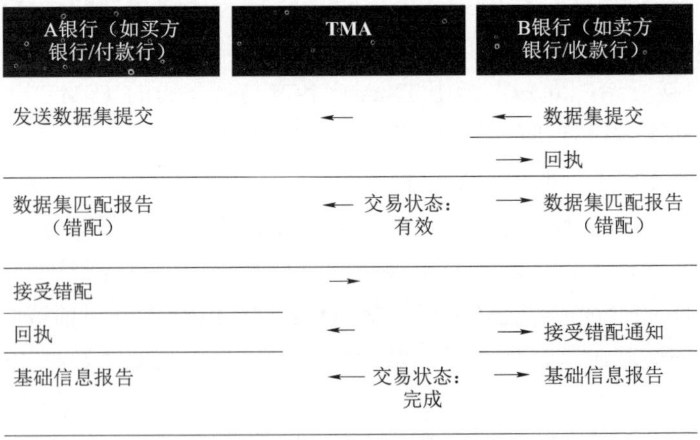

流程图 16　接受错配（买方银行/卖方银行）

5.5.2　涉及多家银行的基础信息

若交易涉及其他付款行，该付款行必须通过向 TMA 提交接受职责及基础信息报文的方式确认其后续职责。随后，TMA 将向其他参与行发送接受职责及基础信息通知（参见流程图 17）。

A银行（如买方银行/付款行）		TMA		B银行（如卖方银行/收款行）	其他银行（如付款行/提交行）
		交易状态：有效	←	数据集提交	
发送数据集提交	←		→	回执	
数据集匹配报告（错配）	←		→	数据集匹配报告（错配）	
接受错配	→	交易状态：等待接受职责	→	接受错配通知	接受错配通知
回执	←				
			→		完全推送报告
			←		接受职责及基础信息
			→		回执
接受职责及基础信息通知	←	交易状态：完成	→	接受职责及基础信息通知	
基础信息报告	←		→	基础信息报告	基础信息报告

流程图 17　接受错配（其他银行）

5.6 拒 绝 错 配

第 4 条　报文定义

“拒绝修改”指由买方银行、卖方银行或收款行（适用时）向 TMA 发送的 TSMT 报文，表示拒绝基础信息修改请求。

“拒绝修改通知”指由 TMA 向买方银行、卖方银行或收款行（适用时）发送的 TSMT 报文，通知其拒绝基础信息修改请求。

第 10 条　付款行的责任

g. 如果数据比较结果为数据错配且被买方银行或买方银行以外的付款行拒绝，付款行无须支付或者承担延期付款责任并于到期日支付。

5.6.1　仅涉及两家主要银行的基础信息；买方银行为付款行

若卖方银行/收款行提交的数据集产生数据错配，而买方银行/

付款行拒绝接受错配，则 TMA 将通过发送拒绝错配通知的方式告知卖方银行/收款行。

在此情况下，交易仍有效且未完成（参见流程图 18）。

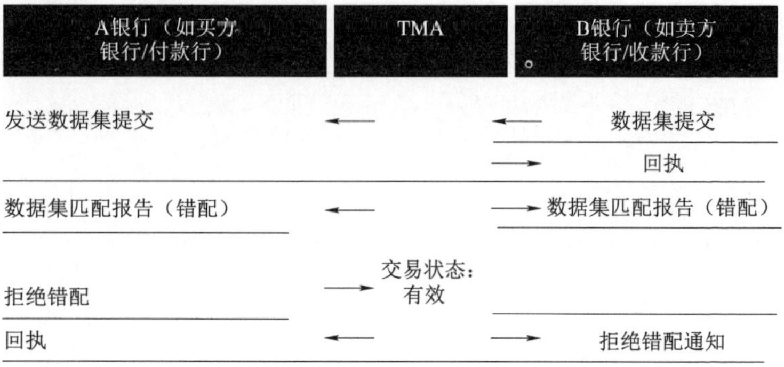

流程图 18 拒绝错配

此时，为继续交易，卖方银行/收款行必须重新提交数据集，如流程图 19 所示。

如此时结果为数据集匹配（如零错配），或若干错配已消除且买方银行/付款行可接受所有剩余的错配，则交易完成。

买方银行/付款行不可部分接受任何错配。

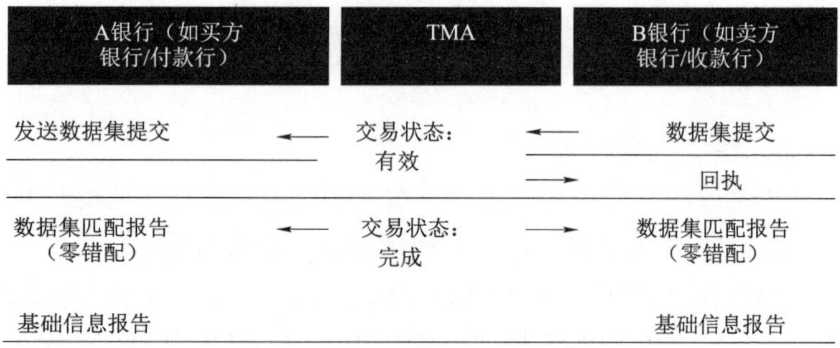

流程图 19 重新提交此前错配的数据集

5.6.2 涉及多家银行的基础信息

在更为复杂的情境中，可能存在一家其他付款行，则必须获得该付款行对任何数据错配的同意方可继续交易。如上文所述，数据错配必须先由买方银行（可能也是一家付款行）接受。其他付款行随后应通过提交接受职责及基础信息的方式，表示同意错配。

其他付款行若不同意，则将提交拒绝职责及基础信息。在这种情况下，基础信息保持不变，交易仍为有效（参见流程图 20）。

买方银行及卖方银行/收款行必须决定接下来所采取的行动。例如，它们可以决定拒绝数据错配，保留原有基础信息。或者，它们也可以要求修改基础信息，如更换其他付款行。

若存在多个数据错配，可以就其他付款行未接受的数据错配进行修改，并再次提交数据集，以便能够使其他付款行提交接受职责及基础信息。

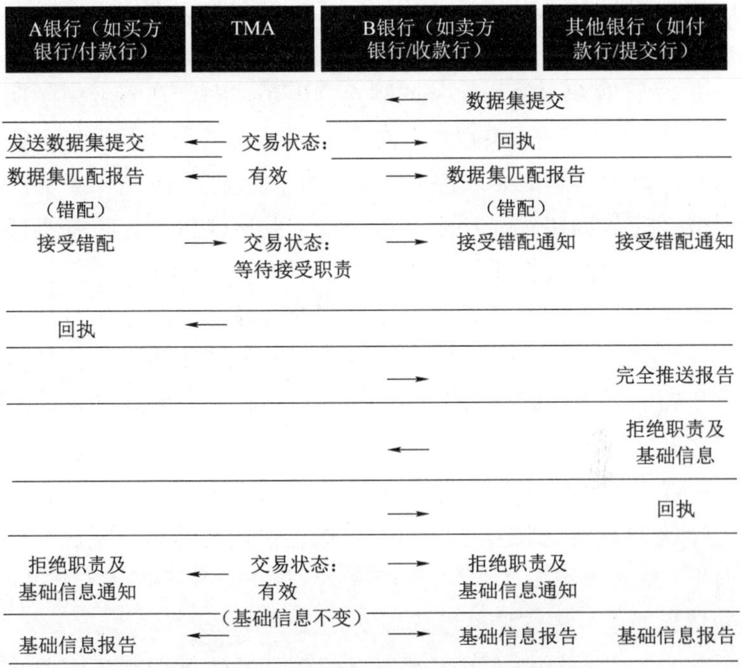

流程图 20　其他银行拒绝职责及基础信息

如买方银行仍然接受其他付款行不同意的错配，则将由买方决定交易最终如何结算。这可能会导致 TMA 中的交易关闭，后续行动将超出 URBPO 的范畴。这是最坏的情形。

5.7 特 别 报 文

第 4 条　报文定义

“特别通知”指由 TMA 向参与行发送的 TSMT 报文，通知其另一家参与行提出的特别请求。

“特别请求”指由（i）提交行向 TMA 发送的 TSMT 报文，说明阻止其提交数据集的原因，或（ii）参与行向 TMA 发送的 TSMT 报文，表明因不可抗力（根据第 13 条）而不再承担已创建基础信息中的职责。

第 13 条　不可抗力

a. 对由于天灾、暴动、骚乱、叛乱、战争、恐怖主义行为或任何罢工、停工或包括设备、软件和通讯网络故障等任何其他其无法控制的原因导致的营业中断的后果，包括无法访问 TMA，或者设备、软件或通讯网络故障，参与行概不负责。

b. 尽管有第 13（a）条的规定，但是，对于在营业中断期间已逾期的 BPO，且在 BPO 的失效日当日或之前全部数据集已经按照已创建基础信息的要求提交，并产生了遵循第 10（c）条的数据匹配或接受数据错配，那么，在恢复营业后，付款行将有责任支付或承担延期付款责任并于到期日支付确定的金额给收款行。

c. 在发生不可抗力的情况下，提交行或［受制于第 13（b）条］另一家参与行可以通过向 TMA 发送特别请求报文终止其在已创建基础信息中的职责，随后 TMA 将向各参与行发送特别请求通知报文。

在以下两种情况中，特别请求报文可能被提交到 TMA：

（i）若提交行无法在已创建基础信息中其已同意的职责下提交数据集（参见流程图 21）。在此情况下，提交行使用代码 CSDS（无法提交数据集）提交特别请求报文；或

（ii）若参与行必须不再承担已创建基础信息中其已同意的职责。该选项仅可在不可抗力的情况下使用。在此情况下，参与行使用代码 MWFT（必须退出交易）提交特别请求报文。

情境 1：CSDS

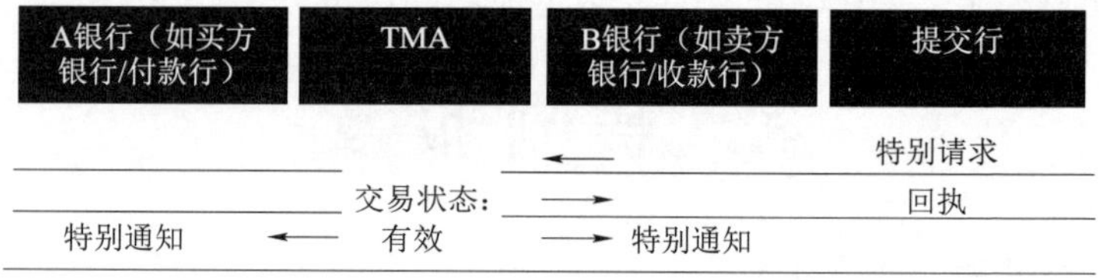

流程图 21　提交行无法提交数据集

情境 2：MWFT

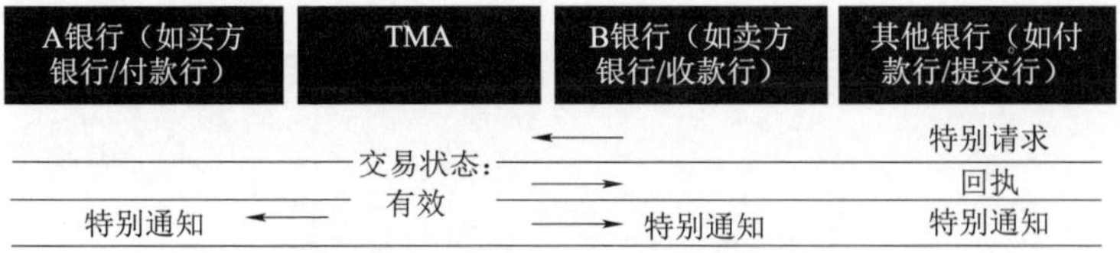

流程图 22　参与行必须退出交易

在上述任一情况下，交易中的其他银行必须决定采取何种措施，如（a）替换无法履行职责的银行或（b）关闭交易。

第 6 章

银企指南及报文发送

根据《银行付款责任统一规则（URBPO）》1.0 版本，仅当作为交易匹配应用程序（TMA）中已创建基础信息的一部分时，BPO 才可被认可。BPO 代表了订购同一 TMA 的银行间的责任。因此，BPO 不可能作为企业间责任或银企间责任而创建。该责任仅存在于银行间，付款行是有义务付款的银行，而收款行（卖方银行）是指定受益人。

ISO 网站上发布的 ISO 20022 TSMT 报文专门用于支持参与行与 TMA 间的数据交换。因此，当企业与银行/金融服务提供者间进行 BPO 相关数据交换时，并无强制的报文标准，也无强制的数据交换渠道。这意味着银企间数据交换可使用任何标准及渠道。例如，通过银行门户网站上的前端交易应用，提交 Excel 电子表格。在最不理想的情况下，这些信息甚至可能通过纸质单据提交至银行。

6.1 改编 ISO 20022 TSMT 报文

某些企业可能最终希望使用改编过的 ISO 20022 TSMT 报文子集与其银行进行交流。这些报文可以，例如，直接从储存相关数据的企业资源计划（ERP）应用程序如 SAP 或 Oracle 中导入或导出。

原则上，企业终端用户有积极兴趣/实际参与的报文仅包括：

a. 基础信息创建

b. 基础信息修改

c. 数据集提交

某些 TMA 可能还会支持处理所谓的支付意愿通知报文，该报文允许买方银行向卖方银行确认买方根据约定条款付款的意愿，但这在法律上并无约束力。这种情况下，企业可能也会希望能够使用相关报文，如支付意愿通知、远期支付意愿通知及支付意愿报告。

表 Q 及表 R 展示了可被改编以支持银企间交换 BPO 交易相关数据的 ISO 20022 TSMT 报文子集。为简明起见，特此展示了两张表。第一张表描述了可由企业发送给银行的报文，第二张表则显示了应由银行发送给企业的相反方向报文流。

注意：下表只作说明之用。如上文所述，银企间报文发送并无官方定义的标准。

表 Q　　可被改编并可由企业发送至银行的 ISO 20022 TSMT 报文

修改的报文种类	报文名称	目　　的	发送方	发送至
tsmt.005.001.02	接受修改	指示银行接受基础信息修改请求	买方或卖方	买方银行或卖方银行
tsmt.007.001.02	拒绝修改	指示银行拒绝基础信息修改请求	买方或卖方	买方银行或卖方银行
tsmt.009.001.03	基础信息修改请求	要求银行提交修改已创建基础信息的请求	买方或卖方	买方银行或卖方银行
tsmt.012.001.03	重新提交基础信息	指示银行响应初始基础信息提交或重新提交错配的基础信息数据	买方或卖方	买方银行或卖方银行
tsmt.014.001.03	数据集提交	指示银行触发对根据已创建基础信息提交的信息的匹配或预匹配	买方或卖方	买方银行或卖方银行
tsmt.019.001.03	初始基础信息提交	指示银行发起交易	买方或卖方	买方银行或卖方银行
tsmt.020.001.02	接受错配	指示银行接受数据错配	买方	买方银行

续表

修改的报文种类	报文名称	目　　的	发送方	发送至
tsmt.022.001.02	拒绝错配	指示银行拒绝数据错配	买方	买方银行
tsmt.044.001.01	付款意愿通知	指示银行就一笔或多笔交易表明于特定时间支付特定金额的确定意愿	买方	买方银行

表 R　　可被改编并可由银行发送给企业的 ISO 20022 TSMT 报文

修改的报文种类	报文名称	目　　的	发送方	发送至
tsmt.001.001.03	回执	确认收到自买方或卖方处发来的报文	买方银行或卖方银行	买方或卖方
tsmt.006.001.03	接受修改通知	将对基础信息修改请求的接受通知买方或卖方	买方银行或卖方银行	买方或卖方
tsmt.008.001.03	拒绝修改通知	将对基础信息修改请求的拒绝通知买方或卖方	买方银行或卖方银行	买方或卖方
tsmt.010.001.03	基础信息匹配报告	向买方或卖方报告（a）基础信息成功创建（在提交的两个初始基础信息实现零错配后）或（b）因在两个初始基础信息提交中发现错配导致基础信息创建失败	买方银行或卖方银行	买方或卖方
tsmt.011.001.03	基础信息报告	向买方或卖方报告对已创建基础信息中动态部分的预计算或最终计算结果	买方银行或卖方银行	买方或卖方

续表

修改的报文种类	报文名称	目　　的	发送方	发送至
tsmt.013.001.03	数据集匹配报告	在提交已创建基础信息要求的所有数据集，并将这些数据集与该已创建基础信息进行自动比较后，向买方或卖方报告数据匹配或数据错配	买方银行或卖方银行	买方或卖方
tsmt.015.001.03	差异报告	在要求修改基础信息后，列出已创建基础信息与新提议的基础信息间的区别	买方银行或卖方银行	买方或卖方
tsmt.016.001.03	错误报告	通知因在报文中检测出错误，TMA 无法处理参与行发送的报文	买方银行或卖方银行	买方或卖方
tsmt.017.001.03	发送数据集提交报告	将与交易项下与数据集相关的信息发送给买方或卖方	买方银行或卖方银行	买方或卖方
tsmt.018.001.03	完全推送报告	向买方或卖方通知拟创建的基础信息、已创建的基础信息或拟对已创建基础信息进行修改的具体细节，基础信息数据构成完全推送报告的一部分	买方银行或卖方银行	买方或卖方
tsmt.021.001.03	接受错配通知	通知卖方，买方已接受数据错配	卖方银行	卖方
tsmt.023.001.03	拒绝错配通知	通知卖方买方已拒绝数据错配	卖方银行	卖方
tsmt.024.001.03	行动提醒	就过期行动提醒买方或卖方	买方银行或卖方银行	买方或卖方
tsmt040.001.03	到期通知	通知买方或卖方若一定时间内不采取行动，交易将关闭	买方银行或卖方银行	买方或卖方

续表

修改的报文种类	报文名称	目　　的	发送方	发送至
tsmt 045.001.01	远期付款意愿通知	将买方在一笔或多笔交易下将于特定时间支付具体金额的确定意愿通知卖方	卖方银行	卖方
tsmt 046.001.01	付款意愿报告	报告所收到的付款意愿报文	买方银行或卖方银行	买方或卖方

6.2 范围区别

当一家金融机构订购TMA时，其目的是与订购同一TMA的其他金融机构交换信息。

这些信息来自企业客户、买方或卖方，或代表该企业客户行事的受信任的第三方。例如，银行为了提交初始基础信息，必须首先自买方或卖方处获取相关订单数据。为了提交商业数据集，银行必须首先获取相关发票数据。在向TMA提交数据前，银行将对该数据进行验证处理。

买方或卖方与买方银行或卖方银行间交换的报文范围与买方银行或卖方银行与TMA间的报文交换范围有所不同。

任何由买方或卖方发送给买方银行或卖方银行的报文均意味着要求该银行向 TMA 提交数据。由买方银行或卖方银行发送给TMA的报文代表正式的行动指示，并构成参与行与TMA间结构化的数据交换的组成部分。

买方银行或卖方银行自买方或卖方处收到的请求与由买方银行或卖方银行发送至TMA的对应指示在内容上有所不同。因此，我们建议买方或卖方应自买方银行或卖方银行处索取回执及/或对应指示的副本。

例如，若买方或卖方提交了创建初始基础信息提交的请求，该基础信息的副本将体现在完全推送报告中，并可被复制给买方或卖方。买方银行或卖方银行自TMA收到其他任何回复时，也应提供给买方或卖方相应副本。

当买方银行或卖方银行向 TMA 提交初始基础信息提交报文时，其将自 TMA 收到回执报文。该回执报文将包含一个独特的交易识别代码（TID），随后将出现在该特定交易项下参与行与 TMA 交换的所有相关报文中。

买方及卖方应接受指令在随后与参与行交换的所有报文中使用该同一代码。

在向 TMA 提交初始基础信息提交前，金融机构将执行所有必要的内部检查及验证，并完善企业可能无法提供的任何遗漏数据，诸如对手方银行的银行识别代码（BIC）。

6.3 端到端报文流

与上述第五章类似，买方、卖方、参与行及 TMA 间的端到端报文流可用流程图 23 中的例子来进行说明（参见英文原文 136～139 页）。

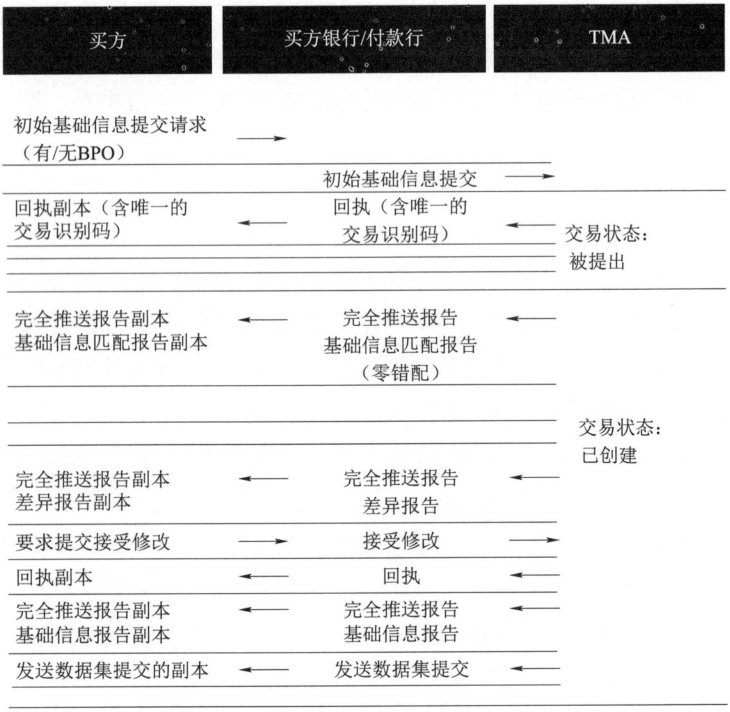

流程图 23　关于报文如何在买方、买方银行、卖方银行及卖方间端到端流转的示例

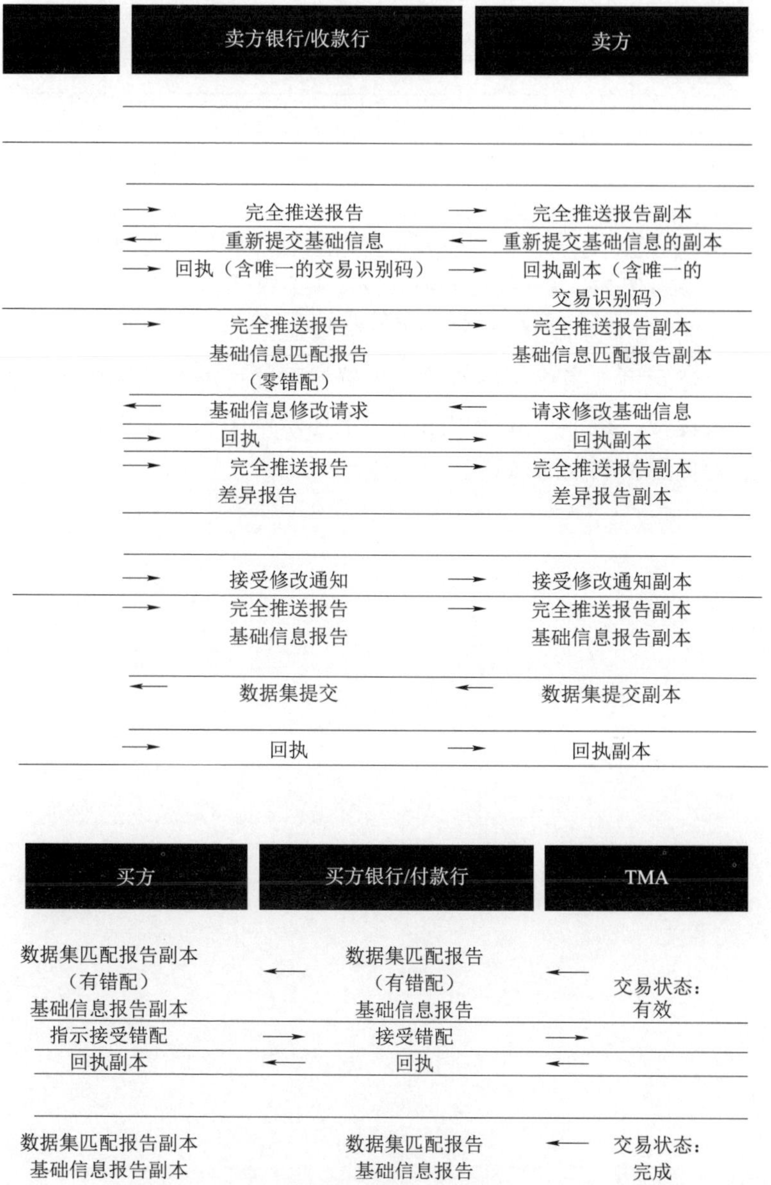

流程图 23　关于报文如何在买方、买方银行、卖方银行及卖方间端到端流转的示例（续）

	卖方银行/收款行	卖方
→	数据集匹配报告 （有错配） 基础信息报告 →	数据集匹配报告副本 （有错配） 基础信息报告副本
→	接受错配通知 →	接受错配通知副本
→	数据集匹配报告 基础信息报告 →	数据集匹配报告副本 基础信息报告副本

流程图 23　关于报文如何在买方、买方银行、卖方银行及卖方间端到端流转的示例（续）

上述示例未考虑拒绝修改或拒绝错配的可能性，因为可能存在无效提交，进而造成错误报告。上述示例中未显示的报文还包括行动提醒和到期通知。

第 7 章

企 业 协 议

7.1 URBPO 范围以外的互动

图 14 表明 URBPO 仅规定了 TMA 及参与行间发生的互动。银行与其企业客户间或两家企业对手方（买方及卖方）间的任何互动都完全在 URBPO 范围以外。

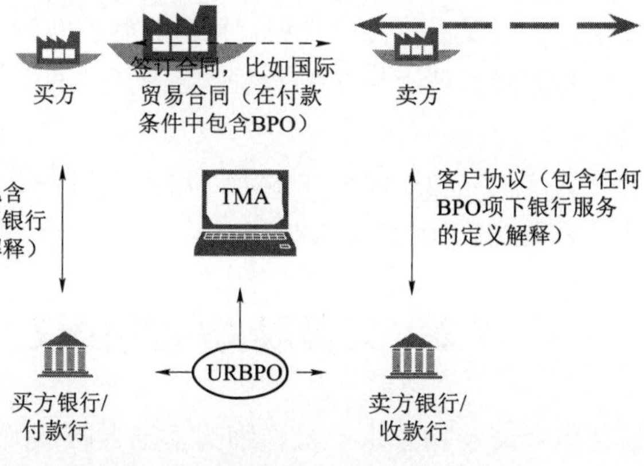

图 14　URBPO 管理参与行与 TMA 间的互动

图 15 说明了发生在 TMA 以外、因此在 URBPO 范围以外的交易流程。

这包括买卖双方间的单据交换，企业客户与银行间的数据交换，以及银行间付款指示的执行。

当买卖双方签署了以 BPO 为付款条件的基础合约后，买卖双方均须与能够提供所要求 BPO 相关服务的银行签订协议。

重要的是，买方及卖方须确保买方银行及卖方银行，包括可能参与该交易的任何其他银行，均订购了相同的 TMA 方案。

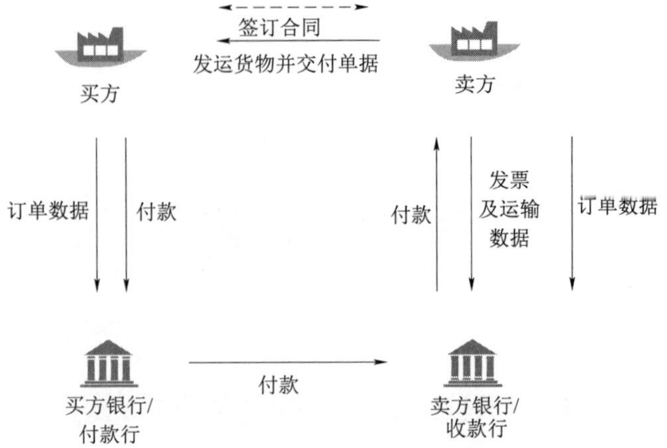

图 15　发生在 TMA 以外的交易流程不受 URBPO 约束

当买方、卖方及参与行间的基础协议正式生效后，即可开始交换数据。买卖双方向各自银行提供订单数据以创建基础信息。一旦货物出运，卖方向买方直接寄送实体单据。从这些单据中提取出的相关数据要素将传送给银行以进行数据匹配。

当交易完成且所有要求的数据均已成功匹配，付款将获得授权及执行。

所有的这些互动均发生在 TMA 以外。它们不受 URBPO 约束，也不要求采用 ISO 20022 TSMT 标准。

7.2　买卖双方间的协议

任何国际交易均要求一份详细的基础合同。国际商会国际销售示范合同为大多数基础国际贸易协议提供了一套清晰明了的标准合同条款。

虽然该示范合同被称为“销售”合同，但其同样适用于买方，因为它兼顾了出口商（卖方）及进口商（买方）的利益。因此，该合同也可被用于采购协议。

示范合同分为两部分：具体条款和一般条款。具体条款允许各方通过填写格式中的空白部分直接使用示范合同；一般条款提供了标准法律条款纲领，因此可作为起草合同或谈判的参考。这些一般条款可与具体条款一起使用或单独使用。

国际商会的国际销售示范合同特别适用于受《联合国国际货

物销售合同公约》（CISG）约束的交易，而越来越多的国际销售正在运用此公约。

该示范合同可在国际商会的网站（www.iccwbo.org）上获取。

随着全球贸易的扩张，人们对普遍可接受的标准合同文本的需求也相应增加。如果没有示范合同，中小企业将尤其处于劣势，因其国际业务协议的拟定要么缺乏专业法律支持，要么受制于交易对手的强加意志。

大型企业也可从这些示范合同中获益，因为这些合同可为谈判中打破僵局提供折中方案。

过去，示范合同的范围比较有限。例如，具体的行业机构为其顾客拟定了标准合同，而且还有很多为特定种类的用户准备的示范合同（如买方、代理人、经销商、制造商等），从而为其目标用户提供最佳、最合适的合同解决方案。

7.2.1　国际商会的方法

国际商会始终青睐一个与众不同的、更加平衡的方法。因为它的目标在于代表在相似交易中的所有参与方：卖方与买方、本人与代理人、供货商与经销商。因此，国际商会发布的示范合同设法考虑所有参与方的利益，而不偏向于任何一方。

尽管国际销售的基础并不会突然改变，但示范合同应反映当前交易习惯，否则难免会被摒弃。

这就要求示范合同需不时更新和修订，且同时保持预见性，并与实践保持一致。

7.2.2　具体条款和一般条款

国际商会国际销售示范合同的目的在于被商界使用，其语言意在可被商务人士所理解。因此，示范合同简洁、清晰而具体，且提供了一套广泛的权利义务条款。此外，其允许未参与谈判的各方使用合同来指导交易的执行，并随后评估协议的执行情况。

合同分为两部分：

a. 具体条款，为特定销售合同提供具体条款；及

b. 一般条款，为所有合同提供标准普适条款。

设计示范合同时，设想双方通常将同时使用两部分，因此起

草每一部分内容时均考虑到了另一部分。

明确付款方式和时间尤为重要。当转账付款给卖方银行时，应清晰注明银行或分行的识别代码，连同识别账户所需的具体信息（IBAN 或其他），以及表明付款方式的信息（如电汇或电子资金转账，如需）。

某些可使用的付款方式要求买方在货物出运前执行付款或提供付款担保。若装运时间迟于交货时间（如付款交单），双方不仅应就交货时间达成一致，还应就装运时间达成共识。

示范合同现也可为买卖双方提供通过 BPO 进行付款的可能。

7.2.3 国际商会国际销售示范合同摘录

A-7 付款条件（第 5 条）

赊销项下付款（第 5.1 条）

付款时间（若与第 5.1 条不同）自发票日后____________天。其他：____________

☐ 有见索即付保函或备用信用证支持的赊销（第 5.6 条）

预付款（第 5.2 条）

日期（若与第 5.2 条不同）：____________

☐ 总价

☐ 价格占比：剩余金额：__________%

于____________时支付

☐ 有预付款保函支持的预付款

跟单托收（第 5.4 条）

☐ D/P 付款交单

☐ D/A 承兑交单

不可撤销跟单信用证（第 5.3 条）

☐ 保兑

☐ 不保兑

开立地点（若适用）____________

保兑地点（若适用）____________

信用证兑用方式：

☐ 即期

☐ 延期付款：______天

☐ 承兑：_________天

☐ 议付

分批装运：_____允许　　　_____不允许

转　　运：_____允许　　　_____不允许

跟单信用证必须通知给卖方的日期（若与第 5.3 条不同）

发运日前_______天　　　　　其他____________

不可撤销的银行付款责任（第 5.5 条）

☐ 通过即期付款进行结算

☐ 通过延期付款承诺并到期付款进行结算。延期付款条款：见单后或 （日期） 后____天

银行付款责任必须通知给卖方的日期（若与 5.5 条不同）

发运日前_______天　　　　　其他____________

其他：____________

（如，支票、银行汇票、支付给指定银行账户或卖方的电子资金转账）

卖方银行细节

IBAN/银行账号____________

BIC/SWIFT 号码____________

注：IBAN 相关信息参见 **http://www.ecbs.org/iban.htm**。

BIC 相关信息参见 **https://www2.swift.com/directories**。

若双方已同意在 BPO 担保下付款，则除非另有约定，买方必须予以安排，让卖方能够收到遵照 URBPO 的、由一家银行开立给卖方银行的、形式为 BPO 的、与约定的付款条件相一致的付款担保，且应至少在约定的发运日前 30 天或约定的发运期间内最早日期前 30 天通知卖方。除非另有约定，BPO 为即期付款。

7.3　企业客户与金融机构间的协议

金融机构一般均有现成的标准模板（制式的），以反映向它们的企业客户提供具体服务的条款、条件及等级。当这些协议加入 BPO 相关服务时，金融机构有责任确保与适用法律及其自身政策和流程相符合。考虑这些协议措辞时应考虑下列问题：

- 银行服务的定义；
- 提供这些服务的商业条款，特别是TMA和URBPO范围以外的付款条件和结算方式；
- 任何与TMA交换数据和交易匹配服务操作员适用的条件和条款相关、可能需要遵守的操作要求；
- TMA可用性的任何限制；
- 对错配数据的修改指示及/或处理的限制；
- 不可抗力的定义。

第 8 章

BPO 业务场景

BPO 可首先被认为是一种风险缓释工具。它对于确保买方收到所要求的货物或服务，以及卖方按时收到款项提供解决方案。正因如此，BPO 可被视为对现有传统贸易金融服务的补充，不仅通过跟单信用证，而且也通过诸如付款保函、备用信用证和信用保险等其他的金融工具。

BPO 也可用于支持多种融资方案。因此，BPO 还可被视为对跟单信用证、保理、福费廷和被称为“反向保理”或已确认应付账款融资等现有贸易服务的补充。

图 16 显示了与建立基础信息相联系的高层级工作流。该工作流以订单数据的匹配及随后的发票和运输数据的匹配为基础，BPO 从而到期。

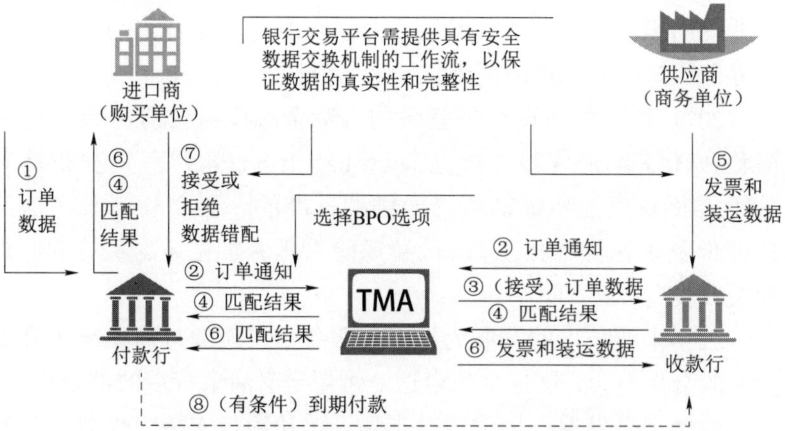

图 16　通过 TMA 的 BPO 相关工作流概况

来源：国际商会

在 BPO 交易周期的不同阶段，参与行能够基于数据的电子匹配来识别风险缓释和融资服务条款的触发点。

这对于当下越来越多的贸易采用赊销方式进行结算的商业环境而言日益重要，也就是说，在这样的商业环境中，纸质单据直接由卖方传递给买方，而不再经由银行系统传递。

BPO 围绕着对数据的自动匹配，而不是对纸质单据进行审核，可减少因“不符点”争议而引起的任何延误风险。数据一旦“错配”就会立即显示，买方银行就可以接受或拒绝错配。

BPO 的自动化处理机制还增添了处理修改的灵活性，并可降低资金成本，例如采取推迟开立 BPO 的方式。所有这些可提高供应链条中各有关方的处理效率。

BPO 的目的是填补供应链中缺少的环节。实体供应链的管理是指货物从生产到分销的转移，而金融供应链的管理则是指资金及此后营运资本的流向。

供应链的这两方面可以通过集中化的 TMA 系统处理信息及生成报告的方式进行有效连接。采用 BPO 方便银行为更广范围的赊销提供支持，包括风险缓释、付款保证及融资。

8.1　银行支持的赊销

据估计，目前超过 80%的全球贸易均通过赊销方式进行结算，而非使用跟单信用证等传统贸易金融工具进行结算。与此同时，业界却因缺少对赊销的清晰定义而备受困扰。

2011 年，总部设在华盛顿的国际金融服务贸易协会（以下简称“BAFT-IFSA”）（参见 www.baft-ifsa.com）率先发布针对赊销类贸易流程和赊销贸易金融的标准的一套产品定义，以支持评价及引导标准化工作、改善风险管理并加强金融机构的职责和关联度。

近年来新技术的发展为银行间服务于买卖双方商业需求带来更多的合作机会，这也是出台这一常用定义清单背后的部分原因。

赊销类交易现已形成成熟市场，可从银行支持中受益，尤其是针对具有运营资本需求的领域。BAFT-IFTA 发布的定义旨在明确与赊销贸易相关的产品及服务。

这些定义描述赊销交易的交易周期，并确认银行可提供的相关贸易服务流程及融资服务。此外，这些定义旨在为银行定制化服务和差异化服务提供灵活性，因而使银行可进一步增加解决方案的多样性，涵盖交易银行业务价值链的不同环节。

在本章中，我们在展示 BPO 有关业务情景时，将使用 BAFT-IFSA 的标准定义。

在表 S 中，业务处理机会和融资机会与相应的供应链触发点是匹配的。

表 S　　提供供应链融资服务的触发点

供应链触发点	银行处理机会	银行融资机会
订单约定	订单通知	装运前融资
货物仓储	单据检验/数据匹配	仓单融资
单据出具	单据/订单核对	应收账款融资
单据提交	单据检验/数据匹配	装运后融资
单据核准	核准单据的管理	已确认应付账款融资
到期日	单据付款	归还未结清融资

来源：BAFT-IFSA

8.2　赊销处理/服务

赊销处理与已有的贸易服务处理能力相联系，包括订单上传、数据匹配和付款服务。这一流程的一个重要方面就是交换和分享能够触发供应链融资机会的数据。

8.2.1　订单通知

订单由买方制作，规定了所要求的商品和条件。随后，订单和其他装运要求通过合作平台、传真、邮件、门户等方式通知给卖方。一旦卖方获得通知，买方可要求卖方对订单进行确认。来源：BAFT-IFSA。

在图 17 中，我们展示了买卖双方签订的关于订单细节的协议。买卖双方必须随后将这些订单细节上传给他们自己的银行。这一切都在 TMA 之外发生，并且在 URBPO 范围之外。

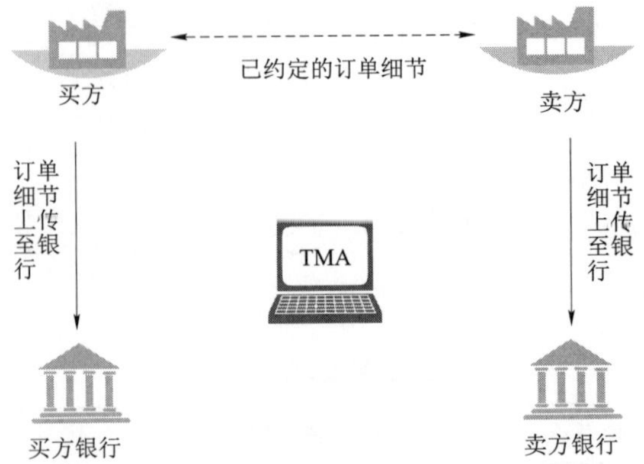

图 17　买方和卖方必须将订单数据上传至银行

在图 18 展示的例子中，初始基础信息提交由买方银行提交。初始基础信息提交同样也可能由卖方银行提交。

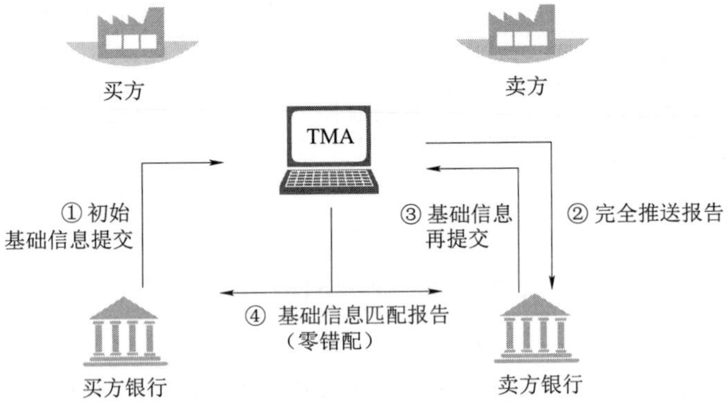

图 18　银行将使用订单数据在 TMA 中创建一个基础信息，这一基础信息可能包括一项 BPO

收到初始基础信息提交之时，TMA 将生成一份完全推送报告，该报告包含一份提议的基础信息。卖方银行必须通过再次提交基础信息的方式对完全推送报告进行回复，以便在 TMA 中创建该笔交易。

上述例子中只涉及两家银行，即买方银行和卖方银行。因此，如果卖方银行的基础信息再提交与买方银行的初始基础信息提交相匹配，那么 TMA 将生成一份显示零错配的基础信息匹配报告，基础信息正式建立。

如果基础信息包括一项 BPO（可选项），那么这项 BPO 也告建立。此时，买方银行成为付款行，卖方银行成为收款行（参见图 19）。

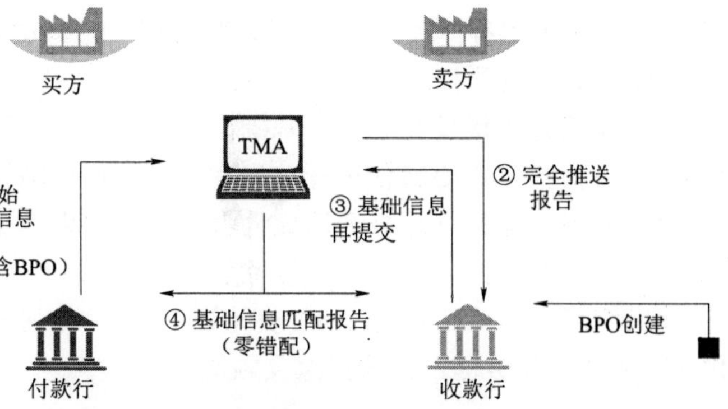

图 19　如果基础信息包含一项 BPO，那么买方银行成为付款行，卖方银行成为收款行

如此交易涉及两家以上银行（例如，在基础信息中，另一家银行被命名为付款行），那么另一家银行在接受付款行的职责前，基础信息状态将一直显示为"部分匹配"。该银行可替代买方银行成为付款行，或与买方银行共同承担付款行的职责。

在这种情况下，TMA 会向另一家银行发送另一份完全推送报告。作为回应，该银行必须提交一份接受职责及基础信息报文，以确认接受其职责，例如，作为付款行（参见图 20）。

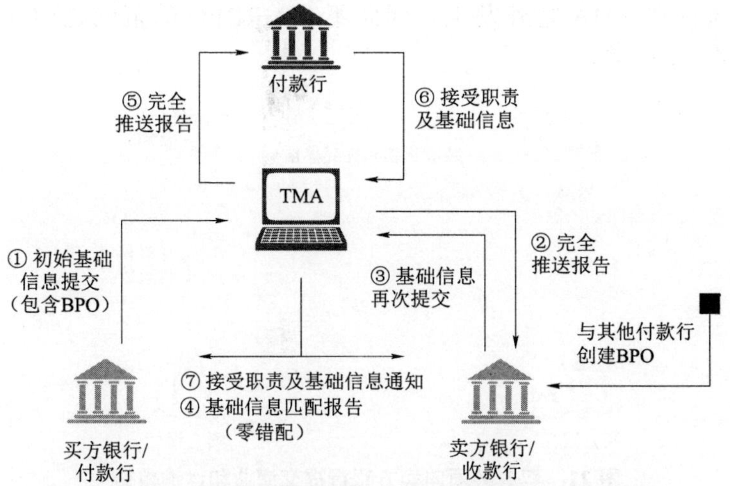

图 20　如果涉及另一家付款行，该行须通过提交接受职责及基础信息报文来接受付款行的职责

如另一家银行接受其职责，TMA 就会通过向买方银行和卖方银行发送接受职责及基础信息报文的方式来通知双方。由于 BPO

的受益人总是卖方银行，如基础信息包含 BPO，则卖方银行在任何情况下均将成为收款行。

如另一家银行未接受其职责，基础信息将显示为未创建。买方银行和卖方银行将需要就备选行动方案达成一致。例如，修改基础信息以使另一家银行能被邀请成为付款行。如果不能达成一致，则交易将被终止。

上述案例阐释了如何利用 TMA 支持订单通知，如何在可能包含 BPO 时便利风险缓释、付款担保及融资。

8.2.2　单据提交和数据匹配

单据由卖方缮制并提交。赊销方式下的匹配标准由买方来定义。这些标准可能包括，根据订单通知中定义的自动、半自动或人工方式对所要求的单据进行简单的审核，或对单据中或单据间的具体数值进行详细的审核。（来源：BAFT-IFSA）。

数据匹配取代了单据核查。在 BPO 相关交易中，基础信息所规定的相关数据要素是从对应的商业发票和运输单据中提取，并以数据集的形式输入 TMA。

卖方必须将数据（或单据）提交给卖方银行/收款行。这一流程在 TMA 之外发生，因此不在 URBPO 的范围之内（参见图 21）。

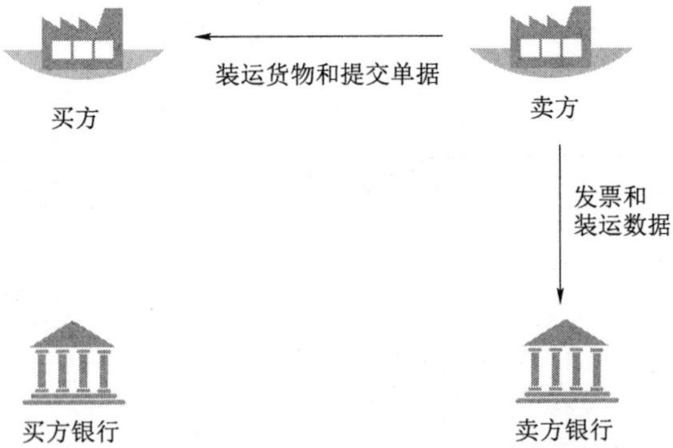

图 21　卖方必须向卖方银行提交商业和运输数据

卖方银行使用这一数据来创建商业和运输数据集。这些数据集被输入 TMA，并与已创建基础信息进行比较。

如果数据比较结果为零错配，TMA 将生成一份显示零错配的数据集匹配报告（参见图 22）。

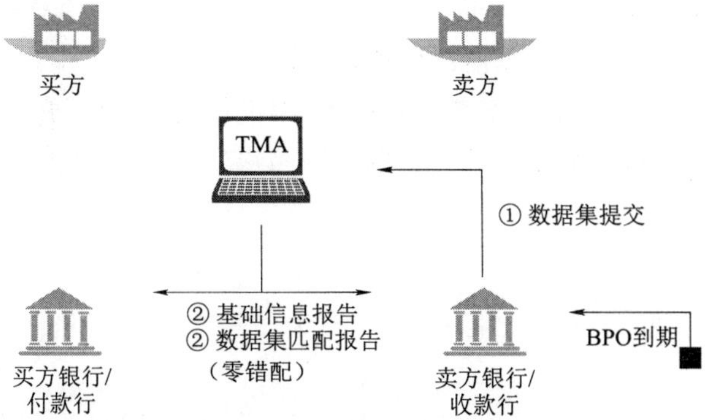

图 22　如果数据比较结果是零错配，TMA 将向买方银行/付款行和卖方银行/收款行发送显示零错配的数据集匹配报告和基础信息报告，此时 BPO 到期

由于基础信息中的数据匹配要求均已得到满足，如该交易包含 BPO，则此时 BPO 到期。这将在基础信息报告中体现。

如果交易涉及其他银行，该银行也会收到一份数据集匹配报告和基础信息报告副本（参见图 23）。

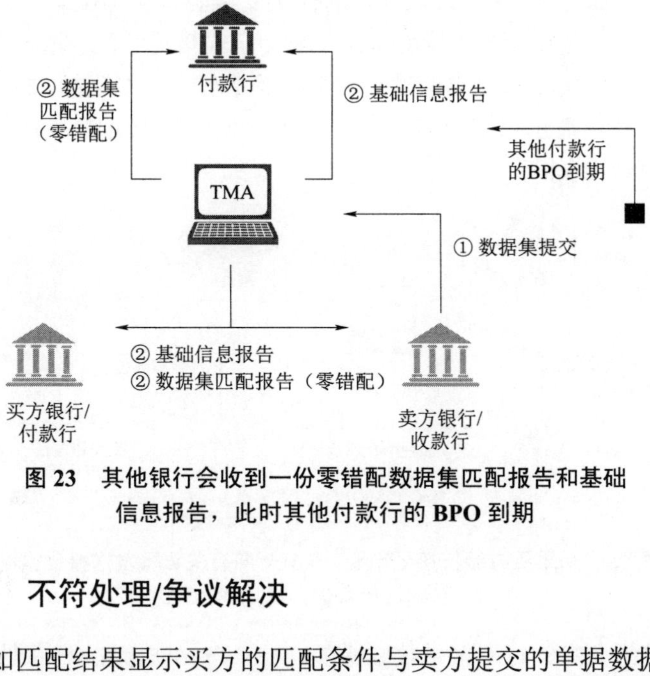

图 23　其他银行会收到一份零错配数据集匹配报告和基础信息报告，此时其他付款行的 BPO 到期

8.2.3　不符处理/争议解决

如匹配结果显示买方的匹配条件与卖方提交的单据数据存在不相符，银行通常应将匹配结果通知买方，由买方决定拒绝还是接受单据。为提高效率，如果没有不符，买方可以预授权银行对单据付款。与赊销相关的争议可以使买方和卖方通过在线或其他联络方式予以解决（来源：BAFT-IFSA）。

如果数据比较结果显示数据集和已创建基础信息存在数据错配，TMA 将生成数据集匹配报告，并显示该数据错配信息（参见图 24）。

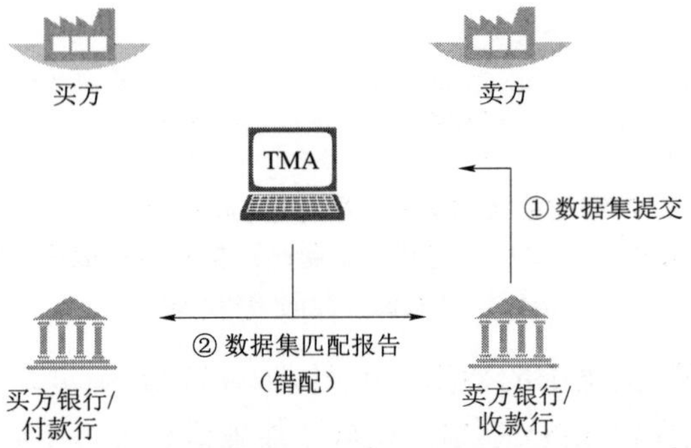

图 24　如果数据集包含错配，这些错配数据将在数据集匹配报告中体现

买方银行/付款行此时可以选择接受或者拒绝错配。

银行可通过提交"接受错配"报文方式接受错配。随后，TMA 将向参与行发送接受错配通知和基础信息报告（参见图 25）。基础信息报告会显示错配已被接受。此外，由于所有匹配条件均已满足，BPO 将到期。

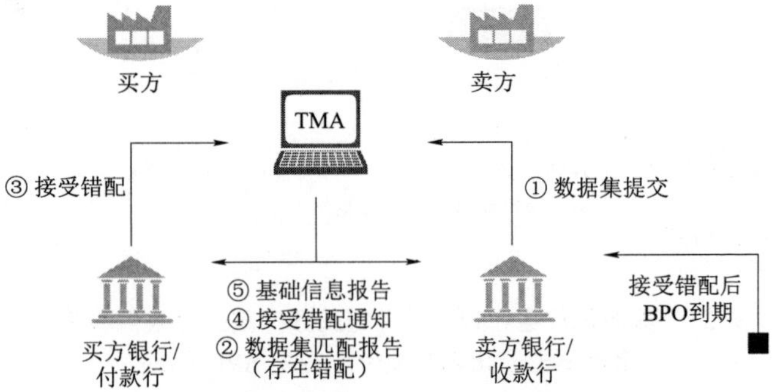

图 25　如果买方银行接受错配，TMA 向有关银行发送接受错配通知和基础信息报告，此时 BPO 到期

如果买方银行不接受数据错配，可向 TMA 提交拒绝错配报文。

TMA 随后发送拒绝错配通知报文。在此情况下，基础信息保持不变。被拒绝的数据集即被丢弃，此时 BPO 未到期（参见表 26）。

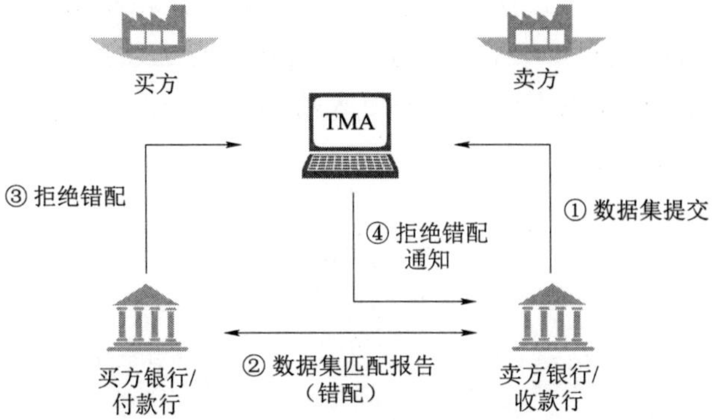

图 26　如果买方银行拒绝错配，基础信息保持不变，此时 BPO 未到期

通过电子化手段对数据进行比较，能够简单、清晰、及早识别错配并接受错配，这降低了不符点争议所导致的延误风险。这一特点强化了 BPO 作为避免迟付风险并确保根据双方约定的条款按时付款手段的重要性。

如有其他付款行参与交易，买方银行则必须首先接受错配。TMA 随后将向其他付款行发出完全推送报告，邀请它们以接受职责及基础信息报文予以回复。如果其他银行皆随买方银行接受错配，即认可其后续职责，则交易可以继续完成。TMA 将出具一份接受职责及基础信息通知，以及一份基础信息报告，表明 BPO 此时到期（参见图 27）。

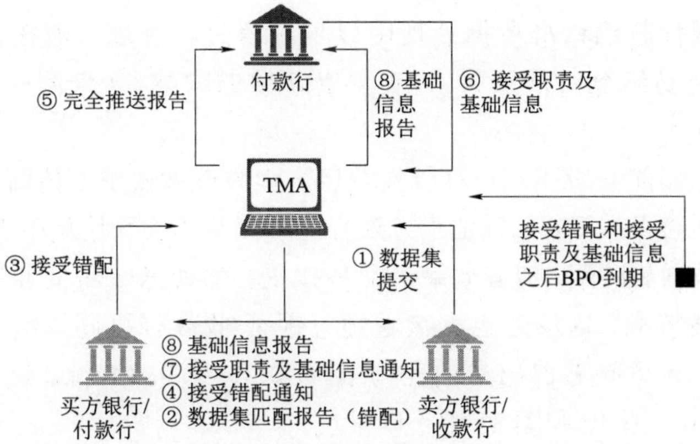

图 27　如果其他付款行在买方银行接受错配并认可其后续职责后，就可以提交一份接受职责及基础信息的报文；TMA 会向其他银行发送接受职责及基础信息通知，并出具一份基础信息报告来表明变化，显示 BPO 此时到期

如果其他付款行通过发送拒绝接受职责及基础信息报文来拒绝其后续责任，那么基础信息将保持不变（参见图 28）。数据集提交将被及时丢弃，BPO 未到期。其他参与行必须在此时决定采取何种行动以使交易继续，比如要求基础信息修改，以移除/替换拒绝其职责的银行。

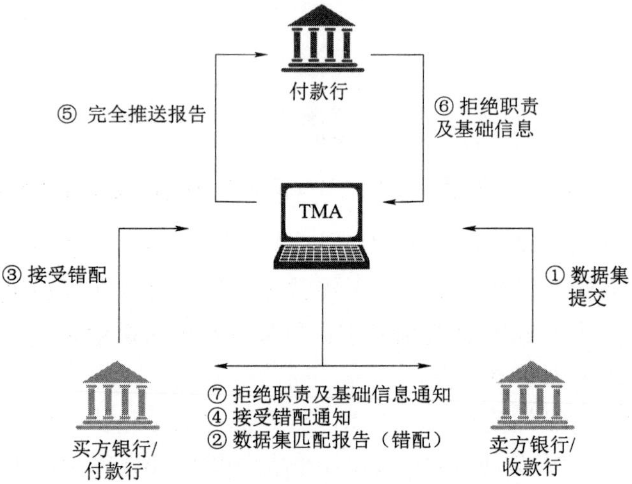

图 28 如果付款行在买方银行接受错配后拒绝认可其职责，基础信息保持不变，BPO 不到期

8.2.4 管理已核准发票/汇票

银行就已核准单据处理中以下内容进行管理：潜在融资需求和交易结算时间安排及/或发票款项的收款。（来源：BAFT-IFSA）

正如前文所述，一旦货物发运，卖方就被要求上传商业和运输数据给卖方银行，以便卖方银行能够提交相关数据集用于匹配。如果数据集匹配，或者如果错配被接受，那就意味着商业发票数据已被核准。这反之也意味着卖方银行/收款行可同意给予卖方融资，也意味着已出具的任何 BPO 可作为还款来源。这一情境在图 29、图 30 和图 31 中予以呈现。

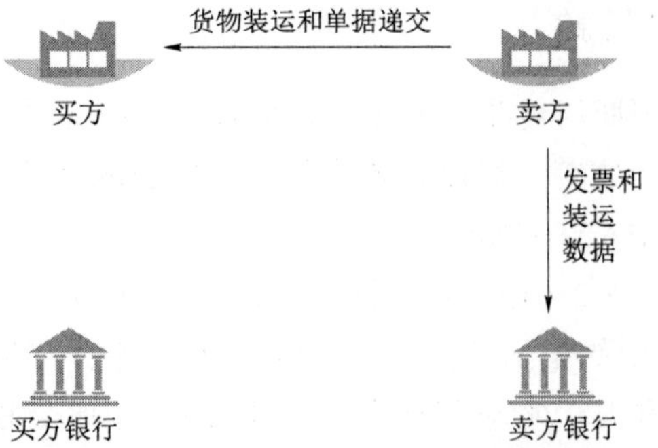

图 29 卖方像以往一样上传商业发票和运输数据

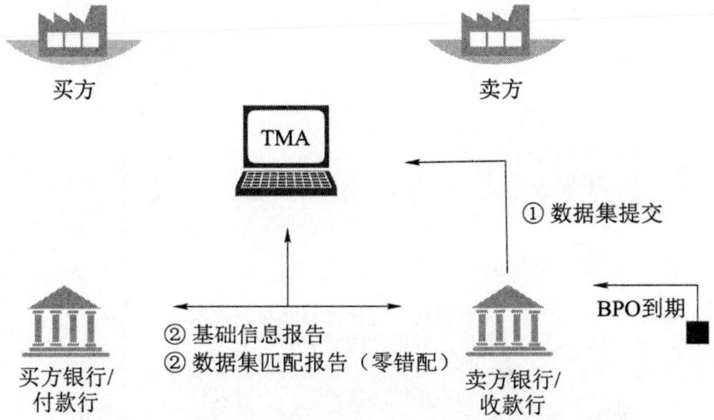

图 30 卖方银行/收款行提交与已创建基础信息匹配的数据集，这意味着包括在基础信息中的任何 BPO 此时到期，应予付款

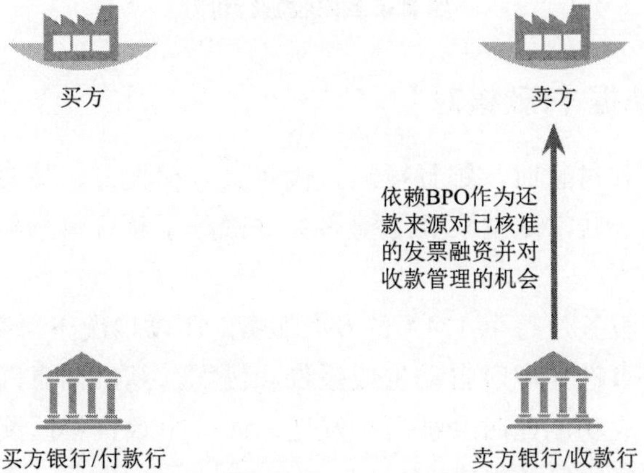

图 31 卖方银行/收款行此时能够依赖 BPO 作为还款来源

8.2.5 单据付款

买方在到期日付款（通常是单据到期日），卖方获得付款或者卖方融资款（如有）得以归还，归还后差额部分的款项将付给卖方。（来源：BAFT-IFSA）

根据上述 8.2.4 项下对已核准发票的管理，卖方银行/收款行可以根据 BPO 中约定的条款最终从买方银行/付款行收取款项。

如果卖方银行/收款行已向卖方提供融资，那么 BPO 付款资金将作为还款来源。否则，卖方银行/收款行将完成向卖方支付的程序（参见图 32）。

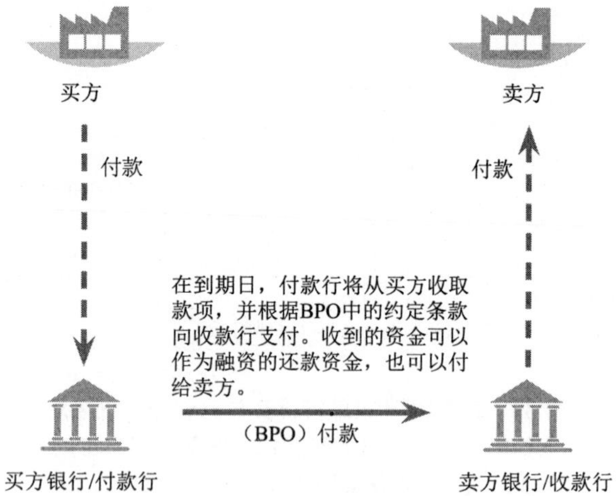

图 32 付款行在到期日将根据 BPO 中约定的结算条款向收款行付款

8.2.6 单据/付款核对

当收到付款时，银行可能，代表买方和卖方，按照单据金额核对付款（通常是发票/汇票金额）并跟踪了解订单余额。（来源：BAFT-IFSA）

报表服务是每个 TMA 的专有服务。正常情况下每个 TMA 都能在每个事件完成时自动生成报告。例如，基础信息匹配报告在基础信息成功创建时会被自动发送，而一个数据集匹配报告会在数据集提交后自动生成。

除了这些自动生成的报告之外，ISO 20022 TSMT 报文标准还可以向一家参与行提供其在任何时间提出的报告递送服务。这些报告包括活动报告，用于描述在给定时间跨度内发生的所有活动；交易报告，用以提供与特定交易相关的细节；现状报告，用以报告一家银行可能参与的任意交易的现状（参见图 33）。TMA 经营者可能为此类报告收取另外费用。

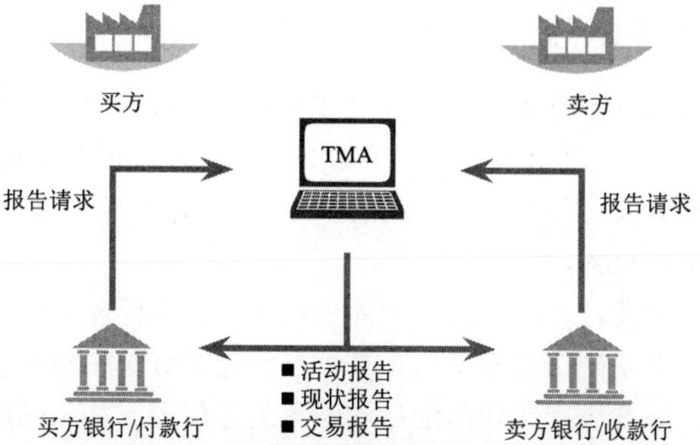

图 33　买方银行/付款行和卖方银行/收款行可以在任何时间请求 TMA 生成多种报告

这些报告中包含的信息使得银行能够跟踪监控订单余额，并依照已核准发票核对付款。这反过来会便利银行向公司客户提供增值付款服务和对账服务（参见图 34）。

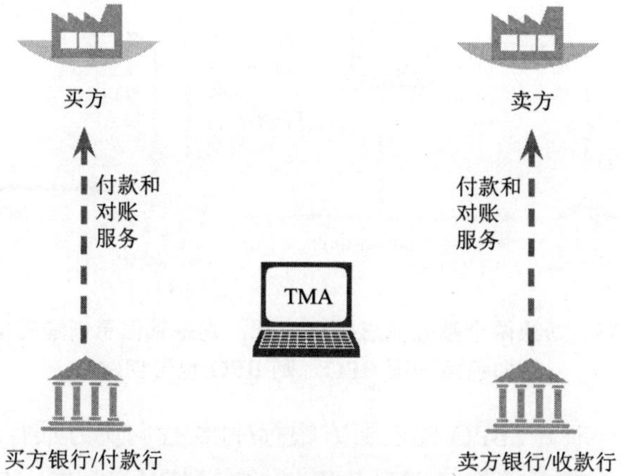

图 34　利用 TMA 生成的报告，买方银行/付款行和卖方银行/收款行能够提供一系列增值付款服务和对账服务

8.3 赊销融资

供应链金融解决方案是为了把买方、卖方和金融机构连接在一起而设计的，目的是促进整个赊销贸易周期的融资机会。

8.3.1 订单承付

一旦卖方完成装运并获得与订单及其他规定的条件相符的单据后，买方银行即出具向卖方付款的承诺（即期或在到期日）。这项服务允许卖方承担出具付款承诺的银行而非买方的风险。（来源：BAFT-IFSA）

如前所述，基础信息的创建表明了与订单匹配的结果。这就是说，两份基础信息提交均是基于从约定的订单中提取了相同数据要素，因此进行比较匹配后的结果为零错配。如果基础信息包括一项 BPO，则 BPO 也告创建（参见图 35）。在这种情况下，买方银行将承担付款行的责任，而卖方银行将承担收款行的责任。

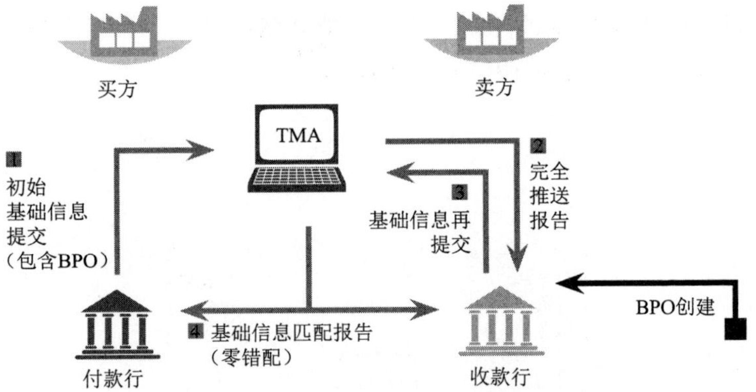

图 35 如果两个基础信息提交匹配，则基础信息创建完成；如包括一项 BPO，则 BPO 也告创建

在这一时点，BPO 代表买方银行/付款行向卖方银行/收款行付款的责任，或者承担延期付款责任并在到期日付款。依赖这一付款承诺，并一并把付款行的风险考虑进去，卖方银行/收款行才能对卖方融资的任何请求予以考虑（参见图 36）。

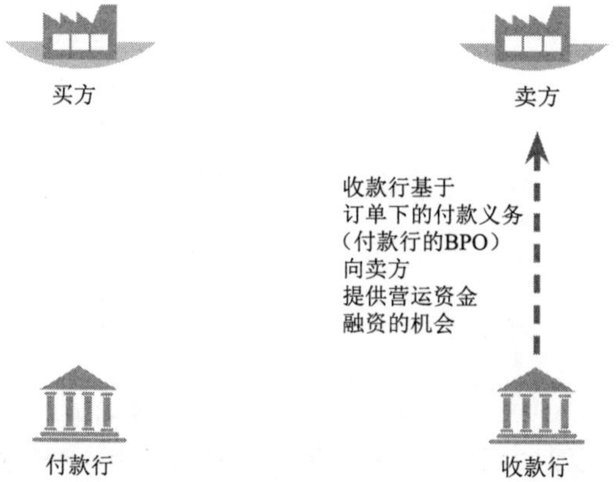

图 36　卖方银行/收款行可以考虑基于订单下付款行对 BPO 的付款承诺向卖方融资

8.3.2　装运前融资

装运前融资，又称为购货单融资，是卖方基于从买方收到的订单而获得的融资。这种融资可以覆盖卖方所有相关的营运资金需求，包括原材料、工资、包装费用和其他装运前的支出。当货物已经备妥，即可进行再融资或还款。（来源：BAFT-IFSA）

按照上文 8.3.1 表明的订单付款责任的安排，提供装运前融资取决于对于订单的确认，如可由创建 TMA 基础信息来证实（参见图 37）。

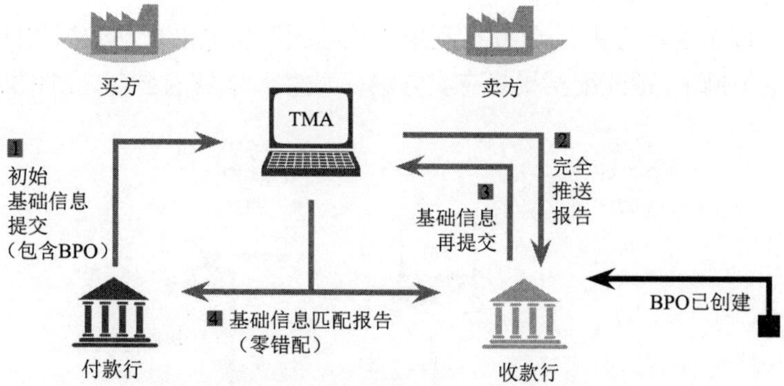

图 37　基础信息的创建确认了订单的约定内容

此处表现的场景与 8.3.1 表现的场景十分类似。

提供装运前融资的条款和条件（参见图 38）可能会与订单付款承诺项下融资的条款不同。

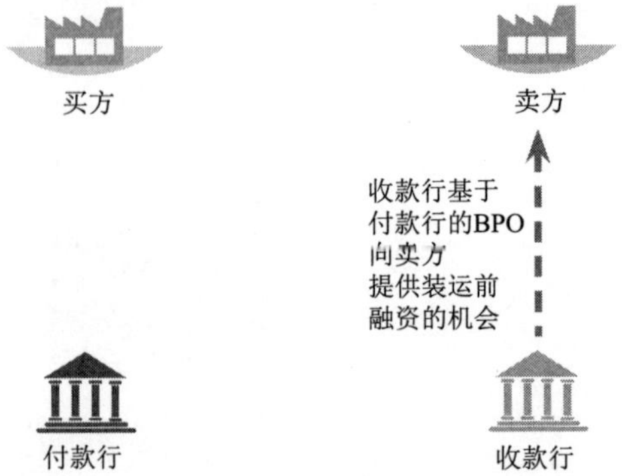

图 38　与图 33 相似，依托于付款行的 BPO 作为一种还款来源，收款行可以考虑向卖方提供融资

8.3.3　仓储融资

仓储融资是贸易融资的一种形式，在这种形式下，在买方需要提取货物前，货物通常由卖方替买方在仓库中保管。作为最低要求，银行通常要求以仓单作为融资凭证。一些银行可能只在结构化的贸易交易中才受理此类融资。（来源：BAFT-IFSA）

向 TMA 提交数据为基础交易提供了可见性。这可使参与行能够跟踪货物在实体供应链中的流转，创造了为提供金融服务而识别多个触发点的可能性，包括融资本身。

仓单数据与已创建基础信息相匹配，可以用作支持仓储融资方案的一种手段。

以下是卖方银行/收款行利用“预匹配”功能来推动数据集匹配的一个例子，预匹配结果只有卖方银行/收款行能够看到（参见图 39）。

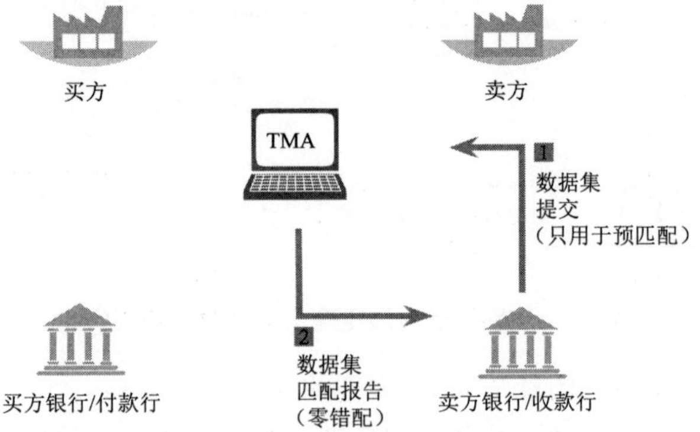

图 39　为推动匹配，卖方银行/收款行可以按照“预匹配”的说明提交数据集，预匹配结果只有卖方银行/收款行看到

卖方银行/收款行如果对于预匹配的数据满意，就可以向卖方提供仓储融资（参见图 40）。

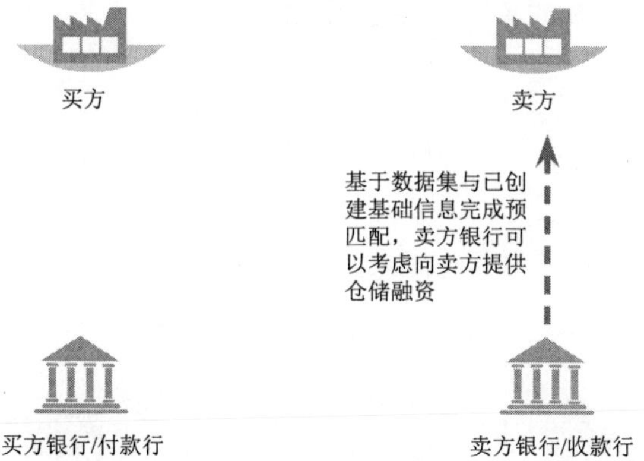

图 40　预匹配的数据集使得卖方银行/收款行能够考虑客户仓储融资的请求

8.3.4　装运后融资

装运后融资是利用应收账款作担保向卖方提供的融资。卖方提交装运单据作为应收账款的证据，银行也可以要求提供出口货物项下以买方为付款人的汇票。银行可能更倾向于购买并贴现出口货物项下以买方为付款人的汇票。（来源 BAFT-IFSA）

一旦货物已出运，卖方就能把单据直接寄给买方以便买方提货，与单纯的赊销安排无异。

与此同时，卖方将根据已创建基础信息，把相关数据提交给卖方银行。匹配数据集的提交会使 BPO 到期（参见图 41）。付款行必须在此之后向卖方银行/收款行付款，或者承担延期付款责任并在到期日付款。

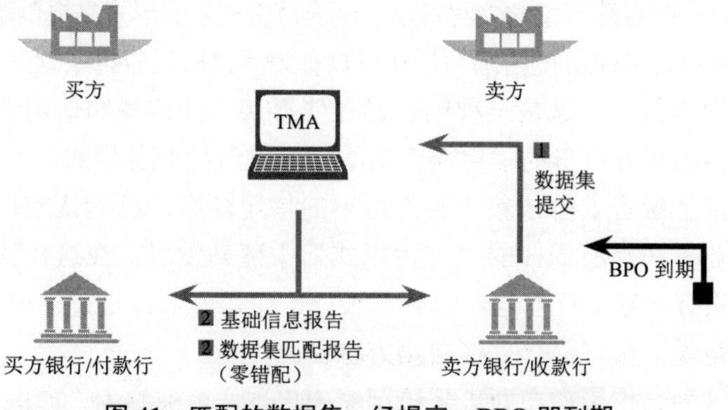

图 41　匹配的数据集一经提交，BPO 即到期

如果付款延期至未来某个时间，比如 180 天，对卖方银行/收款行来说，就有机会向卖方提供装运后融资。该融资是基于付款行在到期日付款的承诺（参见图 42）。

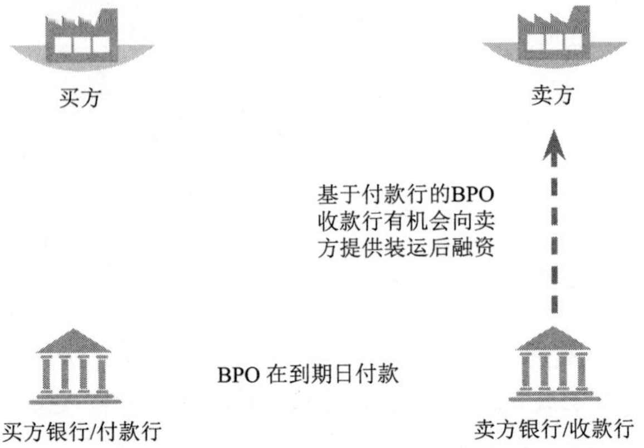

图 42　卖方银行/收款行可能依赖付款行的 BPO 来支持装运后融资提议

在交易周期后期的这个阶段，货物已出运，发票和运输数据已匹配，此时的融资比早期已确认订单/装运前融资方案更加安全，风险更低。

8.3.5　已确认应付账款融资

买方一旦确认了应收账款，已确认应付账款融资即允许卖方将其应收账款及/或与特定买方相关的汇票按一定的贴现率卖给银行。这种融资允许买方在正常的发票/汇票到期日付款，并且允许卖方提前收款。银行依赖的是买方信誉。（来源：BAFT-IFSA）

近期，人们对所谓的“反向保理”的融资服务表现出了相当多的关注。一些专营市场的参与者以“供应链融资”的形式来提供这种服务，而针对此服务更精确的描述可以称为“已确认应付账款融资”。

简而言之，这是一种银行通过依靠买方的信誉和信用评级，并且占用买方自身的信用额度给予卖方融资的业务模式。

由于融资安排依赖于买方可用的信用额度，已确认应付账款融资业务在众所周知的“三角模式”中蓬勃发展。在这一模式当中，只有一家银行参与，即买方银行，而卖方银行是排除在外的。也就是说，买方银行直接向卖方融资。

这种结构最初在西班牙语国家中出现，曾被称为“加保”。基于此种商业模型的三角特性，它是一种服务于大客户的融资安排，对拥有全球业务的大客户，以及有能力支持供应商的大买家非常有效。其他银行能够通过加入一个跨银行的平台参与这样的融资安排，在这一平台上，买方、卖方和金融机构能够分享关于风险管理和融资的信息。

BPO 可为已确认应付账款融资提供另一种解决方法，从“三角模式”转变为“四角模式”。在“四角模式”中，买方银行/付款行和卖方银行/收款行可以互相合作。这里需再次指出，数据集能够预匹配可能是这一业务模式的优势所在。

常常，卖方可能不会在早期就明确其融资需求。如果卖方对买方付款有信心，并且未指明融资需求，则其在 TMA 中最初创建基础信息时可能不会含有 BPO。

有时候也会发生这样的情况，卖方确实有融资需求，但融资需求在交易周期的很晚阶段才出现。

在此需永远记住的一件事是，BPO 不能在提交已匹配数据集之后创建。原因很简单：BPO 永远是有条件的付款责任。BPO 的条件要素是指已创建基础信息中规定的各个数据集必须绝对匹配。

为满足这样的条件，各个数据集必须在创建 BPO 之后提交，而不是在此之前。如果已创建基础信息所要求的数据集已经被提交并匹配后，此时 BPO 就不能产生，因为匹配的条件永远无法满足。所以，“预匹配”的潜在优势由此显现。

为了支持这一业务场景，基础信息必须先在没有 BPO 的情况下建立（参见图 43）。

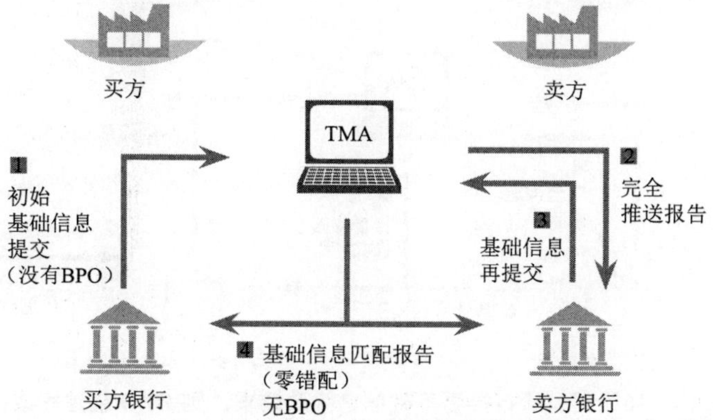

图 43　没有 BPO 的基础信息创建

在下一阶段，货物已装运，单据也已被卖方直接寄往买方，以使买方能够提货，卖方提交数据给卖方银行，但如果在到期日前有短期融资需求，要求卖方银行保持凭选定的发票进行融资的可能性。

为保留凭相关发票创建BPO的可能性，卖方银行会要求进行“预匹配”（参见图 44）。这样做的目的在于，卖方银行可以预先满足自身的融资要求，即数据集在最终提交时，最终结果确实是匹配的。

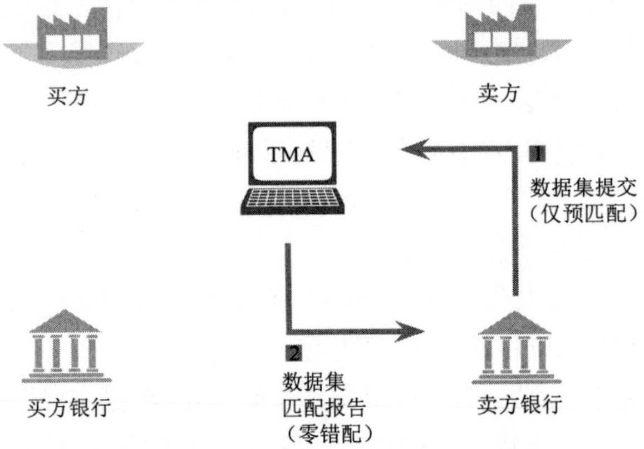

图 44　通过提交数据进行预匹配，卖方银行保留创建 BPO 的选择权

为了在数据集预匹配之后创建 BPO，卖方银行会提交一份要求基础信息修改的报文。这一报文将要求修改基础信息，以添加 BPO。TMA 会向买方银行发送建议修改的详细内容。当然，买方银行必须同意建议修改的内容，向 TMA 发送一份接受修改的报文，此种情况下，基础信息将被修改，而 BPO 生效（参见图 45）。

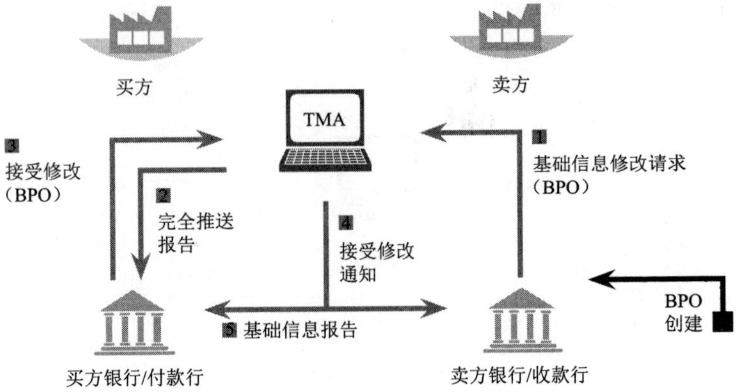

图 45　如果买方银行接受基础信息修改请求，则 BPO 创建完成；
买方银行成为付款行，卖方银行成为收款行

买方银行如果拒绝修改建议，就会再发送一份拒绝修改报文给 TMA，基础信息将维持不变。

BPO 创建后，如果愿意，卖方银行/收款行可以立即提交数据集以使数据完全匹配。如果已经提交数据进行预匹配成功，卖方银行/收款行知晓数据集将匹配，则 BPO 即因此到期（参见图 46）。

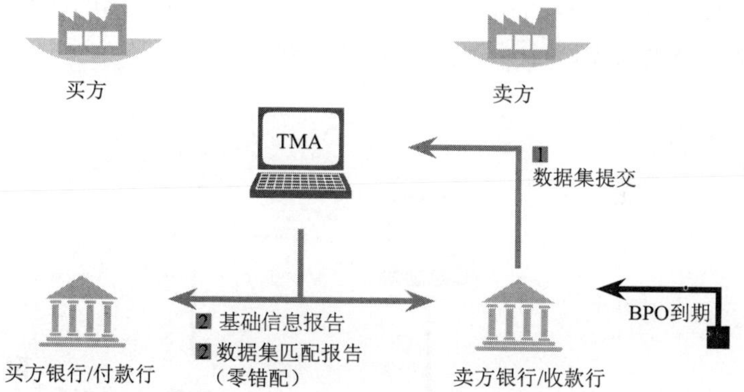

图 46　当数据集与已创建基础信息成功匹配，BPO 即到期

如果 BPO 是延期付款方式，卖方银行/收款行此时可以考虑向卖方融资，并依赖于付款行的 BPO 作为还款来源（参见图 47）。

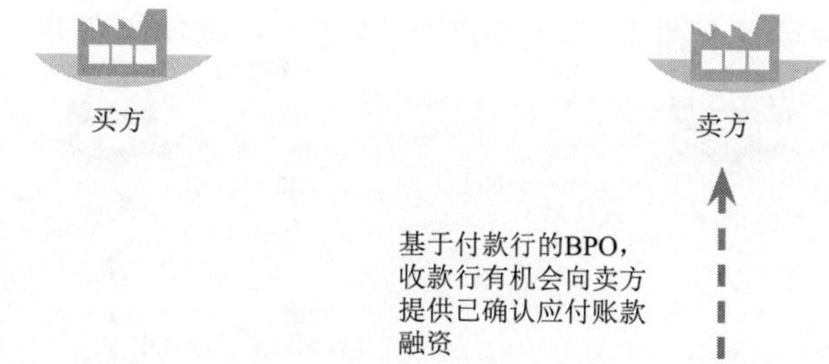

图 47　利用付款行的 BPO 作为担保，卖方银行/收款行就可以向卖方直接融资

8.3.6 应收账款购买

应收账款购买允许卖方把与一个或多个买方有关的应收账款/汇票出售给银行，以提前收款。银行可能要求投保和/或保留对卖方的有限追索权或完全追索权，以降低应收账款池的风险。（来源：BAFT-IFSA）

这个模式可以再次通过数据集与已创建基础信息的匹配得到担保，从而使BPO到期（参见图48）。

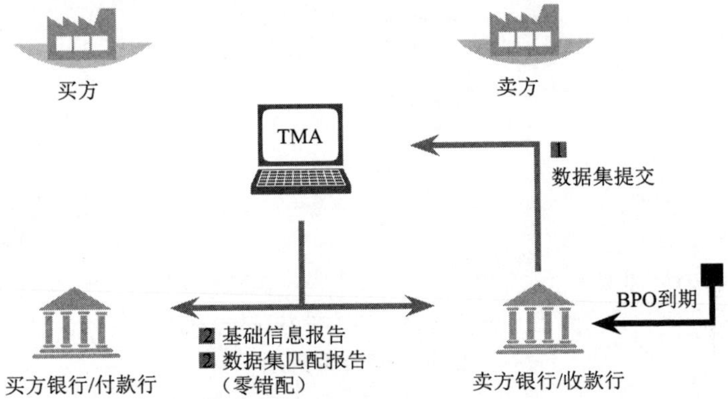

图48　数据集与已创建基础信息匹配意味着BPO到期

作为前述几个模式的变种，卖方银行/收款行可以选择购买应收账款。各种情况下，还款最终都来源于付款行。

这种场景在图49和图50中作了进一步阐释和完善。

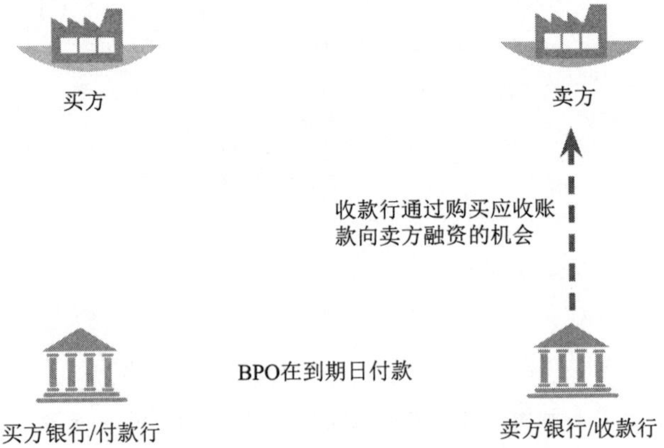

图49　卖方银行/收款行可以贴现应收账款，并于到期日从付款行处取得还款

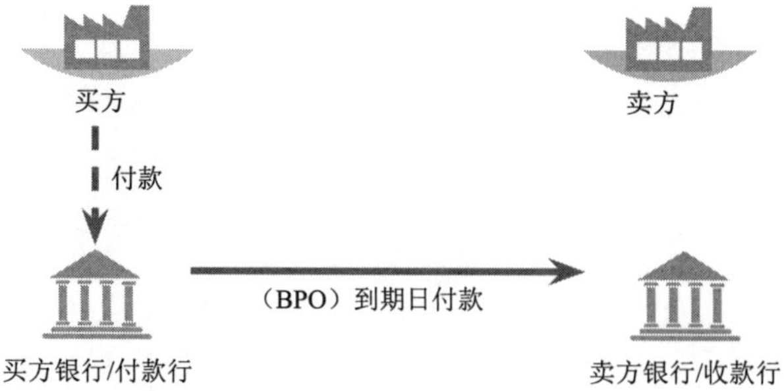

图 50 付款行在到期日付款

8.3.7 灵活的到期日

除了在预定的还款日付款这一选项，客户还可以要求在预定到期日之前或者之后付款。还款早于预定到期日，会取得预期的提前还款折扣，而到期付款日延后将等同于提供额外的融资。（来源：BAFT-IFSA）

另一个关于 BPO 开立的灵活性例子是到期日易于修改，可以提前或者延后付款。

在前述已确认应付账款融资的案例中，卖方银行/收款行可能向卖方融资的另一种方式是把 BPO 的到期日提前。这将使付款行提早付款，卖方银行/收款行从而可以使用其已从付款行处收到的资金为卖方融资。这从某种程度上与银行贷款安排类似，并可以与银行间风险/收入分担的某些形式结合起来。

为提前或推后到期日，需要修改基础信息（参见图 51 和图 52）。通过推后 BPO 的到期日，买方银行向买方提供了延期信用。

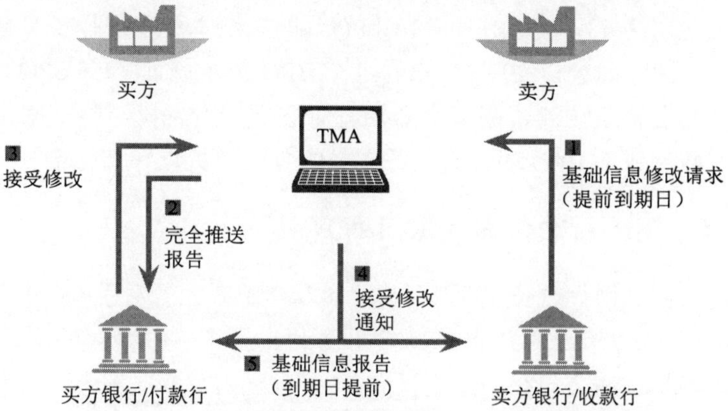

图 51 收款行可以请求基础信息修改，以提前到期日

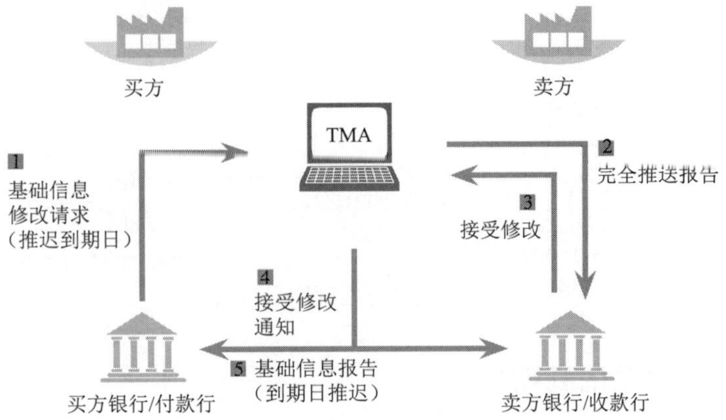

图 52　付款行可以请求基础信息修改，以推迟到期日

8.4　BPO 案例研讨

尽管越来越多的金融机构宣布已作好操作准备，但公平地说，迄今为止，在真实环境中已使用 BPO 的银行和公司的数量十分有限。

领跑的银行大部分都是总部在亚洲的银行，包括东京三菱日联银行、中国银行、泰国商业银行和渣打银行。只有一小部分公司采用者拥有公共知名度。最知名的例子包括英国石油公司和伊藤洋华堂公司。

某种程度上制约 BPO 市场普及的因素之一是行业所属规则的缺失。在 2013 年 4 月 16—17 日召开的里斯本春季银行委员会会议上，国际商会以 100%全票通过了 BPO 统一规则（URBPO）。

人们普遍预测，国际商会拥有对规则的所有权，将证明是加速市场对基于 BPO 的各类服务需求的自然转折点和催化剂。

8.4.1　英国石油公司（出口商）

与渣打银行合作，英国石油公司及其中东业务对手 Octal 石化公司在 2012 年 5 月开通了 BPO 业务。

英国石油公司在中东地区有 14 亿欧元贸易应收账款，全世界范围内有超过 600 家客户，它曾积极寻求安全、性价比高的收款的方式，避免与使用信用证相关的高额处理费和保兑费。

通过贸易流单据的无纸化，围绕 BPO 使用的灵活性，英国石油公司和 Octal 公司加强了双方的战略合作关系。由于延迟出具 BPO，Octal 公司能够由于授信额度占用需求的减少而受益，而英国石油公司则能够通过提高操作效率而降低成本。

8.4.2　渣打银行

渣打银行地理覆盖面很广，能在全球范围内支持基于 BPO 的交易。该行已对基于 BPO 的解决方案进行了投资，用于满足特定客户在信用保障、装运前和装运后融资、风险缓释和流动资金管理等方面的需求。

8.4.3　伊藤洋华堂（进口商）

伊藤洋华堂与东京三菱日联银行合作，也在 2012 年开通了 BPO 业务。

2011 年伊藤洋华堂经历了销售收入下滑，它一直寻求增强 Seven and I 控股集团的影响力以提升其竞争力。采用 BPO 使伊藤洋华堂将操作流水线化，提高了对账处理水平，改善了谈判条件。通过高频、小额下单降低了库存水平。供应商们能够从操作便利和资金加速周转中获益，流动资金管理状况得以改善。

8.4.4　东京三菱日联银行（BTMU）

BTMU 是亚洲倡导 BPO 解决方案最为活跃的银行之一。随着贸易不断朝着赊销方向转变，BTMU 一直积极追求机会提供一系列新的解决方案来服务赊销贸易市场，提高处理效率，在新的市场赢得新的业务。

第 9 章

有用的网址链接

9.1 《银行付款责任统一规则》

国际商会

www.iccwbo.org

9.2 报 文 标 准

国际标准化组织 20022

www.iso20022.org

9.3 交易匹配应用程序服务

SWIFT

www.swift.com

9.4 行 业 组 织

亚洲开发银行

www.adb.org

国际信贷和贸易金融专业协会

www.ictfworld.org

国际金融服务贸易协会

www.baft-ifsa.com

欧洲复兴开发银行

www.ebrd.com

国际保理商联合会

www.fci.nl

金融、信贷及国际商业协会

fcibglobal.com

国际银行法律和实务研究院

www.iiblp.org

国际保理商集团

www.ifgroup.com

信贷经理人国家协会

www.nacm.org

泛亚洲联盟

www.paa.net

世界贸易组织

www.wto.org

9.5 软件服务提供商及技术平台

ACI Worldwide

www.aciworldwide.com/en/Products-and-services

Ariba

www.ariba.com

Asyx

www.asyx.com

Basware

www.basware.co.uk

Bolero

www.bolero.net

Bottomline Technologies

www.bottomline.co.uk

China Systems

www.chinasystems.com/solutions

CGI

www.cgi.com

CSI Banktrade
www.banktrade.com
Core Solutions
www.coresolutions.com
Corporate LinX
www.corporatelinx.com/home.html
Demica
www.demica.com
Earthport
www.earthport.com
Electronic Shipping Solutions
www.essdocs.com
Fundtech
www.fundtech.com
Getronics
www.getronics.com
Global Trade Corporation
www.globaltradecorp.com
Gresham
www.gresham-computing.com
GTNexus
www.gtnexus.com
GXS
www.gxs.com
Misys
www.misys.com
NTT Data
www.nttdata.com
OB10
www.ob10.com
Orbian
www.orbian.com

Pinnacle Solutions

www.pinnaclesolutions.com

Polaris

www.polarisft.com

Premium Technology

www.premiumit.com

PrimeRevenue

primerevenue.com

Quadrem

www.ariba.com/programs/quadrem

Siscom

www.siscom.com.sa

SmartStream Technologies

www.smartstream.com

Sopra Group

www.sopragroup.co.uk

Sterling Commerce

www-01.ibm.com/software/uk/commerce/sterlingcommerce

Sungard

www.sungard.com

Surecomp

www.surecomp.com

Syncada

www.syncada.com

Taulia

www.taulia.com/en/solutions

Temenos

www.temenos.com

The Receivables Exchange

www.receivablesxchange.com

Tieto Enator

www.tieto.com

Tradebeam
www.tradebeam.com
Tradecard
www.tradecard.com
Tradevan
www.tradevan.com.tw
Volante
www.volantetech.com

9.6　商业顾问及商业情报

Aberdeen Group
www.aberdeen.com
Acarate
www.acarate.com
Aite Group
www.aitegroup.com/Reports
Capco
www.capco.com
Cap Gemini
www.capgemini.com
Celent
www.celent.com
Collyer Consulting
www.collyerconsulting.com
Deloitte
www.deloitte.com
Gartner
www.gartner.com/technology
Global Business Intelligence
www.globalbanking.com
Hennah FSC Advisory
www.hennahfscadvisory.co.uk

KPMG

www.kpmg.com

Oliver Wyman

www.oliverwyman.com

Opus Advisory

www.opus-advisory.com

PriceWaterhouse

www.pwc.com

Trade Finance Associates

www.tradefinanceassociates.com

Tradewiz

www.tradewiz.net

TradeLC Advisory

www.davidmeynell.com

Vanasse & Associés

www.vanasse-associes.com

Xalles

www.xalles.com

9.7 银　　行

Afrasiabank

www.afrasiabank.com

ANZ

www.anz.com

Banco do Brasil

www.bb.com.br

Banco Itau BBA

www.itau.com

Bangkok Bank

www.bangkokbank.com

Bank al Etihad

www.bankaletihad.com

Bank of China
www.boc.cn/en
Bank of Communications
www.bankcomm.com
Bank of Montreal
www.bmo.com
Barclays
www.barclayscorporate.com
BNP Paribas
www.bnpparibas.com/en
BTMU
www.bk.mufg.jp/global
Byblos Bank
www.byblosbank.com
China Citic Bank
www.cncbinternational.com/home/en/index.jsp
China Minsheng Banking Corp
www.cmbc.com.cn/index_en.shtml
Citigroup
www.citigroup.com/transactionservices
Commercial Bank of Dubai
www.cbd.ae
Commerzbank
www.commerzbank.com
Deutsche Bank
www.db.com/en/content/company/global_
transaction_banking.htm
FIMBank
www.fimbank.com
First National Bank
www.fnb.co.za
Handelsbanken
www.handelsbanken.com

HSBC

www.business.hsbc.co.uk/1/2/international-business

Hua Nan Bank

www.hncb.com.tw/eng

ING

www.ing.com

JPMorgan

www.jpmorgan.com

Kasikornbank

www.kasikornbank.com/EN

Korea Exchange Bank

www.keb.co.kr/main/en

La Caixa

www.lacaixa.com/index_en.html

Maybank

www.maybank.com/en/index.page

National Bank of Greece

www.nbg.gr

Nova Llubljanska Banka

www.nlb.si

Rabobank

www.rabobank.com/en/group/index.html

Qatar National Bank

www.qnb.com.qa

SEB

www.sebgroup.com

Siam Commercial Bank

www.scb.co.th/en/home

SMBC

www.smbcgroup.com

Société Générale

www.societegenerale.com/en

Standard Bank of South Africa
www.standardbank.co.za
Standard Chartered
www.standardchartered.com
Swedbank
www.swedbank.com
The Royal Bank of Scotland
www.rbs.co.uk/corporate/finance.ashx
Unicredit
www.unicreditgroup.eu
UBS
www.ubs.com

9.8　教育及媒体

Banking Technology
www.bankingtech.com
BCR Publishing
www.bcrpub.co.uk
Bobs Guide
www.bobsguide.com
Cash & Trade
www.cashandtrademagazine.com
Coastline Solutions
www.coastlinesolutions.com
Corporate Treasurer
www.thecorporatetreasurer.com
Euromoney
www.euromoney.com
Exporta Group
www.exportagroup.com
FX-MM
www.fx-mm.com

Global Finance

www.gfmag.com

Global Trade Review

www.gtreview.com

GTNews

www.gtnews.com

IBS Intelligence

www.ibsintelligence.com

LinkedIn

www.linkedin.com/home

Slide share

www.slideshare.net

The Asian Banker

www.theasianbanker.com

The Banker

www.thebanker.com

The Benche

www.thebenche.com

TFR

www.tfreview.com/news

Trade Finance

www.tradefinancemagazine.com

Treasury Today

www.treasurytoday.com/magazine

英语原文索引

A

B

K

L

M

O

P

R

S

U

V

W

Z

国际商会贸易金融工具

《银行付款责任统一规则》在线网培

设计合理的四小时网培，从基本概念到规则详解，涵盖银行付款责任统一规则全部内容，可在 www.iccwbo.org/onlinetraining 注册培训。

《国际商会福费廷统一规则》（URF 800）

包括协议模版

由国际商会银行委员会与国际福费廷协会（IFA）联合制定

国际商会第 800E 号出版物，售价 25 欧元

国际商会 URF 提供了一套标准的福费廷规则，该规则反映了全球范围内银行、用户和福费廷组织所有成员之间的广泛共识。国际商会 URF 由专业人士为从业人员所制定，是任何参与国际贸易融资交易人士的必备之物。

《国际商会见索即付统一规则》（URDG 758）

国际商会第 758E 号出版物，售价 30 欧元

此出版物得到联合国国际贸易法委员会的正式认可，它提供了清晰的索偿审核过程、展期或赔付处理的逐步流程线路图、草拟建议的清单等。

《国际商会见索即付保函统一规则（URDG 758）指南》

作者：乔治·阿法齐博士、罗伊·古德爵士

国际商会第 702E 号出版物，售价 149 欧元

《国际商会见索即付保函统一规则指南》（URDG 758）对于保函开立者、使用者及通知者

是必不可缺的，而该指南是帮助您高效使用《国际商会见索即付保函统一规则》（URDG 758）的重要工具。

《国际标准银行实务》（ISBP）

适用于 UCP 600 规则下的审单

国际商会第 745E 号出版物，售价 25 欧元

国际标准银行实务—ISBP 2013 是处理和审核跟单信用证项下贸易单据的最新、最综合的指南，是为贸易金融专业人士和学者提供实务信息的非常珍贵的来源！

《DOCDEX 裁决汇编 2009—2012》

国际商会专家关于跟单信用证、托收和见索即付保函的裁决

国际商会第 739E 号出版物，售价 65 欧元

DOCDEX 裁决汇编是对国际商会银行委员会意见的补充。对于致力于理解国际商会贸易金融规则是如何运用于日常实务的从业人员而言，DOCDEX 裁决汇编和国际商会银行委员会意见共同形成了必不可缺的助力。

《跟单信用证深度解析》

贸易金融季刊，由国际商会出版

电子版和多用户版均可订阅

可通过 publications@iccwbo.org 了解更多信息

《跟单信用证深度解析》是全球范围内贸易金融领域中最为权威的业务通讯，它包括信用证专家深度访谈、国际商会银行委员会官方意见、国际商会银行规则与标准的详尽解析，以及欺诈提醒等内容。

国际商会概览

国际商会（ICC）是世界性的商业组织，是代表全球所有部门企业的权威代言机构。

国际商会的基本使命是促进开放的国际贸易与投资，并帮助商业组织应对全球化的挑战和机遇。国际商会在20世纪初成立时就坚信，贸易是促成全球和平与繁荣的强大力量。一小部分富于远见的商业精英在初创国际商会时，就自称为“和平商人”。

国际商会有三项主要职能：规则制定、纠纷解决和政策倡导。国际商会是跨境商事行为规则制定的绝对权威，这得益于其成员公司和成员组织均从事国际商务。尽管这些规则是商事主体自愿选择采用的，国际贸易中每天仍旧会有成千上万笔交易采用这些规则，这些规则已成为国际贸易的一个组成部分。

国际商会同时提供基本的服务，其中最著名的是国际商会国际仲裁院，也是世界领先的仲裁机构。另一项服务是全球会员联盟，这是国际商会在世界范围内的商会网络，其宗旨是促成商会最佳实践的协作与交流。国际商会还提供专门的培训和研讨，是行业领先的出版机构，为国际商务、银行和仲裁领域提供实用的培训参考书。

国际商会成员中的商业领袖和专家搭建了一个商业平台，广泛探讨贸易和投资政策，以及相关的技术话题。其中包括反腐、银行业务、数字经济、市场伦理、环境与能源、竞争政策与知识产权。

国际商会工作上与联合国、世界贸易组织以及包括二十国集团（G20）在内的政府间论坛联系密切。

国际商会创立于1919年，目前其全球网络涵盖130多个国家中的600多万个公司、商会、商业组织。各国的委员会同其所在国家的国际商会成员合作，解决其诉求并向其政府传达国际商会的商业观点。

ICC
International Chamber of Commerce
The world business organization

国际商会银行委员会职责一览

世界银行业不可或缺的规则制定机构

国际商会最大的委员会、世界商务组织——国际商会银行委员会，凭借其 80 年经验历史、覆盖 100 多个国家中的超过 600 个成员，已在贸易金融领域顺理成章地赢得了作为最权威声音的声誉。

规则

国际商会银行委员会为国际银行实务制定普遍接受的规则和准则。跟单信用证国际商会规则——UCP 600——是迄今民间起草最为成功的贸易规则，每年有 2 万亿美元的贸易交易以此为基准。

决策

国际商会银行委员会正在帮助政策制定者和标准制定者，将他们的愿景转化为具体的方案和法规，以规范世界各地的商业行为。

出版物和市场情报

国际商会银行委员会的出版物和市场情报被世界范围内银行的专业人士和贸易金融专家所采纳，对银行业人士和各领域从业人员而言，是业内最有信誉和可靠的准则来源。

争议解决

国际商会银行委员会和国际商会国际专家中心管理国际商会跟单票据争议专家解决规则（DOCDEX），致力于银行业内争议的快速解决。

教育与认证

全球 100 多个国家超过 10 000 人采用国际商会批准的配套在线培训服务和认证设施，已作了国际贸易金融领域的培训和认证。

专业培训和活动

除了其半年一次的聚集逾 300 位国际代表的峰会，国际商会银行委员会与国际商会国家委员会和其他赞助商一起，在世界各地定期举办研讨会和会议。

战略合作伙伴关系

与主要决策者和行业协会建立良好的协作，包括世界贸易组织（WTO）、亚洲开发银行（ADB）、伯尔尼联盟、欧洲复兴开发银行（EBRD）、美洲开发银行（IDB）、国际金融公司（IFC）、国际货币基金（IMF）、环球同业银行金融电信协会（SWIFT）、世界银行等。

国际商会《银行付款责任统一规则》指南

银行付款责任（BPO）可帮助银行减少国际贸易相关的风险，使买卖双方均从中受益。银行付款责任可在整个交易周期提供灵活的融资方案，包括装运前融资、装运后融资及买方融资。

国际商会首次起草了21世纪供应链金融标准《银行付款责任统一规则》，用以规范全球的 BPO 交易并促进国际贸易的发展。该规则由国际商会（ICC）银行委员会协同金融信息提供商 SWIFT 组织制订，兼顾所有当事方的合理期望。

《国际商会〈银行付款责任统一规则〉指南》详细检验了标准、平台及规则这三个关键要素是如何相互影响和补充，从而顺利完成 BPO 交易的。

本指南详细讲解了工作流，提供了在实务中如何应用银行付款责任支持各类客户价值主张的案例，从而使企业充分利用由众多银行支持的赊销解决方案，优化现金循环周期和运营资金管理。

本手册不仅意在引导从业者理解《银行付款责任统一规则》，还为 BPO 在真实商业场景中的实际应用提供实质性指导。对于所有参与金融供应链交易的参与者及国际贸易专业的学生而言，该书都是重要的参考书。

International Chamber of Commerce

The world business organization

国际商会第 751E 号出版物

ISBN：978-92-842-0191-4

国际商会商业书店

www.iccbooks.com

THE ICC GUIDE
to the Uniform Rules for Bank Payment Obligations

International Chamber of Commerce

by David J. Hennah

The ICC Guide to the Uniform Rules for Bank Payment Obligations

ICC Services
Publications Department
38 Cours Albert 1er
75008 Paris
France

ICC Publication No. 751E
ISBN: 978-92-842-0191-4

Acknowledgements/Disclaimer

The author would like to thank those companies, banks, other institutions and individuals who have given their advice and support in the creation of this book.

While every care has been taken to ensure the accuracy of this work, no responsibility for any loss occasioned to any person or company acting or refraining from action as a result of any statement made therein can be accepted by the author or the publisher.

Special thanks

Special thanks to all those people who have persevered in the long and arduous process of making the Bank Payment Obligation a reality. With apologies to those not mentioned here, they include: Doris Braun, John Bugeja, Neil Chantry, Chris Conn, Gary Collyer, Mary De Tuerk, Jose Carlos Guedes, Hank Hsu, Daisuke Kamai, Michael Kang, Urs Kern, Jana Kies, Michelle Knowles, Patrick Krekels, Ashutosh Kumar, Sara Joyce, Nadine Louis, Alexander Malaket, Manoj Menon, David Meynell, Robert Marchal, Murray McGuire, Evy Passa, Shin Mizutani, Thiago Fernandes Nascimento, Mike Quinn, Harriette Resnick, Lakshmanan Sankaran, Jay Singh, Tan Kah-Chye, Sanjay Tandon, Dan Taylor, Peter Tijou, Sharyn Trainor, David Vermylen, Hugo Verschoeren, Suwatchai Visanvit, Wang Guosheng, Alan Wong and Xiong Yuanmeng.

Dedication

For Miriam, Tamsin, Jeni, Kerenza and Serena

About the Author

David Hennah is an Associate of the Institute of Financial Services, formerly the Chartered Institute of Bankers. He has considerable expertise, accumulated over many years, in transaction banking, software services, financial services marketing and business consultancy and has a track record of driving change through the innovative use of new technology to deliver business benefit. He has previously lived in France, Belgium and Germany, as well as in the UK, and has worked for Barclays Bank, ICL/Fujitsu Services, Misys Banking Systems and SWIFT.

At SWIFT, David held a key role in bringing the Bank Payment Obligation to market and was a member of the ICC Drafting Group that worked on version 1.0 of the Uniform Rules for Bank Payment Obligations (URBPO). He is a well-known chairperson, speaker and moderator at trade and industry events worldwide. He is also the author of numerous articles, often related to product innovation and the use of technology in international payments and cash management, trade and supply chain finance. He is a regular contributor to Trade and Forfaiting Review.

David is Managing Director of Hennah FSC Advisory (http://hennahfscadvisory.co.uk), whose clients include the International Chamber of Commerce, Demica and Wilmington Publishing & Information Limited, while also working in close collaboration with Trade Finance Associates (www.www.tradefinanceassociates.com) and advising International Financial Bridge. David may be contacted directly at david@hennahfscadvisory.co.uk or alternatively at davidhennah@hotmail.co.uk.

Foreword

The trade finance industry has often been subject to criticism for using outdated platforms and processes. Industry initiatives that are designed to simplify transaction processing and bring the business of trade finance into the 21st century are to be welcomed by bankers and corporates alike. The Bank Payment Obligation (BPO) is a great example of one such initiative.

As an instrument of trade finance, the BPO is similar in nature to a documentary letter of credit. Simply put, it is an irrevocable undertaking given by one bank to another bank that payment will be made on a specified date after the successful matching of electronic data. The key difference here is that the BPO works in an environment that is totally automated, relying on the comparison and matching of structured messages as opposed to the physical examination of paper documents. The ability to process trade data in this way represents a significant leap forward in terms of industry efficiency.

A landmark agreement signed in 2011 between the International Chamber of Commerce (ICC) Banking Commission and SWIFT has paved the way for the ICC to assume responsibility for the rules governing the BPO. The importance of this change cannot be understated. Not only will the BPO benefit from the established role and reputation that the ICC has in managing industry rules, but it will also obtain a globally accepted dispute resolution capability, building on the solid foundations that have already been laid. The Uniform Rules for Bank Payment Obligations (URBPO) will underpin the future strength and standing of the BPO in international trade. Over time, these rules may eventually help to elevate the Bank Payment Obligation to a status similar to that enjoyed for decades by the documentary letter of credit.

There are two important aspects of the URBPO to be noted here. The first is that they are technology neutral. This means that the rules can be applied to any BPO transaction, regardless of the underlying Transaction

Matching Application or service provider used for the exchange of BPO-related data. The second is that the rules rely upon mandatory compliance with ISO 20022 messaging standards. This means that the data itself must always be presented consistently and in accordance with established industry requirements.

There can be no doubt that the establishment of the Bank Payment Obligation as an accepted market practice has been significantly enhanced as a result of the transfer of governance to the ICC. The next step is for the market to embrace this new way of doing business and to adapt established processes and procedures accordingly. At a time of restricted risk management and lending practices, transaction bankers have an open opportunity and responsibility to guide their corporate clients to take advantage of new developments in best practice, such as those engendered by the introduction of the Bank Payment Obligation. Education and communication are of vital importance in assuring successful adoption. Works such as this Guide to the URBPO will help to extend knowledge, awareness and understanding as we look forward to the continued evolution of a next generation of financial supply chain solutions.

Gary Collyer
Chair, ICC BPO Rules Drafting Group

“If I had my life to live over again, I would elect to be a trader of goods rather than a student of science.”

– *Albert Einstein*

Introduction

The letter of credit is a creation of commerce. There are those who believe that its origins date back to ancient Babylon in the year 3000 B.C. Indeed, a clay promissory note of that era is exhibited in the University Museum of Philadelphia and bears an inscription providing for the repayment of a specified amount plus interest on a specific date.

It is widely believed that the development of letters of credit in Europe was inspired by the discoveries of Marco Polo in China in the 13th century. By the 17th century letters of credit were in common use both on the European continent and in England, and by the 19th century British banks had a virtual monopoly on the issuance of letters of credit, owing to the pre-eminence of both the pound sterling and the grand reputation of the bankers of London in furthering the field of international finance.

The outbreak of World War I severed many of the trusted trading links that had become well established between merchants worldwide. In 1919 the International Chamber of Commerce was created to help facilitate the flow of trade at a time when nationalism and protectionism had taken hold.

Since 1933 the universal usage of lex mercatoria has been supplemented by a set of rules aimed at establishing uniformity of practice. Now in its sixth revision, the Uniform Customs and Practice for Documentary Credits (UCP 600) remains the most successful set of private rules ever developed for trade.

At the start of the 21st century, we are faced with an inexorable flow of more and more trade across borders. At the same time, we are embarking on a new chapter in the history of trade and trade finance. Whatever walk of life we may pursue, whatever business interests we may have, our daily existence cannot fail to have been touched by the irresistible tidal wave of new technology. When applied to positive effect, technology can both form and change culture. The exploitation of new technology enables us to pursue our business goals and objectives through the application of science.

Today, thanks to the power of new technology, we are facing a paradigm shift in the processing of trade instruments. The demand to mitigate risk is now complemented by an even stronger demand for systems and services that are both smart and simple. Corporates regard clear visibility into their supply chains as key to the unlocking of trapped cash. Technology can be deployed to deliver detailed insights into day-to-day dealings and enable the leveraging of information flows to support the movement of goods and money.

Unlike the letter of credit, the Bank Payment Obligation (BPO) is the brainchild of bankers. It has variously been described as a "game changer" and a "creative vision of the future".

To interpret a BPO as merely an electronic or "lite" letter of credit is an injustice. Nevertheless, the simplest definition of a BPO does rely upon a direct comparison to the letter of credit.

Whereas the letter of credit places an obligation on the issuing bank to pay subject to the physical presentation of compliant documents, the BPO places a similar obligation on the issuing bank (the Obligor Bank) to pay subject to the electronic presentation of compliant data.

The execution of a BPO-based transaction relies in practice upon the consistent interaction of three components. The first is a set of structured messages to support the exchange of data in accordance with predefined standards. The second is a platform to support the matching of the data in accordance with a predefined workflow. The third is a set of rules to support uniformity of practice and thus promote universal adoption, just as the UCP has successfully supported uniformity of practice in the universal adoption of documentary letters of credit.

Every student of trade finance will know that the term "letter of credit" is derived from the Latin accreditivus, meaning "a power to do something". The Bank Payment Obligation empowers us to take the business of trade finance to another level and to give birth to a whole new tradition for the next generation of trade financiers.

In this book, we will closely examine the above-mentioned three components of standards, platform and rules. We will look at the ways in which these three components must interact and complement one another in order to facilitate the successful completion of a BPO transaction. We will discuss workflow and provide some examples of how a Bank Payment Obligation may be applied in practice to support a variety of value propositions such as pre-shipment and post-shipment finance. As such, this work is designed not only to guide practitioners in their interpretation of the Uniform Rules for Bank Payment Obligations but also to provide substance to the practical application of the BPO in the context of real life business scenarios.

David Hennah
Burnham, Bucks
April 2013

Contents

List of figures

List of tables

List of flow diagrams

Chapter 1

What is a Bank Payment Obligation?

When first considering the unfamiliar concept of a BPO, it is natural to draw comparisons with something that we know, namely the documentary letter of credit. Certainly, it is fair to say that the two instruments share a common purpose in the mitigation of risk and assurance of payment.

At the heart of trade facilitation beats a basic desire to ensure that the buyer receives the goods or services ordered and the seller gets paid on time.

In the traditional world of trade finance, the letter of credit places an obligation on an issuing bank to pay subject to the physical presentation of compliant documents. This arrangement is particularly beneficial to the exporter in terms of mitigating risk, obtaining an assurance of being paid and having access to finance if required.

Until now, there has been no equivalent instrument available in the market that would enable banks to deliver similar levels of assistance to the increasing number of buyers and sellers trading on open account.

The BPO brings to market an alternative means of satisfying the risk mitigation, financing, settlement and information management needs of banks and businesses engaged in trade. Its primary focus is on cross-border trade, but it may also be applied to a domestic trade scenario.

It is important to note from the outset that, unlike a letter of credit, the BPO represents an undertaking given by a bank (known as the Obligor Bank) acting on behalf of the buyer to another bank (known as the Recipient Bank) acting on behalf of the seller.

It is technically possible for a single transaction to comprise multiple BPOs issued by multiple Obligor Banks. However, there can only be one Recipient Bank and under current rules that bank is always the Seller's Bank.

Within the Uniform Rules for Bank Payment Obligations (URBPO), a BPO is defined as follows:

> “‘Bank Payment Obligation’ or ‘BPO’ means an irrevocable and independent undertaking of an Obligor Bank to pay or incur a deferred payment obligation and pay at maturity a specified amount to a Recipient Bank following Submission of all Data Sets required by an Established Baseline resulting in a Data Match or an acceptance of a Data Mismatch...”

1.1 WHAT IS A BASELINE?

To understand the above-mentioned definition from the URBPO, we first need to know what a Baseline is and how it becomes established.

A Baseline can only be established between banks. Those banks must both be connected to the same messaging platform, known as the Transaction Matching Application (TMA).

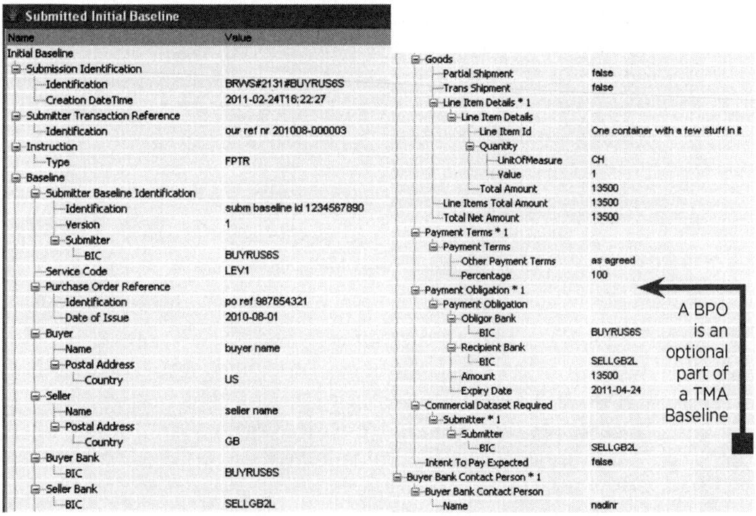

Figure 1: Example of an Initial Baseline Submission with one line item. *Source: SWIFT*

By exchanging structured messages via the TMA, a Buyer’s Bank and a Seller’s Bank may come to a mutual agreement as to what the Baseline for a particular transaction should look like (see Figure 1). If the Initial Baseline Submissions of both banks are the same (i.e. they match), then the Baseline becomes established. If that Baseline contains the optional component of a BPO, then the BPO also becomes established.

The Established Baseline therefore defines those data elements that must subsequently be presented by the Seller's Bank (the Recipient Bank) in order for the BPO eventually to become due.

Taken in this context, the BPO is more than just a product. It comprises a complete framework of standards, processes and rules to support the delivery of financial supply chain services in a fully automated environment. The principles are similar to those that apply to the familiar framework for documentary letters of credit (see Figure 2).

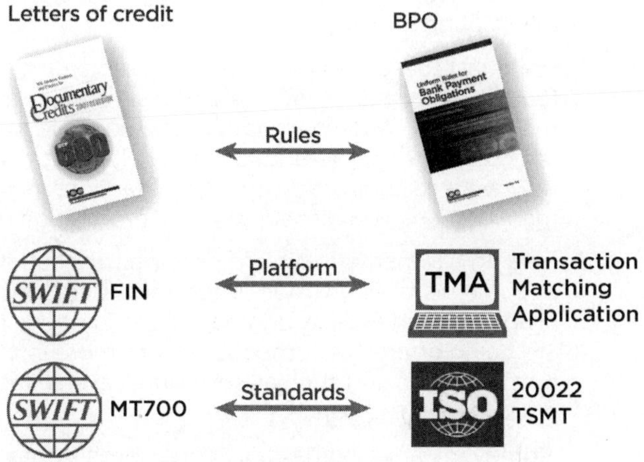

Figure 2: The BPO comprises a complete set of standards, processes and rules.

During the course of this book, we will take a closer look at all of the mandatory elements required to complete a BPO transaction, including:

- The ISO 20022 TSMT messaging standards
- The processes and workflow of a Transaction Matching Application (TMA) and, of course,
- The ICC Uniform Rules for Bank Payment Obligations (URBPO)

1.2 WHY DO WE NEED A BPO?

In recent times, there has been a sustained growth in both the volume and value of world trade. According to the World Trade Organisation, the dollar value of world merchandise trade increased by 19% in 2011 to $18.2 trillion, while the value of world commercial services exports increased by 11% to $4.2 trillion. Yet the statistical usage of traditional trade instruments such as documentary letters of credit has remained flat for many years.

This suggests that the vast majority of new relationships that are being established now are trading on open account terms where documents are sent directly to the buyer by the seller, thus bypassing the banking system.

Not only does this commonly confine the business opportunity for a bank to the processing of a payment at the end of a transaction, but it potentially challenges the corporate counterparties to seek out alternative solutions to their risk, financing, payment and information needs.

In light of these changing customer requirements and market dynamics, many financial institutions have had to redirect their range of products and services to address the customer's value-added supply chain, seeking out new ways to support payment transactions, risk management, liquidity supply and information flows.

Finding alternative ways of financing transactions has become increasingly more important. Traditional products such as factoring have risen in popularity and are being offered in competition with more innovative forms of financing such as so-called "reverse factoring" or supply chain finance.

Moreover, banks increasingly consider themselves as service providers that support their customers in the collection and analysis of data. International cash management, e-invoicing and the creation and matching of commercial documents are just some of the services offered. The quality of data is of central importance for banks, as it forms the basis of successful customer relationship management combined with financial profile analysis.

The adoption of a common platform (or TMA) for the exchange of structured data is beneficial to financial service providers and corporates alike, since it not only avoids the cost, risk and inherent limitations of being locked into proprietary systems and processes but also supports the swift and accurate processing of reusable data elements. This in turn facilitates the development and delivery of a range of value-added open account services, including risk mitigation and financing, as well as payment, reconciliation and account management services designed to enhance process efficiency.

The comparison of data within the TMA supports the

tracking of the movement of goods along the physical supply chain, enabling trigger points to be identified for the provision of innovative financial supply chain services.

In the remainder of Chapter 1, we will consider how a bank's customer value propositions may be enhanced by the incorporation of a BPO.

1.3 ADDRESSING INEFFICIENCIES IN THE FINANCIAL SUPPLY CHAIN

Optimisation of the physical supply chain has been one of the main concerns of corporates for years. Widespread inefficiencies have been collectively addressed through stakeholder collaboration.

Recent trade market evolutions have highlighted the need to address related inefficiencies in the financial supply chain. By adopting a similar collaborative approach, corporates can develop end-to-end financial supply chain strategies through win-win business models to address the needs of all the players, from upstream suppliers to downstream customers.

At the same time, the rules of the game are changing. This is due, for example to the advent of new players and the growth of South-South trade. More than ever, financial supply chain strategies require innovative trade finance solutions that combine security, speed and convenience.

Although very effective from a risk and financing point of view, traditional paper-based finance instruments, such as letters of credit, have declined in popularity, partly due to cost and partly due to perceived inefficiencies for all parties in the value chain. From a corporate perspective, such solutions are often regarded as being too slow to address working capital financing needs efficiently and on time, as well as too slow to facilitate a timely response to market opportunities.

At the opposite end of the risk spectrum, open account transactions, though extremely convenient, do not allow corporates the opportunity either to mitigate the risk of payment default or to obtain access to alternative means of financing.

The BPO is designed to deliver the best of both worlds (see Figure 3). On the one hand, it provides the security of paper-based finance instruments thanks to the payment assurance provided by a financial institution. On the other hand, it delivers both the speed and convenience of open account transactions thanks to the efficiency gains of straight-through processing resulting from digitised data processing and electronic matching.

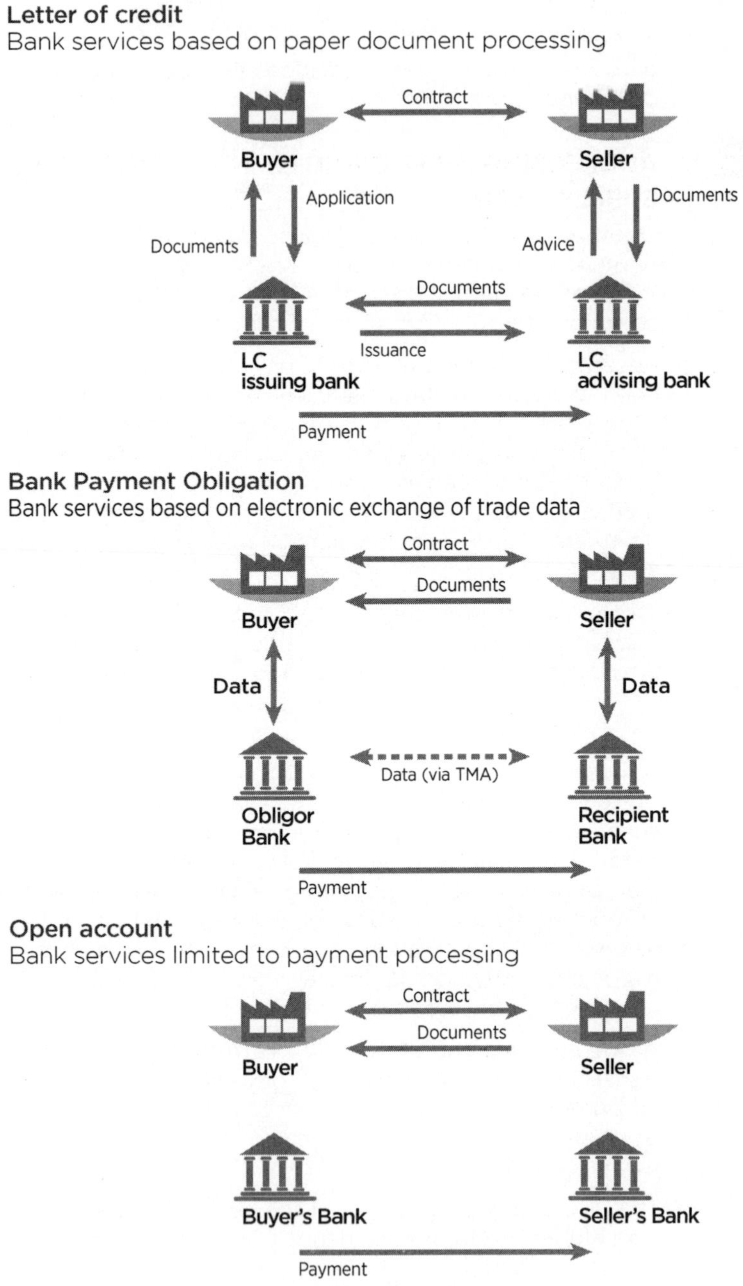

Figure 3: The BPO is designed to deliver the best of both worlds. *Source: International Chamber of Commerce*

More than a risk mitigation or process efficiency tool, the BPO is also a business enabler that strengthens buyer-seller relationships and offers significant value across the entire supply chain.

1.4 OPTIMISATION OF WORKING CAPITAL

The improvement of corporate liquidity through the optimisation of working capital management and the cash conversion cycle and the reduction of cost through the rationalisation of billing and invoice reconciliation processes are core requirements for international trading companies today.

Measures include the reduction of inventory by optimising purchasing conditions and the negotiation of improved, standardised payment terms. Flexible use of external financing, adapted to the status of related ordering, production and delivery processes, will contribute to the maintenance of optimum liquidity.

The implementation of measures designed to enhance process efficiency and streamline the management of inventory can be complemented by the incorporation of a BPO within the agreed payment terms, thus providing a flexible form of finance as well as an assurance that payment will be effected on time.

1.5 PAYMENT ASSURANCE

The Bank Payment Obligation allows buyers to provide key suppliers with an absolute assurance that they will be paid on time according to the agreed payment terms. This assurance of payment comes from the legal commitment of an Obligor Bank (or Banks) to pay on the due date, provided that the data submitted by the Recipient Bank (the Seller's Bank) is compliant with the agreed terms.

From a cash management point of view, this is beneficial to buyers and sellers alike since it delivers certainty on cash flow in and out. The ability to provide such an absolute level of payment assurance strengthens the buyer-supplier relationship, resulting in the opportunity to negotiate improved terms and conditions.

The BPO is safer than pre-payment, since it allows the buyer to confirm that the goods have been shipped on or before the due date according to the required specification before becoming committed to pay. Because the electronic processing of data is faster, buyers can also potentially get quicker access to banking services, including financing where required.

The BPO provides banks with greater visibility into the underlying trade transaction so that buyers and sellers can benefit from specific financing services tailored to their working capital needs at any stage of the transaction lifecycle.

This feature is similar to what is available through existing letter of credit practices but offers a wider spectrum of financing opportunities across selected trigger points in the supply chain.

1.6 ENHANCED PROCESS EFFICIENCY

One of the main criticisms of documentary credits is that the manual checking processes are costly and slow. Buyers and sellers who decide to adopt the BPO will only have to focus on a limited subset of data or elements that are relevant to the banking services required.

These elements of data will be electronically exchanged and matched. The electronic matching of data will improve the quality of processing, reducing the risk of discrepancies and disputes and thus accelerating the verification process. Electronic processing will significantly reduce the processing costs related to data compliance.

1.7 REDUCED RISK OF DISCREPANCIES

The manual checking and analysis of documentation is inherently subjective. Hence, the results can often be uncertain.

The risk of discrepancies, resulting in disputes, delays and increased demurrage costs, is significant. Empirical evidence suggests that more than 70% of documents are found to be discrepant on first presentation.

Buyers and sellers who decide to adopt the BPO will reduce the risk of discrepancies. By replacing the manual document checking process with the electronic matching of data, buyers and sellers will benefit from significantly increased accuracy and objectivity.

While manual processing implies a line-by-line verification of documents, the BPO requires only the matching of a limited number of relevant data elements in order to guarantee payment or to support a proposition for financing.

At the same time, there is the added flexibility that, in the event of data mismatches being found, the buyer has the immediate discretion to accept or reject such mismatches.

1.8 MITIGATING THE RISK OF SUPPLIER DEFAULT

For critical suppliers, buyers may decide to offer a BPO in order to ensure that the goods ordered continue to be delivered on time and that there are no unnecessary interruptions to the supply chain. A supplier can get financing from its bank at different stages in the transaction lifecycle.

The BPO can be used to sustain the seller's working capital, for example in support of production (pre-shipment finance, inventory finance), product shipment (packing and distribution loans) or business development and growth.

Failure to have access to these facilities could prove detrimental to the supplier's continued ability to trade.

1.9 STRENGTHENING BUYER/SUPPLIER RELATIONSHIPS

By adopting the BPO, buyers can strengthen their relationships with key suppliers. They can become trusted counterparties by demonstrating reliability and giving suppliers the assurance of being paid on time as per the payment terms and conditions agreed.

Buyers who engage in a BPO contract with their suppliers will contribute to the streamlining of supply chain processes, resulting in enhanced risk mitigation and process efficiency. This may be turned into a competitive advantage over other buyers, resulting in improved payment terms. Conversely, the delayed issuance of a BPO can result in significant cost savings for a buyer, thus presenting a supplier with an opportunity to gain a competitive advantage over other suppliers.

1.10 GROWING THE SUPPLIER NETWORK

Buyers typically trade with multiple suppliers across the globe, often in different jurisdictions, resulting in a variety of payment terms and potentially using more than one supply chain finance platform.

Platforms use different exchange mechanisms, from electronic proprietary data formats to fax and email. The cost of integration with corporate back office applications becomes prohibitive when the number of trading players grows or varies over time. It also implies significant on-boarding costs and lengthy know-your-customer (KYC) processes. The BPO is designed for a four-corner business model. It helps buyers to reach multiple suppliers through selected banks in the existing correspondent banking network.

1.11 INTEGRATED TECHNOLOGY BASED ON GLOBAL MESSAGING STANDARDS

Financing costs can be reduced by regularly informing banks about the movement of goods and associated cash flows. Further potential lies in structured receivables and collections management. Managing processes that are relevant to liquidity can insulate the company from the risk of a declining credit rating through to the prevention of insolvency.

The condition for meeting these requirements in terms of best practice is, however, a standardised and reliable data structure. This can only be achieved by the networking of all of the IT systems relevant to the liquidity management process across all of the corporate functions, including acquisitions, logistics, cash management, treasury management and credit management.

International trading companies and exporting industrial enterprises also have to consider a multitude of gateways to external parties, such as banks, logistics and insurance providers, suppliers, clients and authorities that exist in a global environment.

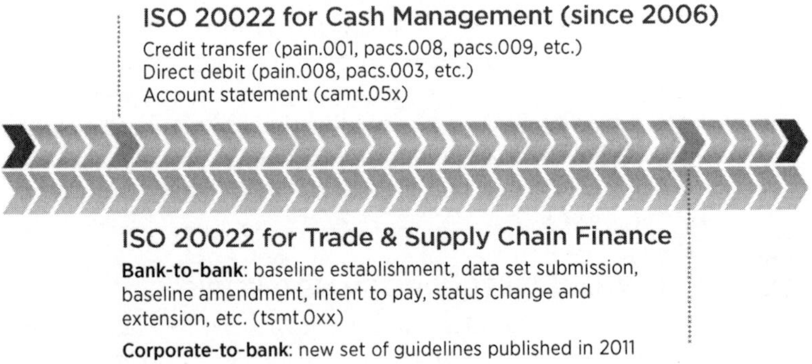

Figure 4: ISO 20022 for Cash Management, Trade and Supply Chain Finance. *Source: Misys*

The BPO is based on a standard ISO 20022 messaging format that facilitates the technological integration of trade, payment and cash management data, including e-invoicing (see Figure 4). The key difference between the BPO and past electronic solutions resides in the common use of a trade transaction matching scheme.

Whereas previous solutions have implemented electronic data interchange (EDI) standards, the BPO includes not only a structured data exchange but, more importantly, an industry standard set of rules that can eventually be implemented by any open Transaction Matching Application (TMA).

1.12 FLEXIBLE FORMS OF FINANCING

The BPO offers increased flexibility over a letter of credit because it can be created at any time during the lifecycle of a transaction and for an amount that can differ from the total value of the goods. The matching of data extracted from trade-related documents creates the continuum of information and visibility required to identify trigger points in support of a variety of financing propositions, including pre-shipment, post-shipment, approved payables and buyer finance.

A syndicated BPO can also help the buyer to spread the payment risk across multiple Obligor Banks. For example, a lead bank can be instructed to allocate the risk according to a trade asset distribution model.

Having the opportunity to take advantage of alternative forms of financing throughout the transaction lifecycle may result in lower financing costs for the buyer, as well as reduced confirmation costs for the seller, creating more value in the supply chain and potential opportunities for improved commercial terms.

Increased flexibility also creates the opportunity for buyers and sellers to reduce their recourse to expensive working capital loans, thus preserving the availability of related credit facilities.

Buyers with idle cash balances can benefit from the fact that the BPO allows for early repayment of the obligations. Buyers who opt to pay early may benefit from dynamic discounting and eventually become preferred buyers, increasing the mutual level of trust between commercial counterparties.

1.13 "SILENT" BPOs

It is fair to say that there has been a certain amount of debate around the advantages and disadvantages of a BPO being established as a bank-to-bank instrument as opposed to a bank-to-corporate undertaking.

One aspect that has not been widely discussed or considered is the circumstance in which a bank may wish to establish a BPO with another bank independently of the payment arrangements made between the corporate counterparties.

For example, in an approved payables scenario, the Buyer's Bank may be required to establish a credit facility in the name of the buyer that is to be used to finance that customer's suppliers. The Buyer's Bank now has to deal with the supplier on-boarding issues, including KYC and so forth.

Rather than adopting a three-corner approach, in which the Buyer's Bank finances the suppliers directly (to the exclusion of the Seller's Bank), the Buyer's Bank could instead negotiate an arrangement with the Seller's Bank whereby data is exchanged via a shared TMA.

Following Baseline establishment, a BPO can optionally be established between the banks at any time during the transaction lifecycle in order to support a required financing proposition. Thus, the Seller's Bank is able to take care of the supplier on-boarding issues and can assume an active role in the execution of a four-corner solution (buyer, Buyer's Bank, Seller's Bank, seller).

Such an arrangement may require an element of risk sharing/revenue sharing between the banks involved. However, given that the BPO exists purely as an undertaking between the banks, it can potentially be set up as a private arrangement between those banks, remaining "silent" towards both the buyer and the seller, since neither the buyer nor the seller is required to take on an active role in the BPO undertaking.

1.14 SUMMARY OF THE MAIN FINANCING OPPORTUNITIES USING THE BPO

1.14.1 Basic financing options

A number of basic financing options are made available by setting up a BPO at the start of a transaction as part of an Established Baseline (see Figure 5).

These include:

1. At the initial Baseline establishment, the Recipient Bank is able to make an offer of pre-shipment finance to the seller based on a purchase order commitment to pay.
2. At the successful matching of Data Sets when compared to the Established Baseline, the Recipient Bank is able to make an offer of post-shipment finance to the seller based on approved payables.

3. The Obligor Bank has the option to pay the BPO when due but to defer the collection of payment from the buyer by offering extended payment terms.

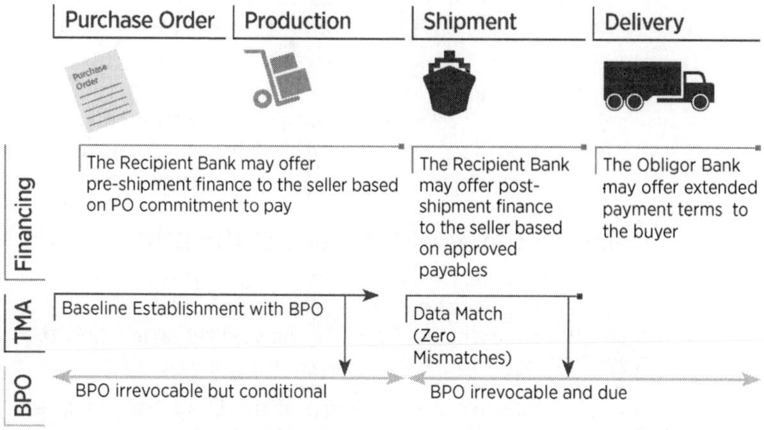

Figure 5: The setting up of a BPO as part of the Baseline establishment process at the start of a transaction creates a range of basic financing options.

1.14.2 Adapting the due date of the BPO

The BPO payment terms can be amended dynamically to respond to the changing needs of both buyers and sellers. This enables inter-bank funding to take place. For example, bringing forward the due date enables the Buyer's Bank/Obligor Bank to fund the Seller's Bank/Recipient Bank. Alternatively, pushing back the due date enables the Seller's Bank/Recipient Bank to fund the Buyer's Bank/Obligor Bank (see Figure 6).

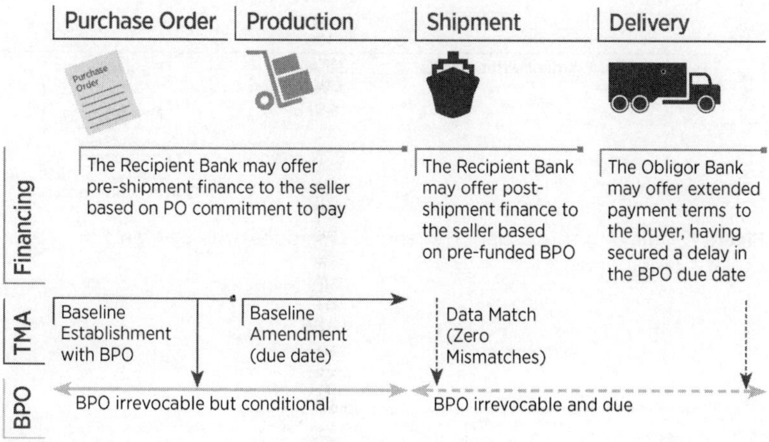

Figure 6: Adapting the payment due date supports interbank funding opportunities.

1. The Recipient Bank may request the Obligor Bank to bring forward the payment due date by amending the Baseline accordingly. This means that the Recipient Bank will receive payment earlier and be able to use these funds to finance the seller.
2. The Obligor Bank may request the Recipient Bank to put back the payment due date by amending the Baseline accordingly. This means that the Obligor Bank is able to extend payment terms to the buyer without having to pay the BPO on the due date.

1.14.3 Delaying the establishment of the BPO

A BPO does not have to be included in the Baseline establishment process. The creation of the BPO can be delayed until needed. This is achieved by amending the Baseline (see Figure 7).

By delaying the establishment of the BPO, the Recipient Bank may offer post-shipment or approved payables finance to the seller only if/when the seller needs it.

This approach is also beneficial to the buyer and the Buyer's Bank/Obligor Bank, since it limits the demand on the buyer's credit lines and therefore reduces the overall cost of capital.

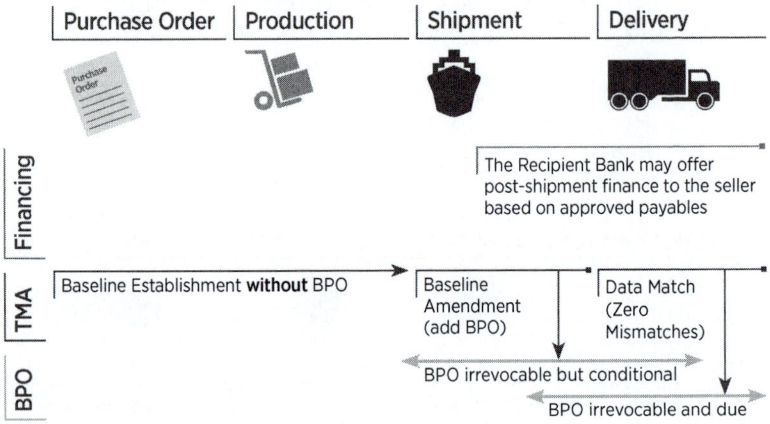

Figure 7: Delaying the issuance of the BPO reduces the demand on the buyer's credit lines.

1.14.4 Using the TMA "pre-match" facility to create the BPO later

Use of the TMA "pre-match" facility enables the creation of the BPO to be delayed until the last possible moment (see Figure 8). This is particularly relevant in an approved payables finance scenario where the seller only identifies a financing requirement after the commercial and transport data has been submitted.

By pre-matching the Data Sets, the Seller's Bank can satisfy itself that the data does match. However, the results of a pre-match are delivered to the Seller's Bank only. This means that the Seller's Bank still has the option, if required, to submit a Baseline Amendment Request at a later date, asking the Buyer's Bank (or another Obligor Bank) to agree to the addition of a BPO. Provided the Buyer's Bank/Obligor Bank agrees, the BPO is added to the Baseline.

The Seller's Bank can now submit the Data Sets for "full push through" matching, the results of which will be seen by all Involved Banks, and the BPO will become due.

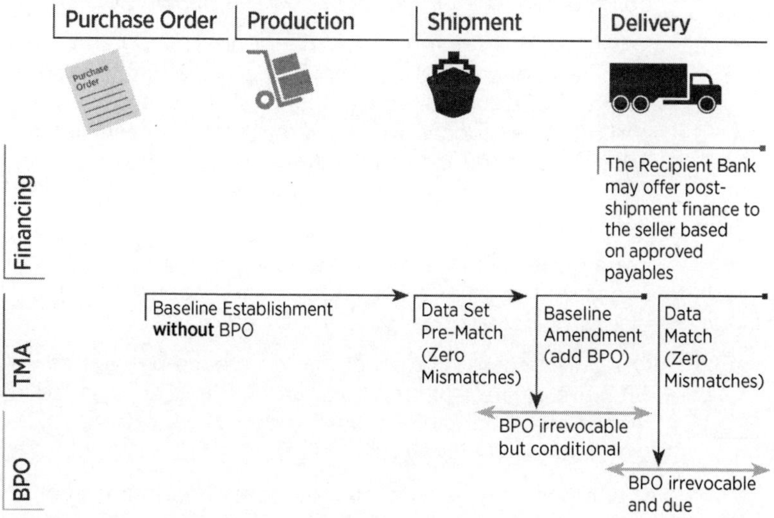

Figure 8: Pre-match enables the creation of the BPO to be delayed to the last possible moment.

1.15 ACCOUNTING POLICY FOR BPOS

The main issues to consider in relation to accounting for a BPO transaction include the nature of the obligation and the trigger points for transitioning the obligation from one type of liability to another.

There is a general consensus that, for accounting and financial reporting purposes, the BPO should be treated in a similar manner to an import letter of credit.

Therefore, if the Initial Baseline Submission includes a Payment Obligation Segment that shows that the Buyer's Bank will take on the role of the BPO Obligor Bank, then the obligation itself is immediately recorded by the Buyer's Bank/Obligor Bank as an off-balance-sheet contingent obligation.

If the Initial Baseline Submission includes a Payment Obligation Segment that shows that a bank other than the Buyer's Bank will take on the role of a BPO Obligor Bank, then that other Obligor Bank should similarly record its risk as an off-balance-sheet contingent obligation at the time of accepting its designated role.

In the case of a deferred payment undertaking, the obligation of the Obligor Bank becomes a direct liability when all of the required Data Sets have been presented and matched successfully, or if mismatches have been accepted. At this point, the TMA transaction is considered complete, since no further Submissions of data are required.

If the undertaking is discounted by the Seller's Bank, its exposure becomes a cash item that is recorded as a loan/advance and becomes a funded obligation.

Of course, there is one material difference between a BPO and a letter of credit insofar as the BPO is issued in favour of a Recipient Bank and not in favour of the corporate beneficiary (the seller).

When and how value is passed from a Recipient Bank to a seller is a matter of negotiation between the corporate and the bank, the terms of which will be reflected in the contractual agreement that exists between the two parties.

For example, the Recipient Bank may record a contingent obligation in favour of the seller. For accounting purposes, this would be treated in a similar way to a silent confirmation of a letter of credit.

For guidance purposes only, Table A provides a summary of the views that have been put forward for discussion on this subject.

Party/Role	**Type of liability**	**Period**	**Transaction Flow**	**Accounting Policy**
Obligor Banks	Contingent	From Baseline establishment to successful matching of all required Data Sets	BPO established as an irrevocable, conditional payment obligation pending Submission of Data Sets	■ Off balance sheet ■ Unfunded
Recipient Bank	Contingent	From Baseline establishment to successful matching of all required Data Sets	BPO established as an irrevocable, conditional payment obligation pending Submission of Data Sets	■ Off balance sheet ■ Unfunded
■ Obligor Bank ■ Recipient Bank	Direct	From time of successful matching of all required Data Sets to the end of any deferred payment period	Deferred payment undertaking after successful matching of data	■ On balance sheet ■ Funded
Recipient Bank	Direct	From time of discounting to the end of any deferred payment period	BPO discounted without recourse	■ On balance sheet ■ Funded
■ Obligor Bank ■ Recipient Bank	Closed	Paid immediately at sight following successful matching of all required Data Sets or at end of any deferred payment period	Transfer of value to corporate beneficiary (seller)	Closed

Table A: Summary of proposed BPO accounting policy.
Source: ICC Discussion Paper

1.16 CAPITAL TREATMENT FOR BPOS

It is widely acknowledged that the recent changes affected to the Basel Committee regulatory framework have highlighted some unintended consequences that may be detrimental to the business of traditional trade finance.

As a new financial instrument, the BPO at this moment in time lacks any formal history of usage. Therefore, it is difficult to put forward any meaningful analysis of its performance in the context of capital adequacy.

The development of cogent guidelines for the capital treatment and reporting of a BPO can only be developed over time and in light of real-life commercial experience.

The current expectation is that a BPO should be treated as a contingent liability and hence qualify as an off-balance-sheet commitment. An Obligor Bank has no obligation to execute payment if there is a Data Mismatch between Data Sets presented and the Established Baseline.

When considering the capital treatment of a BPO, a number of factors come into play, including the type of obligation, the duration of the exposure and the likelihood of default and/or loss.

1.16.1 Probability of Default

The Probability of Default (PD) ratio is counterparty-driven. It is dependent upon the financial standing that has been assigned to the Obligor Bank.

1.16.2 Loss Given Default

The Loss Given Default (LGD) ratio is product-driven. In the absence of any track record of usage, the calculation of the LGD ratio for a BPO will be subject to the Internal Ratings-Based Foundation model, currently fixed at 45%. This should be subject to review over time as evidence of a track record develops.

1.16.3 Effective Maturity

It is thought that the waiver related to the one-year maturity floor that has now been applied to the letter of credit should similarly apply to the BPO.

1.16.4 Leverage

Regarding the calculation of risk-weighted assets as an off-balance-sheet undertaking, the BPO should be subject to a credit conversion factor of 20% for commitments of up to one year and 50% for commitments of more than one year.

In the light of enhanced efficiencies resulting from automated processing and the fact that a BPO can often be issued late in the transaction lifecycle, it is thought that the average tenor of a BPO is likely to be less than one year.

Under Basel III, all off-balance-sheet undertakings are currently considered the same as on-balance-sheet items and are consequently subject to a credit conversion factor of 100% for the calculation of the leverage ratio *.

For guidance purposes only, Table B provides a summary of the views that have been put forward for discussion on this subject.

Probability of Default	**Loss Given Default**	**Effective Maturity**	**Credit Conversion Factor ***
Counterparty-driven	45% (as per IRB Foundation)	Minimum one day (as per L/C)	RWA 1 year: 20% 1 year+ : 50% **Leverage** 100%

Table B: Summary of proposed BPO capital treatment.
Source: ICC Discussion Paper

* In April 2013, the European Parliament approved the Capital Reserve Requirements IV Directive (CRR IV) which revises the credit conversion factor for secured letters of credit back down to the previous level of 20%. This means that banks operating in Europe will be able to benefit from more favourable capital treatment. At the time of writing, it remains to be seen whether banks in other regions may be able to obtain a similar benefit should local regulators decide in favour of adopting similar measures.

Chapter 2

The ISO 20022 TSMT messages

The ICC Uniform Rules for Bank Payment Obligations (URBPO) are predicated on the fact that messages exchanged between Involved Banks (i.e. a Seller's Bank, a Recipient Bank, a Buyer's Bank, an Obligor Bank or a Submitting Bank) and a Transaction Matching Application (TMA) will comply with ISO 20022 standards. Any TMA used in connection with the URBPO must therefore be able to process at a minimum the ISO 20022 TSMT messages as defined in URBPO article 4.

2.1 WHAT IS ISO?

For those who may not be entirely familiar with the world of financial messaging, ISO is the International Organization for Standardization and the world's largest developer and publisher of International Standards, with a membership of more than 160 national standards bodies. Its purpose is to promulgate worldwide standards in a variety of domains aimed at facilitating cross-border exchanges of goods, services and techniques.

It goes without saying that, in order to conduct their business, financial institutions need to exchange massive amounts of information on a daily basis with both their customers and their counterparties. In order to do this efficiently, there needs to be a common understanding of the way in which specific types of information are to be presented and an agreed structure for achieving this exchange in a fully automated environment, such that one computer is able to read and interpret data received from another computer.

Over the years, the financial services industry has developed the means of organising data into structured formats, known as syntax, and definitions, known as semantics. Based upon a common understanding of these structured formats and definitions, financial institutions are able to exchange messages electronically with a minimum of human intervention. One drawback, however, is that across the industry there continues to be a variety of competing standards, meaning that data is not always presented in the same way. The use of different syntax and semantics, sometimes based on standards that are proprietary to one organisation, is a barrier to straight-through processing.

2.2 WHAT IS ISO 20022?

ISO 20022 is a set of standards developed by ISO for use in the financial industry. Usage of ISO 20022 messages results in consistency and uniformity of format and terminology through use of a common data dictionary.

In ISO 20022, the most widely used syntax is eXtensible Markup Language (XML), which allows users to define identifiers and data types for each component of a message.

ISO 20022 comprises a common platform for the development of messages using:

- a methodology based on Unified Modelling Language (UML) to capture financial business areas, business transactions and associated message flows in a syntax-independent way;
- a central dictionary of business items used in financial communications;
- a set of XML design rules to convert the messages described in UML into XML schemas whenever the use of the ISO 20022 XML-based syntax is preferred.

The resulting models and derived messages are published in the catalogue of messages and stored in the ISO 20022 Financial Repository available on the ISO 20022 website (**http://www.iso20022.org**).

This flexible framework allows communities of users and message development organisations to define message sets according to an internationally agreed approach, using internationally agreed business semantics and, whenever desirable, to migrate to the use of a common XML-based syntax.

Financial message definitions are organised by business area, each one of which is uniquely identified by a four-character business area code. In the case of Trade Services Management, the business area code is TSMT.

2.3 WHAT IS ISO 20022 TSMT?

ISO 20022 TSMT standards specify the format for the commercial, transport, insurance, certificate and other certificate Data Sets to be submitted by an Involved Bank in respect of an underlying trade transaction and for the related TSMT messages exchanged between Involved Banks and the TMA. As is the case with other ISO standards in the area of financial services, ISO 20022 standards for TSMT messages are publically available and are not proprietary to any technology provider or financial institution. The message definitions that are currently published on the ISO website are those that were approved by the Trade Services Standards Evaluation Group on 11 April 2008. The messages are designed to be exchanged between the users of a TMA and the TMA itself. They are not user-to-user messages. They support the features of a TMA with an integrated workflow management capability.

The message definitions cover the following key application features:

- the establishment of a transaction (also referred to as Baseline)
- the matching of Data Sets
- the amendment of a transaction (Baseline)
- the acceptance/rejection of mismatches
- reports on status and activity

2.4 THE ISO 20022 TSMT MESSAGES

There are currently 50 officially registered ISO 20022 TSMT messages that are in active use and are designed specifically to support the exchange of information and related reports between all of the banks that are involved in a transaction and the TMA used to perform the data processing. All of these messages are defined below. It should be noted that message types tsmt.039.xxx.xx and tsmt.043.xxx.xx are not currently in use.

Of the 50 messages listed in Table C, only 19 are defined in the Uniform Rules for Bank Payment Obligations (URBPO). These 19 messages are highlighted in **bold** type. The reason for this limitation is that the messages defined in the URBPO are those that are directly referenced within the Rules themselves. The other messages comprise mainly a variety of reports, requests and notifications.

Although these other messages are outside the direct scope of the URBPO, they nevertheless form an essential part of the transaction matching workflow. It is important to note, therefore, that during the course of a transaction these messages will also be exchanged, in addition to those that fall within the scope of the URBPO.

Message Type	Message Name	Purpose	Sent by	Sent to
tsmt. 001.001.03	Acknowledgement	To acknowledge the receipt of an incoming message.	The TMA	The Involved Bank from which the original message was received
tsmt. 002.001.03	Activity Report	To report on all those transactions for which an activity has taken place within a given time span.	The TMA	The Involved Bank from which an Activity Report Request has been received
tsmt. 003.001.03	Activity Report Request	To request a report on all those transactions for which an activity has taken place within a given time span.	An Involved Bank	The TMA
tsmt. 004.001.02	Activity Report Set-Up Request	To request the setting-up of a regular time at which an activity report is to be generated.	An Involved Bank	The TMA
tsmt. 005.001.02	**Amendment Acceptance**	To accept a Baseline Amendment Request.	A Buyer's Bank, a Seller's Bank or a Recipient Bank (as applicable)	The TMA
tsmt. 006.001.03	**Amendment Acceptance Notification**	To notify the acceptance of a Baseline Amendment Request.	The TMA	A Buyer's Bank, a Seller's Bank or a Recipient Bank (as applicable)

Message Type	Message Name	Purpose	Sent by	Sent to
tsmt. 007.001.02	**Amendment Rejection**	To reject a Baseline Amendment Request.	A Buyer's Bank, a Seller's Bank or a Recipient Bank (as applicable)	The TMA
tsmt. 008.001.03	**Amendment Rejection Notification**	To notify the rejection of a Baseline Amendment Request.	The TMA	A Buyer's Bank, a Seller's Bank or a Recipient Bank (as applicable)
tsmt. 009.001.03	**Baseline Amendment Request**	To request the amendment of an Established Baseline.	A Buyer's Bank, a Seller's Bank or a Recipient Bank (as applicable)	The TMA
tsmt. 010.001.03	**Baseline Match Report**	To report either (a) the successful establishment of a Baseline (following Submission of two Initial Baseline Submissions with Zero Mismatches) or (b) the failure to establish a Baseline owing to mismatches having been found between the two Initial Baseline Submissions.	The TMA	Involved Banks (other than an Obligor Bank that is not the Buyer's Bank)
tsmt. 011.001.03	Baseline Report	To report either a pre-calculation or final calculation of the dynamic part of an Established Baseline.	The TMA	Banks involved in a Baseline Amend-ment Request or Data Set match

Message Type	Message Name	Purpose	Sent by	Sent to
tsmt. 012.001.03	Baseline ReSubmission	To respond to an Initial Baseline Submission or to resubmit Baseline data that has been mismatched.	A sender of an Initial Baseline Submission or the counterparty bank named in such Submission	The TMA
tsmt. 013.001.03	**Data Set Match Report**	To report on either a Data Match or a Data Mismatch, following Submission of all Data Sets required by an Established Baseline and the automatic comparison of such Data Sets with that Established Baseline.	The TMA	Each Involved Bank
tsmt. 014.001.03	**Data Set Submission**	To trigger either a match or a pre-match of the information submitted against the Established Baseline.	An Involved Bank	The TMA
tsmt. 015.001.03	Delta Report	To list the differences between the Established Baseline and a newly proposed Baseline, following a request for a Baseline Amendment.	The TMA	Banks involved in the request for a Baseline Amend-ment
tsmt. 016.001.03	Error Report	To advise the inability of the TMA to process a message received from an Involved Bank due to an error detected in that message.	The TMA	The submitter of the message that resulted in the error in processing

Message Type	Message Name	Purpose	Sent by	Sent to
tsmt. 017.001.03	Forward Data Set Submission Report	To pass on information related to the Data Sets covered by the transaction.	The TMA	Involved Banks
tsmt. 018.001.03	**Full Push Through Report**	To advise details of a proposed Baseline, an Established Baseline or a proposed amendment to an Established Baseline. The Baseline data forms part of the Full Push Through Report.	The TMA	Each Involved Bank
tsmt. 019.001.03	Initial Baseline Submission	To initiate a transaction.	A Buyer's Bank or a Seller's Bank	The TMA
tsmt. 020.001.02	**Mismatch Acceptance**	To accept a Data Mismatch.	A Buyer's Bank	The TMA
tsmt. 021.001.03	**Mismatch Acceptance Notification**	To notify the acceptance of a Data Mismatch by a Buyer's Bank.	The TMA	Each Involved Bank
tsmt. 022.001.02	**Mismatch Rejection**	To reject a Data Mismatch.	A Buyer's Bank	The TMA
tsmt. 023.001.03	**Mismatch Rejection Notification**	To notify the rejection of a Data Mismatch by a Buyer's Bank.	The TMA	Each Involved Bank
tsmt. 024.001.03	Action Reminder	To remind an Involved Bank of an action that is overdue.	The TMA	An Involved Bank
tsmt. 025.001.03	Status Change Notification	To notify a change of status of a Baseline (transaction), e.g. from proposed to established.	The TMA	Involved Banks
tsmt. 026.001.02	Status Change Request	To request a change in the status of a transaction, e.g. from complete to closed.	A Buyer's Bank or a Seller's Bank	The TMA

Message Type	Message Name	Purpose	Sent by	Sent to
tsmt. 027.001.02	Status Change Request Acceptance	To advise the acceptance of a request to change the status of a transaction.	A Buyer's Bank or a Seller's Bank	The TMA
tsmt. 028.001.03	Status Change Request Notification	To notify receipt of the request for a change in the status of a transaction.	The TMA	A Buyer's Bank or a Seller's Bank
tsmt. 029.001.02	Status Change Request Rejection	To advise the rejection of a request to change the status of a transaction.	A Buyer's Bank or a Seller's Bank	The TMA
tsmt. 030.001.03	Status Change Request Rejection Notification	To notify the counterparty of the rejection of a request to change the status of a transaction.	The TMA	A Buyer's Bank or a Seller's Bank
tsmt. 031.001.03	Status Extension Acceptance	To advise the counterparty bank of the acceptance of a request to extend the status of a transaction.	A Buyer's Bank or a Seller's Bank	The TMA
tsmt. 032.001.03	Status Extension Notification	To notify all parties of the acceptance of a request to extend the status of a transaction.	The TMA	Involved Banks
tsmt. 033.001.03	Status Extension Rejection	To advise the rejection of a request to extend the status of a transaction.	A Buyer's Bank or a Seller's Bank	The TMA
tsmt. 034.001.03	Status Extension Rejection Notification	To advise a counterparty of the rejection of a request to extend the status of a transaction.	The TMA	A Buyer's Bank or a Seller's Bank

Message Type	Message Name	Purpose	Sent by	Sent to
tsmt. 035.001.03	Status Extension Request	To request the extension of the status of a transaction.	A Buyer's Bank or a Seller's Bank	The TMA
tsmt. 036.001.03	Status Extension Request Notification	To notify a counterparty of the request to extend the status of a transaction.	The TMA	A Buyer's Bank or a Seller's Bank
tsmt. 037.001.03	Status Report	To report on the status of all transactions in the TMA in which a bank may be involved.	The TMA	An Involved Bank that has requested such report
tsmt. 038.001.03	Status Report Request	To request a report on the status of transactions in the TMA.	An Involved Bank	The TMA
tsmt. 040.001.03	Time-out Notification	To advise that a transaction will be closed within a given time if no action is taken.	The TMA	Involved Banks
tsmt. 041.001.03	Transaction Report	To report on the details of a transaction in the TMA.	The TMA	An Involved Bank that has requested such report
tsmt. 042.001.03	Transaction Report Request	To request a report on the details of a transaction in the TMA.	An Involved Bank	The TMA
tsmt. 044.001.01	Intent to Pay Notification	To express a confirmed intent on the part of the buyer to pay a certain amount at a certain time in relation to one or more transactions.	A Buyer's Bank	The TMA

Message Type	Message Name	Purpose	Sent by	Sent to
tsmt. 045.001.01	Forward Intent to Pay Notification	To inform the Seller's Bank of a confirmed intent on the part of the buyer to pay a certain amount at a certain time in relation to one or more transactions.	The TMA	A Seller's Bank
tsmt. 046.001.01	Intent to Pay Report	To report upon intent to pay messages received.	The TMA	A Buyer's Bank and a Seller's Bank
tsmt. 047.001.01	**Special Request**	Used in special circumstances (1) to advise a reason for being unable to submit a Data Set or (2) to withdraw from a role in an Established Baseline due to force majeure.	(1) A Submitting Bank (2) An Involved Bank	The TMA
tsmt. 048.001.01	**Special Notification**	To provide information related to the receipt of a Special Request message from another Involved Bank.	The TMA	Involved Banks
tsmt. 049.001.01	**Role and Baseline Acceptance**	To confirm acceptance of a role in a transaction as specified in the Baseline contained in a Full Push Through Report.	A Submitting Bank or an Obligor Bank other than the Buyer's Bank	The TMA
tsmt. 050.001.01	**Role and Baseline Rejection**	To advise rejection of a role as specified in the Baseline contained in a Full Push Through Report.	A Submitting Bank or an Obligor Bank other than the Buyer's Bank	The TMA

Message Type	Message Name	Purpose	Sent by	Sent to
tsmt. 051.001.01	**Role and Baseline Acceptance Notification**	To advise the receipt of a Role and Baseline Acceptance in response to a Full Push Through Report.	The TMA	Each other Involved Bank
tsmt. 052.001.01	**Role and Baseline Rejection Notification**	To advise the receipt of a Role and Baseline Rejection in response to a Full Push Through Report.	The TMA	Each other Involved Bank
N.B. Message types tsmt.039.Xxx.Xx (store data set request) and tsmt.043.Xxx.Xx are not in use.				

Table C: This is a complete list of all ISO 20022 TSMT messages. Those highlighted are the ones that are defined in URBPO article 4.

It may also be helpful to consider how these messages are grouped in terms of function and flow. For example:

Baseline Establishment messages

TMA IN	TMA OUT
Initial Baseline Submission	Full Push Through Report
Baseline ReSubmission	Baseline Match Report
Role and Baseline Acceptance	Role and Baseline Acceptance Notification
Role and Baseline Rejection	Role and Baseline Rejection Notification

Table D: Baseline Establishment messages.

Baseline Amendment messages

TMA IN	TMA OUT
Baseline Amendment Request	Delta Report
Amendment Acceptance	Amendment Acceptance Notification
Amendment Rejection	Amendment Rejection Notification
	Baseline Report
	Full Push Through Report
Role and Baseline Acceptance	Role and Baseline Acceptance Notification
Role and Baseline Rejection	Role and Baseline Rejection Notification

Table E: Baseline Amendment messages.

Data Set Submission messages

TMA IN	TMA OUT
Data Set Submission	Forward Data Set Submission Report
	Data Set Match Report
Mismatch Acceptance	Mismatch Acceptance Notification
Mismatch Rejection	Mismatch Rejection Notification
	Baseline Report
	Full Push Through Report
Role and Baseline Acceptance	Role and Baseline Acceptance Notification
Role and Baseline Rejection	Role and Baseline Rejection Notification

Table F: Data Set Submission messages.

Reporting messages

TMA IN	TMA OUT
Activity Report Set-Up Request	
Activity Report Request	Activity Report
Status Report Request	Status Report
Transaction Report Request	Transaction Report
	Intent to Pay Report

Table G: Reporting messages.

Special messages

TMA IN	TMA OUT
Special Request	Special Notification
Intent to Pay Notification	Forward Intent to Pay Notification

Table H: Special messages.

Status Change messages

TMA IN	TMA OUT
Status Change Request	Status Change Notification
Status Change Request Acceptance	Status Change Request Notification
Status Change Request Rejection	Status Change Request Rejection Notification
Status Extension Request	Status Extension Request Notification
Status Extension Acceptance	Status Extension Notification
Status Extension Rejection	Status Extension Rejection Notification

Table J: Status Change messages.

Technical messages

TMA IN	TMA OUT
	Acknowledgement
	Action Reminder
	Error Report
	Time-out Notification

Table K: Technical messages.

These flows are elaborated upon in the context of the URBPO in Chapter 5.

Chapter 3

The Transaction Matching Application

As noted above, the ICC Uniform Rules for Bank Payment Obligations (URBPO) are predicated on the fact that messages exchanged between Involved Banks and a Transaction Matching Application (TMA) will comply with ISO 20022 TSMT standards. Any TMA used in connection with the URBPO must therefore be able to process at a minimum the ISO 20022 TSMT messages as defined in URBPO article 4. It is likely that any TMA deployed for the purposes of processing BPO-related transactions will also be able to process the other ISO 20022 TSMT messages, as defined in Chapter 2. These messages are not directly related to the BPO but nevertheless form an essential part of the overall transaction workflow, which also incorporates acknowledgements and reports.

Participation in a TMA scheme is limited to banks only. The adoption of mandatory ISO 20022 TSMT messaging standards and the URBPO is only applicable to the exchange of data between an Involved Bank and a TMA (see Figure 9). There are no mandatory rules or standards that apply to the exchange of contracts and/or documents between a buyer and a seller. These exchanges will commonly be paper-based. Similarly, there are no mandatory rules or standards that apply to the exchange of data between a corporate and a bank. This data can be exchanged using any standard, any format and via any preferred channel as may be agreed between the parties concerned.

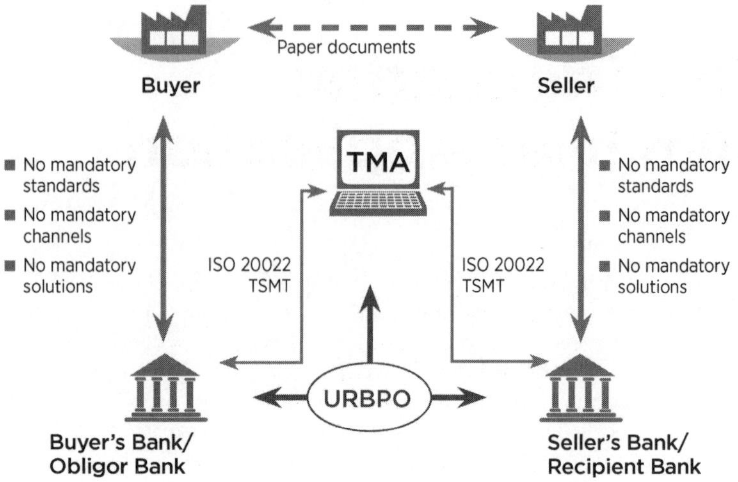

Figure 9: The adoption of mandatory ISO 20022 TSMT messaging standards and the URBPO is only applicable to the exchange of data between an Involved Bank and a TMA.

3.1 TMA SUBSCRIPTION

Any bank wishing to engage in BPO business in order to deliver BPO-based services to its corporate customers must first subscribe to a TMA. In order to exchange BPO-related data, banks must be subscribed to the same TMA scheme.

Often, there will be an annual subscription fee to be paid in order to be a member of the TMA scheme. Subscription to a TMA will normally be restricted to eligible financial institutions only. The operator of the TMA scheme will determine the eligibility criteria.

The operator of the TMA scheme will maintain a directory of its members so that any bank joining such a scheme can see who the other members are.

Banks subscribing to a TMA scheme should familiarise themselves with the terms and conditions attached to the operation of such scheme, including any specific operating requirements and notice periods.

Where appropriate, an Involved Bank may wish to consider the impact of such terms and conditions on any contractual obligations entered into with a corporate customer insofar as those obligations may be reliant upon the availability and performance of the TMA.

3.2 TMA ROLES

Banks subscribing to a TMA may assume one or more of the following roles. These roles are referred to collectively as "Involved Banks" (as per Table L).

Buyer's Bank	The bank of the buyer. The Buyer's Bank may also be an Obligor Bank.
Seller's Bank	The bank of the seller. The Seller's Bank will be indicated as the Recipient Bank in the Payment Obligation Segment of an Established Baseline.
Obligor Bank	The bank that issues a BPO. The Obligor Bank may be the Buyer's Bank and/or another bank that has been invited to take on this role.
Recipient Bank	The beneficiary of a BPO. Under current rules, the Recipient Bank is always the Seller's Bank.
Submitting Bank	A bank whose only role is to submit one or more Data Sets required by an Established Baseline. For example, a branch of the Seller's Bank located in another country.

Table L: The possible roles of Involved Banks in a TMA transaction.

3.3 TMA TRANSACTION STATES

As a transaction passes through the various stages of processing within a TMA, its status will change. Table M is indicative of some of the "TMA transaction states" that might apply at any given time:

TMA Transaction State	TMA Description
Proposed	An Initial Baseline Submission has been received from a Buyer's Bank or a Seller's Bank.
Partially matched	After Baseline ReSubmission by a Buyer's Bank or a Seller's Bank (as applicable), some of the data elements in the two Baselines match but others do not.
Established	The Baseline ReSubmission matches exactly the Initial Baseline Submission. The TMA issues a Baseline Match Report with Zero Mismatches to confirm that the Baseline is "established".
Active	Data Sets have been submitted for matching to an Established Baseline.
Amendment Requested	An Involved Bank has proposed an amendment to a Baseline that the other Involved Banks must either accept or reject.
Status Change Requested	A Buyer's Bank or a Seller's Bank has requested a change in status that the counterparty bank must either accept or reject.
Complete	All Data Sets have been matched successfully against the Established Baseline. The Baseline can now be re-opened or closed.
Closed	With the exception of a report request, no further action is possible.

Table M: The possible states of a TMA transaction.

A change of status will normally arise as a result of a Data Match, a Baseline Amendment, a Status Change Request or a timing violation.

Every TMA transaction starts with an Initial Baseline Submission message sent by either a Buyer's Bank or a Seller's Bank. The Initial Baseline Submission message may or may not contain a BPO in the form of a Payment Obligation Segment. Whilst it is technically possible to create a Baseline using data extracted from an invoice, it is common practice to make use of data extracted from the purchase/sales order.

If the Payment Obligation Segment is missing, it may be added at a later date by way of a Baseline Amendment to which Involved Banks must agree.

On receipt of an Initial Baseline Submission message, the TMA will send an Acknowledgement message that includes a unique Transaction Identifier.

A transaction can be closed before establishment. In this case, the submitter of the Initial Baseline Submission message should submit a Status Change Request message to the TMA.

To close a transaction after establishment, either the Buyer's Bank or the Seller's Bank must submit a Status Change Request message to the TMA. The TMA will send a Status Change Request Notification message to the counterparty bank.

If the counterparty bank agrees, it will send a Status Change Request Acceptance message to the TMA and the transaction will be closed.

3.4 TMA DATA SETS

In accordance with ISO 20022 TSMT messaging standards, there are five types of Data Set that can be submitted to a TMA for comparison to a Baseline:

- commercial (based on data extracted from a commercial invoice)
- transport
- insurance
- certificate
- other certificate

It is possible to submit a Data Set for comparison to more than one Baseline. For example, a single invoice may need to be matched to multiple purchase orders.

3.5 TMA MINIMUM FIELDS

3.5.1 Baseline

The minimum fields required to establish a Baseline are:

- Transaction reference
- Purchase order reference
- Buyer name and country
- Buyer's Bank identifier code (BIC8)
- Seller's name and country
- Seller's Bank identifier code (BIC8)
- Goods: quantity and amount per line item
- Payment terms
- Commercial Data Set submitting bank identifier code (Seller's Bank or Submitting Bank)
- BPO (optional)
    - Obligor Bank
    - Recipient Bank
    - amount
    - expiry date
- Contact person (either Buyer's Bank or Seller's Bank)

3.5.2 Commercial Data Set

- Transaction reference
- Commercial Data Set Identifier
- Invoice number and issue date
- Purchase order reference
- Buyer name and country
- Buyer's Bank identifier code (BIC8)
- Seller's name and country
- Seller's Bank identifier code (BIC8)
- Payment terms
- Goods: quantity and amount per line item
- Settlement terms: Identification of Creditor Account

3.5.3 Transport Data Set

- Transport Data Set Identifier
- Consignor: name and country
- Transport document reference and date of issue
- Proposed or Actual Shipment Date
- Transport: at least one Port of Origin and one Destination
- Purchase order reference

3.5.4 Insurance Data Set

- Insurance Data Set Identifier
- Issuer of insurance policy: name and country
- Issue date
- Insurance document reference
- Insured amount
- Assured party: bank identifier code (BIC8) or name and address
- Where claims payable

3.5.5 Certificate Data Set

- Certificate Data Set Identifier
- Certificate identification
- Certificate type
- Certified characteristics
- Issuer of certificate: name and country
- Issue date

3.5.6 Other (Certificate) Data Set

- Certificate Data Set Identifier
- Certificate identification
- Certificate type
- Issuer of certificate: name and country
- Issue date

3.6 TMA ESTABLISHMENT OF A BPO

A BPO is an optional part of a Baseline (see Figure 10). It contains very few data elements:

- The Obligor Bank: the bank that has to pay under the obligation.
- The Recipient Bank: the bank that will be paid under the obligation.
- The amount: the maximum amount that will be paid under the obligation.
- The percentage: the maximum amount that will be paid under the obligation, expressed as a percentage of the Established Baseline.
- The charges: the amount of charges to be deducted by the Obligor Bank.
- The charges percentage: the amount of charges to be deducted by the Obligor Bank, expressed as a percentage of the amount paid by the Obligor Bank.
- Expiry date: the latest available date of the BPO.
- Applicable law: country of the law governing the BPO.
- Payment terms (payment code, percentage and amount): details of payment processes required to transfer value, including amount before deduction of charges etc.
- Settlement terms: instructions stipulating the transfer of value.

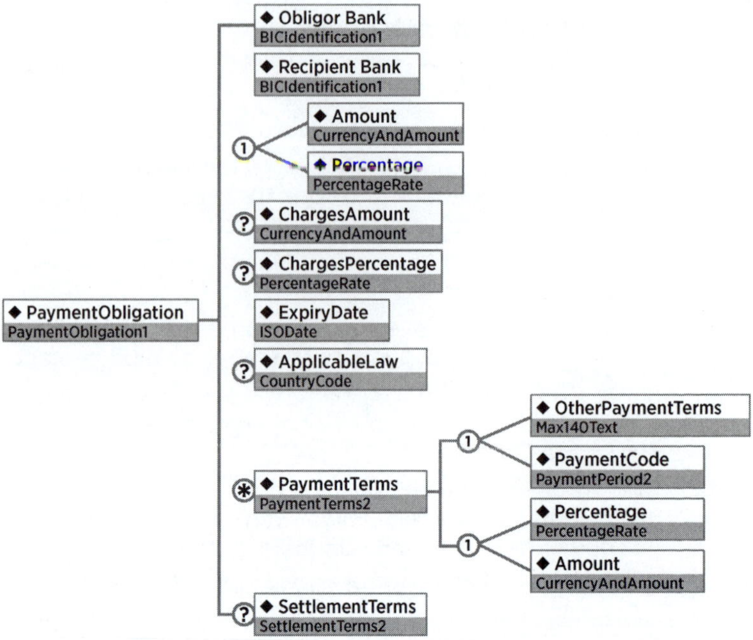

Figure 10: A BPO is an optional part of a TMA Baseline. Source: SWIFT

The "other payment terms" field has space for 140 characters of free text that are capable of being matched character-by-character by a TMA. It is interesting to note that this field creates a potential opportunity for banks to qualify their obligations, provided the text used in each Baseline Submission matches precisely so as to reflect a common understanding of the exact same payment conditions. For example, a Buyer's Bank acting as an Obligor Bank could propose wording to the effect that "this BPO is payable if the buyer does not pay the seller". Alternatively, an Obligor Bank other than a Buyer's Bank may qualify its obligation by adding the words "this BPO is payable if the Buyer's Bank does not pay the Seller's Bank". Such qualifications in payment conditions may permit banks to take advantage of an added degree of flexibility when entering into an undertaking of this nature.

By repeating the payment code and percentage fields it is also possible for an Obligor Bank to indicate how it may intend to effect payment at set intervals, e.g. 25% at the end of January and 75% at the end of March.

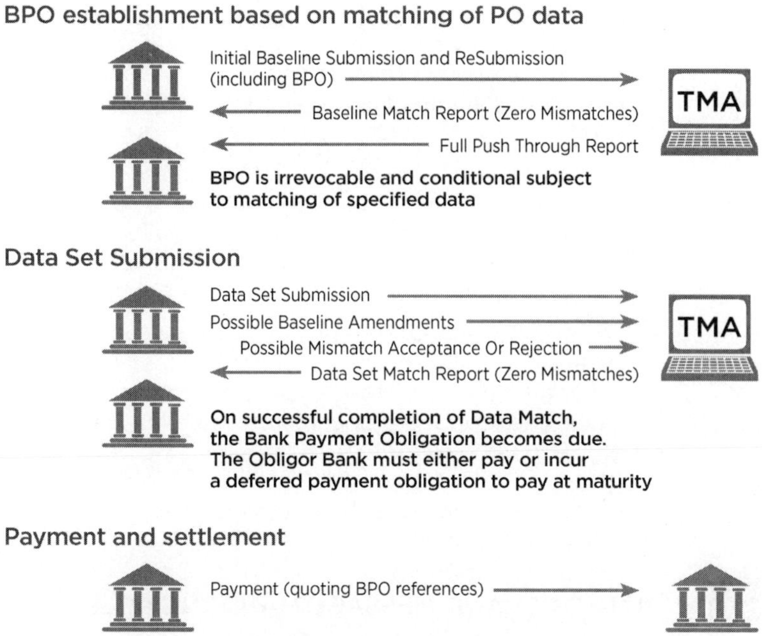

Figure 11: The BPO transaction lifecycle.

It should be noted that the TMA does not create a BPO. The TMA notifies an Involved Bank of the BPO's existence, reflecting the agreement of an Involved Bank to participate in a transaction that includes a BPO.

Involved Banks are notified of the Data Match conditions that must be met in order for the BPO to become a legally enforceable, irrevocable obligation when the TMA generates a Baseline Match Report with Zero Mismatches (see Figure 11).

The TMA subsequently permits the Submission of Data Sets by an Involved Bank. The Submission of Data Sets is automatically compared to an agreed set of requirements, referred to in the URBPO as an Established Baseline.

Settlement of the BPO eventually takes place outside the TMA. For reconciliation purposes, it is recommended to make use of a structured narrative field including the unique TMA transaction identifier and related invoice number reference when effecting payment. Such narrative would normally be applied in field 70 of a SWIFT MT 103 or field 72 of a SWIFT MT 202.

The messages and data exchanged via the TMA do not represent or establish a contract. The TMA does not make any business decisions. Therefore, any obligations entered into between Involved Banks, their corporate customers and other third parties, and any disputes arising from such obligations, are beyond the scope of the TMA.

Data exchanged via a TMA will not replace or be used in substitution of physical documents. There is no mandatory dematerialisation. In the vast majority of cases, physical documentation will continue to exist. As noted in Chapter 4, this represents a key difference between the URBPO and the eUCP.

Whereas the eUCP acts as a supplement to the UCP, providing a framework for the electronic presentation of the equivalent of paper documents and rules that enable the UCP and the eUCP to work together, the URBPO provides a similar framework for the electronic presentation of data that has been extracted from the underlying documents.

3.7 TMA DATA AND MESSAGE MATCHING RULES

In addition to the ICC rules (URBPO) and ISO messaging standards (ISO 20022 TSMT), which exist in the public domain, there will most likely be a variety of rules that are proprietary to each TMA.

These will include the rules of the message matching scheme as reflected in the terms and conditions of membership, plus a set of matching rules to determine how the data submitted will be matched (see Figure 12).

For example, a set of message matching rules may be used to place restrictions and rules on message elements that cannot be expressed in the message structure or schema.

General matching rules may be used to describe rules that are valid for an entire message. The validation of such restrictions and rules will generally form part of the functionality of the TMA.

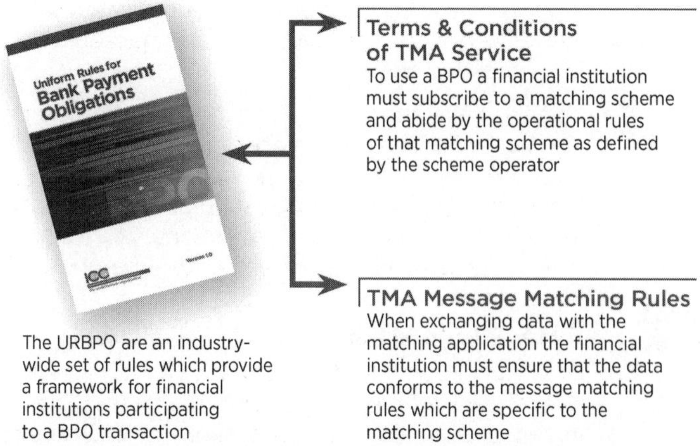

Figure 12: In addition to the URBPO, users must consider the terms and conditions of the TMA and any specific matching rules that may be proprietary to that TMA.

Restrictions and rules applied to individual messages can be represented in various ways. For example, it is common practice to specify whether information in a message is mandatory or optional or whether the information has to be submitted in the form of a code rather than as text.

It is normal for some data elements to be designated as "core", i.e. those elements that must always be present and must always be matched.

At the same time, it can be advantageous to limit the number of mandatory elements so as to provide the user with a certain amount of flexibility in relation to the complexity of the matching process.

Matching rules are used to describe whether or not a message element must match (a) with the exact same message element of another message or (b) with the exact same or different message element of another message. The matching rules will also determine how a match will be made, i.e. "strictly" or "loosely".

"Matching strictly" means that the content of one field has to be exactly the same as the content of the corresponding field to which it is being matched, i.e. the elements to be matched are compared character by character and only when both values are identical will it be considered a match. Most data elements will be matched strictly.

"Matching loosely" means that upper and lower cases, spaces and punctuation will not be considered when matching the content of the data elements. All characters except alphabetical and numerical characters are regarded as punctuation.

In each case, the TMA will normally perform a certain amount of processing in advance of matching, for example to remove leading and trailing spaces or to convert selected elements, such as time and date, to their XML canonical representations. This minimises the risk of "false positives" arising in the matching process.

3.8 TMA PRE-MATCH

In some circumstances, a Seller's Bank may wish to present a Data Set for matching but avoid making the results visible to the Buyer's Bank, for example to keep open the possibility of adding a BPO at a later date. A BPO cannot subsequently be created if the data specified in the Baseline has already been matched and reported back to all Involved Banks.

This objective is achieved by submitting the Data Set as a "pre-match". In this case, the TMA will send the Data Match Report back to the Seller's Bank only. The status of the transaction remains unchanged and a Baseline Amendment Request to add a BPO remains a possibility.

3.9 TMA BASELINE AMENDMENTS

In accordance with the URBPO, only a Buyer's Bank or a Seller's Bank/Recipient Bank may request an amendment or accept a request to amend an Established Baseline. Any proposal to amend must be accepted in its entirety or rejected. It is not possible to partially accept a Baseline Amendment Request.

If a Baseline involving a Submitting Bank is subject to a Baseline Amendment Request, the TMA will inform the Submitting Bank by sending a Full Push Through Report and a Delta Report listing any differences between the Established Baseline and the newly proposed Baseline. The Submitting Bank is not required to accept or reject the amendment but, if applicable, must confirm its role by submitting a Role and Baseline Acceptance message to the TMA.

If a Baseline involving an Obligor Bank that is not the Buyer's Bank is amended, the TMA will similarly inform the Obligor Bank by sending a Full Push Through Report and Delta Report.

In this case, the Obligor Bank must respond with either a Role and Baseline Acceptance message or a Role and Baseline Rejection message.

A Role and Baseline Acceptance message confirms the Obligor Bank's explicit acceptance of the amendment and its continued acceptance of its role in light of the amended Established Baseline.

If the Obligor Bank submits a Role and Baseline Rejection message, the Baseline will remain unchanged and the Obligor Bank's responsibilities will also remain unchanged in the context of the previously agreed Baseline. In this case, the Buyer's Bank and Seller's Bank must either continue to work under the Established Baseline, consider an alternative form of amendment (e.g. to replace the Obligor Bank) or agree to close the transaction.

3.10 TMA MISMATCH ACCEPTANCE AND REJECTION

If a Data Set contains a Data Mismatch, the TMA will advise all of the Involved Banks by sending a Data Set Match Report highlighting any areas of inconsistency. A Buyer's Bank can accept a Data Mismatch by sending a Mismatch Acceptance message to the TMA.

If the Buyer's Bank is the only Obligor Bank, the TMA will recalculate the Baseline to accommodate the required changes. In this case, the transaction state will change to "complete". If the Buyer's Bank wishes to reject a Data Mismatch, it will send a Mismatch Rejection message to the TMA. In this case, the TMA will dispose of/ignore the mismatched Data Sets and the Baseline will remain unchanged with a status of "active". Mismatches are always accepted in full or rejected. It is not possible to accept some mismatches and reject others.

If the Buyer's Bank accepts a Data Mismatch but there is a Submitting Bank and/or an Obligor Bank other than the Buyer's Bank, the TMA will send a Mismatch Acceptance Notification message to each Involved Bank. If the Submitting Bank or the Obligor Bank agrees with the Mismatch Acceptance, it will submit a Role and Baseline Acceptance message to the TMA to confirm such agreement and its continued role in light of the Data Mismatch.

If the Submitting Bank or the Obligor Bank disagrees, it can respond with a Role and Baseline Rejection message. In this case, the Data Set Submission will be discarded by the TMA and the mismatches will be rejected. The Baseline will remain active pending further submissions, such as another Data Set, a Baseline Amendment or a Status Change Request.

3.11 TMA SINGLE SHIPMENTS AND PARTIAL SHIPMENTS

An Established Baseline will state whether or not partial shipments are allowed.

A TMA will normally store Data Sets received until such time as all Data Sets are present before carrying out a comparison to the Established Baseline.

If a Data Match Report is required in advance of the Submission of all Data Sets, it may be possible for the Seller's Bank or a Submitting Bank to flag its Data Set Submission in such a way as to force the TMA to perform a match and generate a report.

Shipment schedules are optional blocks of data in a TMA Baseline. They may be captured at line item level or at goods level. The line item may include an earliest and latest shipment date. Alternatively, it may list the dates for several individual shipments to be made. A TMA will not permit shipment schedules to overlap within a line item, so each line item must specify a discreet and distinct time window for shipment.

3.12 TMA MULTIPLE OBLIGOR BANKS

A BPO always relates to a single TMA transaction. A single TMA transaction may contain multiple BPOs. Each BPO is the obligation of one Obligor Bank.

If a single TMA transaction contains multiple BPOs, no joint and several obligations are created between the involved Obligor Banks.

If multiple Obligor Banks are involved in a single TMA transaction, the amount due by each Obligor Bank is proportional to its share of the total of all BPO amounts.

For example, the combined amounts of the BPOs of two Obligor Banks may be less than the total value of the transaction as reflected in the Established Baseline. Table N provides an illustration of how the amounts due from each Obligor Bank would be calculated in the event of multiple shipments.

In this example, the Baseline has been established with a value of 100. Bank A has issued a BPO with a value of 30 and Bank B has issued a BPO with a value of 60.

Amounts	Amount owed to the Recipient Bank by Bank A	Amount owed to the Recipient Bank by Bank B
1st shipment = 27	27 x (30 / 100) = 8.1	27 x (60 / 100) = 16.2
2nd shipment = 21	21 x (30 / 100) = 6.3	21 x (60 / 100) = 12.6
Final shipment = 52	52 x (30 / 100) = 15.6	52 x (60 / 100) = 31.2
Total = 100	Total = 30	Total = 60

Table N: Illustration of a multi-bank BPO.

In the course of the three combined shipments, the full amount of 100 has been shipped (27 + 21 + 52 = 100). At the same time, each Obligor Bank has fulfilled its obligations (Bank A: 8.1 + 6.3 + 15.6 = 30; Bank B: 16.2 + 12.6 + 31.2 = 60).

If there are Obligor Banks other than the Buyer's Bank and a Data Mismatch has been found, the Buyer's Bank must first accept the mismatch.

Secondly, all Obligor Banks must confirm their acceptance of a Data Mismatch by submitting a Role and Baseline Acceptance to the TMA.

The TMA will then issue a Role and Baseline Acceptance Notification to all Involved Banks, indicating that all Obligor Banks have affirmed their continued roles. In the case of a Baseline Amendment Request where there are Obligor Banks other than the Buyer's Bank, the TMA must send a Role and Baseline Acceptance Notification to all Involved Banks, notifying them that each Obligor Bank has affirmed its continued role in light of the amended Established Baseline.

Having multiple BPOs for a single transaction creates a wider opportunity for trade asset distribution, for example in a lead bank model (see Figure 13).

In the current economic climate, there is evidence of an increasing demand for this kind of risk distribution structure.

In a BPO "club", the buyer could, for example, instruct one bank (the Buyer's Bank) to assume the role of lead Obligor Bank and propose to invite other Obligor Banks to assume a share of the risk on a pro rata basis. Of course, the Seller's Bank must also accept each of those other banks as an Obligor Bank before those banks can be invited to assume an active role in the transaction.

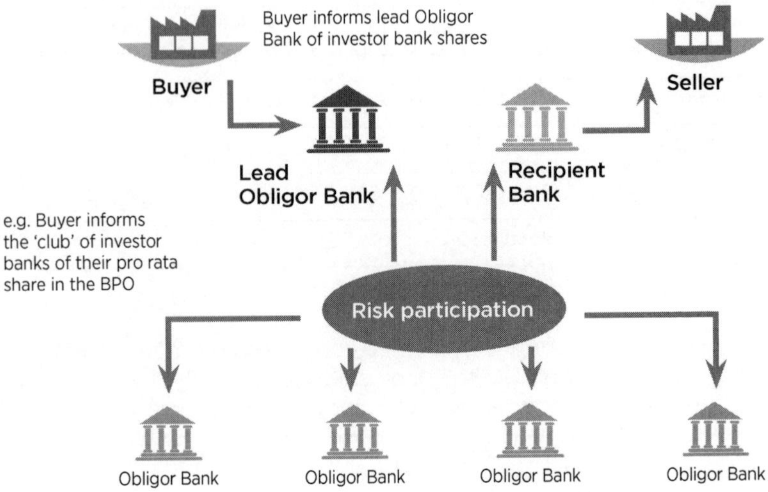

Figure 13: Multiple BPOs create an opportunity for trade asset distribution.

There are a number of ways of facilitating risk participation. It can also be arranged on the initiative of the Seller's Bank/Recipient Bank.

3.13 TMA SPECIAL MESSAGES

A Special Request message may contain one of the following codes:

- CSDS: Cannot Submit Data Set
- MWFT: Must Withdraw From Transaction

A Special Request message containing the code CSDS may be sent by a Submitting Bank to notify other Involved Banks of its inability to submit the required data in accordance with the agreed terms of the Established Baseline.

A Special Request message containing the code MWFT may be sent by an Involved Bank to notify other Involved Banks of a circumstance of force majeure.

In each case, the TMA will notify the other Involved Banks by sending a Special Notification message. The status of the transaction remains unchanged pending the further instructions of the other Involved Banks, for example to amend the Baseline.

3.14 TMA REPORTING

All TMAs will have their own procedures in place regarding the generation of reports. Some reports may be generated automatically upon the occurrence of an event, for example a Data Set Match Report after a comparison of data with an Established Baseline. Other reports may only be generated on request, for example an Activity Report covering all transactions on which some form of activity has taken place within a specified period of time and in which the bank requesting such report is involved.

3.15 TMA DATA STORAGE

A TMA must maintain a complete audit trail of all messages sent and received. Messages exchanged via a TMA may be considered admissible as evidence as required in case of dispute. However, the TMA itself does not act as a system of record in the context of regulatory compliance.

3.16 TMA TIMERS AND TIME VIOLATIONS

A TMA will have its own rules with regard to timers and time-outs. The functionality of a TMA should include the ability to generate warning messages and reminders automatically if an action is required or a response is overdue.

Chapter 4

The Uniform Rules for Bank Payment Obligations

The scope of the Uniform Rules for Bank Payment Obligations (URBPO) relates solely to the interactions that must take place between Involved Banks and the TMA. Use of the URBPO and ISO 20022 standards is only mandated between banks. There will normally be an agreed collaboration between a buyer and a seller in the selection of the BPO as the selected term of payment.

There is competition between banks in terms of the level of service they can offer to the corporate in respect of risk mitigation, financing, payment assurance, process efficiency, price and so forth. In this competitive space, there are no rules or mandatory standards. Banks and corporates are free to negotiate their own terms by way of bilateral forms of agreement.

There is collaboration between banks in terms of the establishment of a BPO subject to the matching of specified data elements through a shared TMA. In this collaborative space, the adoption of URBPO and ISO 20022 TSMT messaging standards is mandatory.

One of the advantages of putting in place a globally recognised and accepted set of industry standard rules is that Involved Banks can reduce if not avoid altogether the need to negotiate supplementary bilateral agreements between themselves, other than on an exceptional basis.

4.1 KEY POINTS

- The BPO is an alternative instrument for trade settlement. It is designed to complement existing solutions and *not* to replace them.
- Similar to a letter of credit under the UCP, a collection under the URC and a guarantee under the URDG, the actual settlement of a BPO is *outside* the scope of the URBPO.

- The URBPO exist in the *bank-to-bank* space. The rules do not cover the interaction between a bank and its corporate client.
- The interaction between banks is seen to be within a *collaborative* space, where the banks use a common TMA to achieve a Data Match, and for this purpose the rules offer clear guidelines. The bank to corporate relationship is seen to be within a *competitive* space, where the banks are able to differentiate themselves by way of the products and services that they offer based on the strength of a BPO having been issued.

4.2 KEY DIFFERENCES BETWEEN THE URBPO AND THE UCP/EUCP

Over the years, the International Chamber of Commerce (ICC) has established itself as an essential part of the global economy. In this pivotal role, it forges international rules, mechanisms and standards that are used every day throughout the vastly complex world of international trade and business.

The ICC Uniform Customs and Practice for Documentary Credits (commonly known as "UCP") is now in its sixth revision since first being promulgated in 1933. It remains the most successful set of private rules for trade ever developed and is now supplemented by the eUCP to cover the possibility of documents under a letter of credit being presented electronically.

Table P is designed to capture some of the key differences between the UCP/eUCP and the URBPO. Whereas the UCP relates to documentary trade and the routing of physical documents through the banking system, the URBPO is designed to support "bank-assisted open account" trade where physical documents will continue to exist but are sent directly from the seller to the buyer.

Instead of examining physical documents, the banks will rely upon Data Match Reports generated by a common TMA.

In comparison to the UCP, the URBPO is a relatively short and simple set of rules. The concise nature of the URBPO reflects the relative simplicity of the rules required to govern the electronic processing of data in an automated environment compared to the complexity of manually processing significant volumes of paper documents.

The important thing to bear in mind is that the URBPO is

an independent set of rules whereas the eUCP is to be read as a supplement to the UCP. As such, the eUCP applies to letter of credit transactions in which the documents themselves have been dematerialised, including the optional possibility of document scanning and imaging. There are no mandatory standards for the exchange of data under eUCP. Hence, the data will not necessarily be available in a format suited to electronic matching.

On the other hand, data presented under the URBPO is not designed to replace physical documents but simply to allow the data elements extracted from those documents to be structured in such a way as to support electronic matching according to an agreed set of industry standards (ISO 20022 TSMT).

This allows the documents to be sent directly to the buyer by the seller rather than through the banking system, so that any banking service that is provided on the strength of the data matched in a TMA and made subject to the URBPO will therefore qualify as "bank-assisted open account".

Rules	UCP	eUCP	URBPO
Coverage	Letters of credit	Letters of credit	Bank-assisted open account
Length	50 pages	10 pages	10 pages
Scope	Deals with documents not goods	Deals with data not goods	Deals with data not goods
Issuance	L/C will normally be established at the outset of a transaction		A BPO may be added at any time through a Baseline Amendment
Obligations	Bank to corporate	Supplements UCP	Bank to bank
Discrepancies	Release of documents may be withheld by the Issuing Bank pending receipt of waiver from the applicant		Mismatches may be accepted without delay through Mismatch Acceptance and Role and Baseline Acceptance
Confirmation	L/C may be confirmed or unconfirmed		"Confirmation" of a BPO will normally be by way of a separate agreement between Seller's Bank and seller
Documents	Paper documents only	Possible dematerialisation of paper documents, including scanned images	Data elements are extracted from paper documents
Standards	Paper	None	Mandatory ISO 20022 TSMT
Platform	Paper	Technology neutral (file transfer)	Technology neutral (TMA)

Table P: The key differences between the UCP, eUCP and URBPO.

ARTICLE 1

Scope

a. The ICC Uniform Rules for Bank Payment Obligations (URBPO) provide a framework for a Bank Payment Obligation (BPO). A BPO relates to an underlying trade transaction between a buyer and seller with respect to which Involved Banks have agreed to participate in an Established Baseline through the use of the same Transaction Matching Application (TMA).

b. The URBPO do not provide the basis for determining whether a Data Match or Data Mismatch has occurred. This is determined by the functionality of the applicable TMA and the terms and conditions applying to that TMA as subscribed to by each Involved Bank.

Summary notes

- The URBPO provide a "framework" in much the same way as the UCP 600 provides a framework for documentary letters of credit.
- However, the scope is limited to bank-to-bank undertakings in support of collaboration between participating financial institutions, leaving banks to compete in terms of their corporate service agreements.
- References made to the "Transaction Matching Application" (TMA) are technology neutral.
- Each bank must participate/subscribe to the same TMA.

Comments

Although it is not common to other ICC rules, the Drafting Group considered, by way of exception, that the URBPO should contain a statement of scope. This approach is justified on the basis that the rules cover a completely new financing tool. The reference that is made to the relationship of the data to an underlying trade transaction is considered necessary in the current banking and regulatory environment and, in particular, to address know-your-customer (KYC) principles. The inclusion of the term "underlying trade transaction" does not infer any relationship with the underlying contract, nor should it be seen as creating a conflict with URBPO articles 6 and 7.

It is important to remember that the scope of the URBPO is limited to the exchange of data between Involved Banks and the TMA in what is popularly known as the "bank-to-bank space". This is consistent with the scope agreed in the memorandum of understanding signed between the ICC and SWIFT in September 2011 and the terms of reference provided to the URBPO Drafting Group. This definition represents a material difference between a BPO and a Documentary Credit. The beneficiary or recipient of a BPO will always be the Seller's Bank, which is entitled to receive payment on behalf of the seller.

Under Version 1.0 of the URBPO, the seller can never be the direct beneficiary or recipient of a BPO. Therefore, the exact terms under which the Seller's Bank will ultimately pass value to the seller will be captured in the Service Agreement that must exist between these two parties.

Given this prescribed limitation in scope, the URBPO are consciously designed to support collaboration between Involved Banks through the exchange of an agreed set of structured data via a common TMA to which all of the Involved Banks must subscribe.

Beyond this collaborative exchange of data through a common platform, it is for each bank, in what may be described as the "competitive" space, to offer its clients financing or other products and services based on the strength of a BPO which that bank has either issued or received.

A bank's services should also define the manner in which data is to be received and delivered, as well as the output of such data in the form of reports and spreadsheets, including those relating to the status of individual transactions.

In a future revision of the rules, it remains possible that the URBPO could be changed in order to allow a party other than the Seller's Bank (e.g. another bank or eventually the seller itself) to become the recipient/ beneficiary of the BPO. This would, however, require consistent changes to be made not only in the ISO 20022 messaging standards but also in the workflow and design of a TMA and any related restrictions in the governance of the TMA scheme as defined by the operator of that scheme.

ARTICLE 2

Application

a. The URBPO are rules that apply to a BPO when the Payment Obligation Segment within an Established Baseline expressly states that it is subject to these rules or when each Involved Bank agrees in a separate agreement that a BPO is subject to these rules. They are binding on each Involved Bank unless expressly modified or excluded by the Established Baseline or by the separate agreement.

b. (i) If an Established Baseline or separate agreement does not indicate the applicable version of URBPO, the BPO will be subject to the latest version in effect when the Baseline is established in accordance with sub-article 9(d).

(ii) This is URBPO Version 1.0.

c. (i) The URBPO require use of the appropriate ISO 20022 Trade Services Management (TSMT) messages registered with the International Standards Organisation (ISO). Use of any other message type means that the transaction is out of scope of these rules.

(ii) Only those TSMT messages that are applicable to a BPO are referred to in these rules.

Summary notes

- The issuer of the BPO is the Obligor Bank, which may or may not be the Buyer's Bank.
- The beneficiary of a BPO is the Recipient Bank which is always the Seller's Bank.
- A Baseline can be established with/without a BPO.
- If the Baseline is first established without a BPO, the BPO may be added later through a Baseline Amendment.
- The use of ISO 20022 TSMT messages is mandatory.
- Currently, there is no field designated in the ISO 20022 TSMT messages to declare the applicability of the URBPO.
- An enhancement to these messaging standards will need to be made in due course.

- In the meantime, banks will need to agree between themselves that the URBPO will be applied, modified or excluded.
- As in the case of the eUCP, version numbering has been applied in recognition of the fact that electronic solutions will evolve and develop more quickly than traditional paper-based solutions.

Comments

The BPO is not a message. Details of a BPO are to be found only in the Payment Obligation Segment that forms part of an Established Baseline.

As noted above, the beneficiary of a BPO is a bank, known as the Recipient Bank, which under current rules will always be the Seller's Bank. A BPO may be added to an Established Baseline at any time with the mutual agreement of an Obligor Bank and a Recipient Bank.

This is another potential differentiator between a BPO and a Documentary Credit. While there is nothing in UCP 600 to preclude the possibility of a Documentary Credit being issued at any time during the lifecycle of a transaction, in practice the letter of credit is invariably established at the outset as a means of mitigating risk and remains extant for the duration of that transaction.

With the streamlined processing of electronic data rather than the manual processing of physical documents, it is a more practical possibility to defer the issuance of a BPO until such time as it may be required, either to mitigate the risk of non-payment or to be used as collateral for working capital finance. Delaying the issuance of a BPO reduces the demand on buyer credit lines and therefore brings advantages in terms of reduced cost of capital.

The wording of sub-article 2(a) introduces the option that applicability of the URBPO can either be indicated within the ISO 20022 TSMT messages themselves or by separate agreement between Involved Banks. As at the time of writing, there is no field that currently exists within the ISO 20022 TSMT messages to declare applicability of the URBPO. An enhancement to address this gap has been requested. Therefore, those banks wishing to rely upon the URBPO will need to enter into a bilateral agreement to that effect until such time as the ISO 20022 TSMT messaging standards have been changed.

As per sub-article 2(c)(ii), only the appropriately registered ISO 20022 TSMT message types are to be used under the URBPO. Use of any other message type will invalidate the transaction for use under the URBPO.

Similar to other ICC rules such as the UCP and the URDG, the URBPO may be modified or excluded by agreement of all the Involved Banks.

As electronic solutions are expected to evolve and develop more quickly than paper-driven initiatives, the URBPO have been given a version number. This is similar to the concept first introduced in the eUCP (now on Version 1.1).

It is felt that this approach will, for example, allow a revision to be based solely on changes to one or two articles, in order to reflect any significant changes in market practice or industry standards.

ARTICLE 3

General Definitions

FOR THE PURPOSE OF THESE RULES:

"Bank Payment Obligation" or "BPO" means an irrevocable and independent undertaking of an Obligor Bank to pay or incur a deferred payment obligation and pay at maturity a specified amount to a Recipient Bank following Submission of all Data Sets required by an Established Baseline resulting in a Data Match or an acceptance of a Data Mismatch pursuant to sub-article 10(c).

"Banking Day" means a day on which an Involved Bank is regularly open at the place at which an act subject to these rules is to be performed by such Involved Bank.

"Baseline" means data in respect of an underlying trade transaction submitted to a Transaction Matching Application by a Buyer's Bank or a Seller's Bank.

"Buyer's Bank" means the bank of the buyer. The Buyer's Bank may also be an Obligor Bank.

"Data Match" means a comparison of all required Data Sets with an Established Baseline resulting in Zero Mismatches as specified in a Data Set Match Report.

"Data Mismatch" means a comparison of all required Data Sets with an Established Baseline resulting in one or more mismatches as specified in a Data Set Match Report.

"Data Set" means any of the categories (for example,

'commercial', 'transport', 'insurance', 'certificate' or 'other certificate') included in a Data Set Submission sent to a Transaction Matching Application by an Involved Bank for comparison with an Established Baseline.

"Established Baseline" means a Baseline from the time when a Transaction Matching Application sends a Baseline Match Report containing Zero Mismatches and with the status 'established'.

"Involved Bank" means a Seller's Bank or Recipient Bank (depending upon its role at any given time), a Buyer's Bank, an Obligor Bank or a Submitting Bank.

"Obligor Bank" means the bank that issues a BPO.

"Payment Obligation Segment" means the part of a Baseline designated as 'payment obligation' that incorporates the terms of the BPO including the terms on which payment is to be made.

"Recipient Bank" means the bank that is the beneficiary of a BPO. The Recipient Bank is always the Seller's Bank.

"Seller's Bank" means the bank of the seller. The Seller's Bank will be indicated as the Recipient Bank in the Payment Obligation Segment of an Established Baseline.

"Submission" means (i) the act of a Buyer's Bank or Seller's Bank presenting data by submitting a Baseline to a Transaction Matching Application, or the Baseline so submitted, as the context requires, or (ii) the act of an Involved Bank presenting data to an Obligor Bank by means of submitting one or more Data Sets to a Transaction Matching Application, or the Data Sets so submitted, as the context requires.

"Submitting Bank" means an Involved Bank whose only role is to submit one or more Data Sets required by an Established Baseline.

"Trade Services Management (TSMT) messages" or "TSMT messages" means ISO 20022 message types as published under the trade services management business area by the International Standards Organisation (ISO).

"Transaction Matching Application" or "TMA" means any centralised data matching and workflow application, whether or not proprietary to an Involved Bank, which provides the service of processing TSMT messages received from Involved Banks, the automatic comparison of the data contained in such messages, and the subsequent sending of all related TSMT messages to each Involved Bank.

"Universal Time Coordinated" or "UTC" means the international time scale defined by the International Telecommunications Union used by electronic computing and data management equipment, and the technical equivalent of GMT, Greenwich Mean Time, and is the applicable time scale for a BPO.

"Zero Mismatches" means that the data represented in one Baseline match the data represented in a corresponding Baseline or, as the context may indicate, that all required Data Sets match the data required by an Established Baseline.

Summary notes

- Definitions have been differentiated from those in traditional use, such as issuing bank, confirming bank and so forth.

Comments

Similar to all recent revisions of ICC rules, the URBPO includes a list of defined terms for the roles of the various banks and other key terms used within the scope of the rules. In order to differentiate the URBPO from other ICC rules, terminology that is often associated with existing rules, such as issuing bank, advising bank, confirming bank and so forth, has not been used. Instead, a new terminology has been introduced. For example, the Obligor Bank in place of the issuing bank.

The TMA is the platform chosen by the respective banks for the matching of data. This could in theory be the SWIFT Trade Services Utility platform or any other proprietary solution that is capable of processing the prescribed ISO 20022 TSMT messages in accordance with the required workflow.

For the sake of clarity, it should be noted that the term "Bank Payment Obligation" is not subject to any restrictions in terms of intellectual property rights, and it is not mandated that the SWIFT Trade Services Utility should be the only platform selected for the processing of BPO-related transactions.

One of the less familiar terms in the URBPO is "Universal Time Coordinated" or "UTC". UTC is the recognised network time protocol designed to synchronise with the highest degree of accuracy possible the clocks and time of computers all over the world. As such it may be regarded as a modern-day scientific equivalent of Greenwich Mean Time (GMT) and the natural choice of time scale to apply to BPOs.

With regard to the definition of "Data Set", the reference to "commercial, transport, insurance, certificate or other certificate" is consistent with the messaging protocols that exist within the ISO 20022 TSMT standards.

One interesting aspect that has been challenged and may well be revisited at a later date and in a subsequent version of the URBPO is the insistence that the Recipient Bank must always be the Seller's Bank.

This definition precludes the possibility of any assignment of proceeds within the exchange of ISO 20022 messages through a TMA. Therefore, as things stand today, such assignment would need to be arranged separately.

From a technical point of view, there is no reason why the system, and therefore the rules, could not be changed so that the situation that prevails on the buyer side (i.e. that it is possible to have an Obligor Bank that is not the Buyer's Bank) can be replicated on the seller side (i.e. to allow for the possibility that the Recipient Bank may eventually be a bank other than the Seller's Bank).

Some observers have suggested that an Obligor Bank should not allow any bank other than the Recipient Bank to submit a Data Set for comparison to an Established Baseline. This reflects some concerns regarding the responsibility of a Submitting Bank and its potential failure to input the required data correctly and on time.

The current version of the URBPO does recognise the independent role of a third-party Submitting Bank (often a branch of the Seller's Bank but located in another country) as a bank whose only role is to submit data as required in an Established Baseline.

This allows an Involved Bank the discretion to decide for itself whether this is acceptable or not in the context of any given transaction.

ARTICLE 4

Message Definitions

"Amendment Acceptance" means a TSMT message sent to a TMA by a Buyer's Bank, a Seller's Bank or a Recipient Bank (as applicable) accepting a Baseline Amendment Request.

"Amendment Acceptance Notification" means a TSMT message sent by a TMA to a Buyer's Bank, a Seller's Bank or a Recipient Bank (as applicable) notifying it of the acceptance of a Baseline Amendment Request.

"Amendment Rejection" means a TSMT message sent to a TMA by a Buyer's Bank, a Seller's Bank or a Recipient Bank (as applicable) rejecting a Baseline Amendment Request.

"Amendment Rejection Notification" means a TSMT message sent by a TMA to a Buyer's Bank, a Seller's Bank or a Recipient Bank (as applicable) notifying it of the rejection of a Baseline Amendment Request.

"Baseline Amendment Request" means a TSMT message sent to a TMA by a Buyer's Bank, a Seller's Bank or a Recipient Bank (as applicable) requesting an amendment to an Established Baseline.

"Baseline Match Report" means a TSMT message sent by a TMA to each Involved Bank (except an Obligor Bank other than a Buyer's Bank), after Submission of a Baseline, indicating an Established Baseline or that mismatches have been found between two Baselines.

"Data Set Match Report" means a TSMT message sent by a TMA to each Involved Bank after Submission of all Data Sets required by an Established Baseline and the automatic comparison of such Data Sets with that Established Baseline, advising it of either a Data Match or a Data Mismatch.

"Data Set Submission" means a TSMT message sent to a TMA by an Involved Bank that contains one or more categories of Data Set for data comparison.

"Full Push Through Report" means a TSMT message sent by a TMA to each Involved Bank advising of a proposed Baseline, an Established Baseline or a proposed amendment to an Established Baseline.

"Mismatch Acceptance" means a TSMT message sent to a TMA by a Buyer's Bank accepting a Data Mismatch.

"Mismatch Acceptance Notification" means a TSMT message sent by a TMA to each Involved Bank notifying it of the acceptance of a Data Mismatch by a Buyer's Bank.

"Mismatch Rejection" means a TSMT message sent to a TMA by a Buyer's Bank rejecting a Data Mismatch.

"Mismatch Rejection Notification" means a TSMT message sent by a TMA to each Involved Bank notifying it of the rejection of a Data Mismatch by a Buyer's Bank.

"Role and Baseline Acceptance" means a TSMT message sent to a TMA by a Submitting Bank, or an Obligor Bank other than the Buyer's Bank, accepting such bank's role as specified in the Baseline contained in a Full Push Through Report.

"Role and Baseline Acceptance Notification" means a TSMT message sent by a TMA informing each other Involved Bank that a Submitting Bank, or an Obligor Bank other than the Buyer's Bank, has sent a Role and Baseline Acceptance in response to a Full Push Through Report.

"Role and Baseline Rejection" means a TSMT message sent to a TMA by a Submitting Bank, or an Obligor Bank other than the Buyer's Bank, rejecting such bank's role as specified in the Baseline contained in a Full Push Through Report.

"Role and Baseline Rejection Notification" means a TSMT message sent by a TMA informing each Involved Bank that a Submitting Bank, or an Obligor Bank other than the Buyer's Bank, has sent a Role and Baseline Rejection in response to a Full Push Through Report.

"Special Notification" means a TSMT message sent by a TMA to an Involved Bank notifying it of a Special Request made by another Involved Bank.

"Special Request" means a TSMT message sent to a TMA by (i) a Submitting Bank advising a reason that prevents it from being able to submit a Data Set, or (ii) an Involved Bank withdrawing from its role in an Established Baseline due to force majeure (subject to article 13).

Summary notes

- All references to TSMT messages are to be interpreted as ISO 20022 Trade Services Management messages.
- Only those messages that are directly relevant to the BPO message flows have been defined in the URBPO.

Comments

All of the messages defined in the URBPO are part of the official list of ISO 20022 TSMT messages as published on the ISO website.

However, as shown in Chapter 2, this is just a subset of messages that is limited to those terms that appear in the body of the URBPO.

It is likely that other messages will need to be exchanged between an Involved Bank and a TMA in the course of completing a live transaction. However, those other messages have no direct bearing on the relevance or enforceability of the URBPO.

From time to time, the message definitions in use by ISO will need to be changed to reflect changes in market practice or industry standards. In this case, commensurate changes to the URBPO will need to be applied, as will any consequential effects arising from such changes.

It is the responsibility of the ICC to ensure that the URBPO remains at all times consistent with the design and definition of the ISO 20022 TSMT messaging standards.

ARTICLE 5

Interpretations

FOR THE PURPOSE OF THESE RULES:

Where applicable, words in the singular include the plural and in the plural include the singular.

Branches of an Involved Bank in different countries are considered separate banks.

Summary notes

- The rules have been written mainly in the singular as is common practice in ICC rules.

Comments

The URBPO have been written, in the main, in the singular. This rule follows a similar stance as taken in other ICC rules (e.g. UCP 600 article 3), whereby the singular can be taken to include the plural.

Within the design of a TMA it is likely that an Involved Bank will be identified by means of an individual branch bank identifier code, for example the SWIFT BIC8. Each individual BIC8 can be separately identifiable as an Involved Bank.

Such interpretation is also consistent with the established practice of other ICC rules (e.g. once again UCP 600 article 3).

ARTICLE 6

Bank Payment Obligations v. Contracts

a. A BPO is separate and independent from the sale or other contract on which the underlying trade transaction may be based. An Involved Bank is in no way concerned with or bound by such contract, even if any reference whatsoever to it is included in an Established Baseline. Consequently, the undertaking of an Obligor Bank is not subject to claims or defences by the buyer resulting from its relationship with an Involved Bank or the seller.

b. A Recipient Bank can in no case avail itself of the contractual relationship existing between the buyer and the Buyer's Bank or an Obligor Bank other than the Buyer's Bank.

Summary notes

- This rule indicates the separateness of the Bank Payment Obligation from the underlying contract.

Comments

This rule indicates the separate and independent nature of the BPO from the underlying sale contract and follows the wording and principles expressed in UCP 600 article 4 as adapted to suit the context of the URBPO.

ARTICLE 7

Data v. Documents, Goods, Services or Performance

An Involved Bank deals with data and not with documents, or the goods, services or performance to which the data or documents may relate.

Summary notes

- Data may be based on/extracted from the physical documents that will still exist in most cases.
- However, the Involved Bank will not have any responsibility towards those documents, goods, services or performance to which the data relates.

Comments

This rule emphasises the general principle that an Involved Bank has no responsibility towards the documents, goods, services or performance to which the data that it will input or receive relates.

It should be noted that the adoption of a BPO as the agreed payment terms to a transaction does not imply document substitution or replacement. It is anticipated that, in the vast majority of cases, physical documents will continue to be used and exchanged as part of the physical supply chain process.

In parallel with this physical exchange of documents, data will be extracted and submitted electronically through a TMA in order to determine whether or not the terms and conditions of a BPO have been satisfied. This is an aspect that distinguishes the URBPO from the eUCP.

Whereas the eUCP acts as a supplement to the UCP 600 in order to accommodate the electronic presentation of paper documents, the URBPO provides a framework for the electronic presentation and matching of data that has been extracted from paper documents that, for the most part, continue to exist.

ARTICLE 8

Expiry Date of a BPO

a. An Established Baseline must state an expiry date for the Submission of Data Sets.

b. All Data Sets required by an Established Baseline must be received by a TMA no later than 23:59:59 UTC on such expiry date.

c. A data comparison will only occur after the Submission of all Data Sets required by an Established Baseline. A TMA will then send a Data Set Match Report to each Involved Bank advising it of either a Data Match or Data Mismatch.

Summary notes

- The expiry date for a Bank Payment Obligation is the last date for submission of data and not for the completion of the matching process by a Transaction Matching Application.

Comments

Similar to UCP 600 article 6, an expiry date for a BPO is the last available date for submission of data and not for the completion of the matching process by a Transaction Matching Application.

The handling of data in an electronic environment removes the limitation of a bank only being able to act solely within its stated hours of business.

The use of UTC allows for the adoption of a consistent and standard timing protocol on a global basis.

ARTICLE 9

Role of an Involved Bank

a. When a TSMT message is received by an Involved Bank on a day that it is closed for reasons other than those referred to in article 13, the TSMT message will be deemed to have been received on the first following Banking Day.

b. When an Involved Bank is required to act upon a message sent by a TMA it must do so without delay.

c. An Involved Bank is required to ensure that any data submitted by it to a TMA accurately reflects the data it has received from a buyer or seller of goods, services or performance in connection with an underlying trade transaction.

d. A Baseline incorporating a BPO will only become an Established Baseline after each Involved Bank has accepted is role:

(i) **When the Buyer's Bank is the only Obligor Bank:** when a TMA sends a Baseline Match Report with Zero Mismatches confirming that the Baseline submitted by a Buyer's Bank matches the Baseline submitted by a Seller's Bank or Recipient Bank (as applicable); or

(ii) **When an Obligor Bank, other than the Buyer's Bank, is the only Obligor Bank:** when a TMA sends a Role and Baseline Acceptance Notification confirming that such Obligor Bank and, if applicable, a Submitting Bank, has accepted its role as specified in the Baseline Submission of both the Buyer's Bank and the Seller's Bank or Recipient Bank (as applicable). The sending of such a notification will follow a TMA sending a Baseline Match Report with Zero Mismatches; or

(iii) **When there is more than one Obligor Bank that may include the Buyer's Bank:** when a TMA sends a Role and Baseline Acceptance Notification confirming that each Obligor Bank and, if applicable, a Submitting Bank, has accepted its role as specified in the Baseline Submission of both the Buyer's Bank and the Seller's Bank or Recipient Bank (as applicable). The sending of such a notification will follow a TMA sending a Baseline Match Report with Zero Mismatches.

Summary notes

- A TMA will send periodic reminders in respect of outstanding actions.
- An Involved Bank has a responsibility to ensure that data is unchanged.

Comments

Sub-article 9(a) reflects the position that, if a bank is closed due to a weekend, national holiday or similar (but not due to a force majeure event as covered by article 13), TSMT messages will still be delivered. However, these messages are not considered as having been received until the next Banking Day.

Sub-article 9(b) requires that a bank receiving a message from a TMA on which it is required to act should do so **without delay**. The TMA should, as part of its standard service and within the prescribed workflow of its transaction processing (and not as a result of any reliance placed on the URBPO), send periodic chasers to the bank in question in order to prompt an appropriate action.

Use of the term "without delay", while lacking a clear definition, is consistent with the concept and meaning of such expression in other ICC rules, e.g. UCP 600 article 9. It should be noted that the wording of this article refers to the requirement to act upon the content of any message received and not necessarily the execution of a payment.

It may be argued that it would be preferable for sub-article 9(b) to mandate that an Involved Bank must act within a specific timeline, e.g. one Banking Day. However, the enforcement of such a rule would require there to be an enforceable penalty for not acting within the given time.

In practice, there is no penalty that can reasonably be inflicted so as to compel a bank to act at a given time. Therefore, the term "without delay" is the most effective wording possible in this context. It may be possible for individual buyers and sellers to agree terms with their service providers that would effectively compel them to act at a given time. This is a matter for individual negotiation.

Sub-article 9(c) reaffirms that an Involved Bank has a responsibility to ensure that any data submitted to a TMA is unchanged from that received from their corporate customer or other trusted source. This follows the concept in UCP 600 sub-articles 9(b) and (c) that the data should always reflect what has been received.

Sub-article 9(d) outlines the determination of when an Involved Bank has accepted its role. This will vary according to whether the Buyer's Bank is the one and only Obligor Bank, whether a bank other than the Buyer's Bank is the one and only Obligor Bank or whether there are multiple Obligor Banks.

ARTICLE 10

Undertaking of an Obligor Bank

a. An Obligor Bank is irrevocably bound in accordance with a BPO:

   (i) **when a BPO is incorporated in an Established Baseline at the time of its establishment:** as of the time a TMA has sent either a Baseline Match Report with Zero Mismatches or a Role and Baseline Acceptance Notification with the status 'established' to each Involved Bank pursuant to sub-article 9(d); or

   (ii) **when a BPO is incorporated by an amendment to an Established Baseline:** as of the time a TMA has sent either an Amendment Acceptance Notification or a Role and Baseline Acceptance Notification to each Involved Bank pursuant to sub-article 11(c).

b. A BPO always relates to a single Established Baseline. An Established Baseline may contain more than one BPO and each BPO is the obligation of one Obligor Bank.

c. An Obligor Bank must pay or incur a deferred payment obligation and pay at maturity a specified amount to a Recipient Bank in accordance with the payment terms specified in the Payment Obligation Segment of an Established Baseline if, following the Submission of all Data Sets required by an Established Baseline on or before the expiry date of the BPO specified in the Established Baseline and following a data comparison:

   (i) **there is a Data Match;** or

   (ii) **there is a Data Mismatch and the Buyer's Bank is the only Obligor Bank:** when a TMA acknowledges the Mismatch Acceptance of the Buyer's Bank by sending a Mismatch Acceptance Notification to a Recipient Bank; or

   (iii) **there is a Data Mismatch and an Obligor Bank, other than the Buyer's Bank, is the only Obligor Bank:** when the Obligor Bank and, if applicable, a Submitting Bank has affirmed its role by sending a Role and Baseline Acceptance to a TMA and a TMA acknowledges it by sending a Role and Baseline Acceptance Notification to each Involved Bank. The sending of such a notification will follow a TMA acknowledging the Mismatch Acceptance of the Buyer's Bank by sending a Mismatch Acceptance Notification to each Involved Bank; or

(iv) **there is a Data Mismatch and there is more than one Obligor Bank that may include the Buyer's Bank:** when

a) a TMA acknowledges the Mismatch Acceptance of the Buyer's Bank by sending a Mismatch Acceptance Notification to each Involved Bank; and

b) the Obligor Bank and, if applicable, a Submitting Bank, has affirmed its role by sending a Role and Baseline Acceptance to a TMA and a TMA acknowledges it by sending a Role and Baseline Acceptance Notification to each Involved Bank.

d. (i) The total amount due by an Obligor Bank to a Recipient Bank shall not exceed the amount of its BPO.

(ii) When a Submission relates to a partial shipment or partial provision of services or performance, the amount due under a BPO by an Obligor Bank to a Recipient Bank in respect of such Submission shall be proportional, subject to sub-article 10(d)(iii), to the value of such Submission in relation to the total value reflected in the Established Baseline. In no event shall the amount due exceed the remaining amount of the BPO.

(iii) When an Established Baseline incorporates more than one BPO, the amount due by each Obligor Bank to a Recipient Bank in respect of a Submission shall be proportional to the amount of its BPO in relation to the total value reflected in the Established Baseline.

(iv) When an Established Baseline incorporates more than one BPO, no joint and several obligations are created between Obligor Banks.

e. Performance of an Obligor Bank's obligations under a BPO does not depend on its right or ability to obtain reimbursement from any other party.

f. A BPO remains in effect until the earliest to occur of the following:

(i) the BPO expires prior to the Submission of all Data Sets required by an Established Baseline resulting in a Data Match or a Mismatch Acceptance pursuant to sub-article 10(c), or

(ii) the Established Baseline is amended to release the Obligor Bank from its undertaking, or

(iii) the BPO has been fully paid in accordance with its terms.

g. An Obligor Bank is not required to pay or incur a deferred payment obligation to pay at maturity if a data comparison results in a Data Mismatch that is rejected by the Buyer's Bank or another Obligor Bank other than the Buyer's Bank.

Summary notes

- The Obligor Bank is bound as of the time the Baseline Match Report indicates the status 'established'.
- The timing of the payment is to be made in accordance with the instructions contained in the Established Baseline.
- If there is more than one Obligor Bank, each Obligor Bank is only bound by the amount of the BPO that relates to it and has no concern with the payment or non-payment by any other Obligor Bank under the same Established Baseline.

Comments

Sub-article 10(a)(i) states that an Obligor Bank is bound as of the time the Baseline Match Report indicates a status of "Established". In common with other ICC rules, the URBPO, once again, do not invoke a timeline within which an Obligor Bank is required to pay or to incur a deferred payment obligation following a Data Match. However, sub-articles 10(c) and (e) do make it clear that the payment under a BPO, including the timing of that payment, is to be made in accordance with the instructions contained in the Established Baseline.

Here again, there is an argument to say that the URBPO should mandate a specific timeframe in which payment is to be made. However, the Baseline contains a field for the insertion of the payment details, and it is these details that should be followed by an Obligor Bank in each case. Therefore, the URBPO does not need to dictate a standard payment practice for all BPO transactions.

Each BPO is included in a single Established Baseline, but there may be more than one Obligor Bank included in that Established Baseline. Each BPO is an undertaking of the concerned Obligor Bank. This is covered in sub-article 10(b). Sub-article 10(d) emphasises that, where there is more than one Obligor Bank, each Obligor Bank is only bound by the amount of the BPO that relates to it and has no concern with the payment or non-payment by any other Obligor Bank under the same Established Baseline. As previously stated, the discharging of an obligation is not covered by, nor is it within the boundaries of, the URBPO. Discharge is to be made in accordance with the conditions expressed in the Established Baseline. As with other ICC rules, sub-article 10(f) emphasises that any cancellation of an undertaking that has been given is outside the scope of the rules. Sub-article 10(g) is included for clarity in order to highlight that there is no obligation where a Data Mismatch has occurred.

ARTICLE 11

Amendments

a. An amendment to an Established Baseline that incorporates a BPO or an amendment to incorporate a BPO in an Established Baseline requires the agreement of each Involved Bank.

b. (i) A Seller's Bank or Recipient Bank (as applicable) or a Buyer's Bank may request an amendment to an Established Baseline by sending a Baseline Amendment Request. The Seller's Bank or Recipient Bank (as applicable) or a Buyer's Bank, as applicable, may accept the Baseline Amendment Request by sending an Amendment Acceptance; and

(ii) After such acceptance, a TMA will send a Full Push Through Report to each Obligor Bank and, if applicable, a Submitting Bank, requesting it to confirm its role in the transaction by sending a Role and Baseline Acceptance message to the TMA.

c. An amendment to an Established Baseline that incorporates a BPO or an amendment to incorporate a BPO in an Established Baseline is effective:

(i) **When the Buyer's Bank is the only Obligor Bank:** when a TMA sends an Amendment Acceptance Notification to it in response to an Amendment Acceptance.

(ii) **When an Obligor Bank, other than the Buyer's Bank, is the only Obligor Bank:** when a TMA sends a Role and Baseline Acceptance Notification to each Involved Bank confirming that such Obligor Bank and, if applicable, a Submitting Bank, has accepted its role as specified in the Baseline contained in a Full Push Through Report.

(iii) **When there is more than one Obligor Bank that may include the Buyer's Bank:** when a TMA sends a Role and Baseline Acceptance Notification to each Involved Bank in response to a Full Push Through Report acknowledging that each Obligor Bank and, if applicable, a Submitting Bank, has affirmed its role following an Amendment Acceptance.

d. An Established Baseline will remain unchanged when any Involved Bank rejects a proposed amendment to the Established Baseline by sending an Amendment Rejection or a Role and Baseline Rejection (as applicable) and a TMA sends an Amendment Rejection Notification or a Role and Baseline Rejection Notification (as applicable) to each other Involved Bank.

Summary notes

- This article outlines the amendment process and who is required to agree to an amendment to an Established Baseline before it can become effective.

Comments

Sub-articles 11(a) and (b) cover the process of Baseline Amendments and who is required to agree to an amendment to an Established Baseline.

Sub-article 11(c) outlines the basis for an Amendment Acceptance to be considered effective.

Sub-article 11(d) outlines the process where a Baseline Amendment Request has been rejected.

ARTICLE 12

Disclaimer on Effectiveness of Data

An Involved Bank does not assume any liability or responsibility for: (i) the source, accuracy, genuineness, falsification or legal effect of any data received from the buyer or seller; (ii) the documents, or the description, quantity, weight, quality, condition, packing, delivery, value or existence of the goods, services or other performance, to which such data relates; or (iii) the good faith or acts or omissions, solvency, performance or standing of the consignor, carrier, forwarder, consignee or insurer of the goods or any other person referred to in any data.

Summary notes

- The use of a disclaimer clause is consistent with other ICC rules and follows the wording of UCP 600 article 34.

Comments

Like all other ICC rules, there is a need for a disclaimer clause in respect of the data that is provided to or from an Involved Bank.

The wording of article 12 follows the language used in UCP 600 article 34 in relation to the effectiveness of documents.

ARTICLE 13

Force Majeure

a. An Involved Bank assumes no liability or responsibility for the consequences arising out of the interruption of its business, including its inability to access a TMA, or a failure of equipment, software or communications network, caused by Acts of God, riots, civil commotions, insurrections, wars, acts of terrorism, or by any strikes or lockouts or any other causes, including failure of equipment, software or communications networks, beyond its control.

b. Notwithstanding the provisions of sub-article 13(a), an Obligor Bank will, upon resumption of its business, remain liable to pay or to incur a deferred payment obligation and pay at maturity a specified amount to a Recipient Bank in respect of a BPO that expired during such interruption of its business and for which there has been the Submission of all Data Sets required by an Established Baseline on or before the expiry date of the BPO resulting in a Data Match or a Mismatch Acceptance pursuant to sub-article 10(c).

c. In the event of force majeure, a Submitting Bank or (subject to sub-article 13(b)) another Involved Bank may terminate its role in an Established Baseline by sending a Special Request to a TMA, following which a TMA will send a Special Notification to each Involved Bank.

Summary notes

- The concept of force majeure is the same as in other ICC rules but is extended to cover the inability of an Involved Bank to access a Transaction Matching Application.

Comments

Sub-article 13(a) provides a somewhat standard wording of the text that is seen in respect of force majeure clauses, e.g. UCP 600 article 36. However, the clause is extended to cover the inability of an Involved Bank to access a TMA for one or more of the stated reasons.

Sub-article 13(b) refers to the circumstances where the Obligor Bank is closed due to an event of force majeure after a Data Set Submission has been made but prior to a Data Match or Mismatch Acceptance being completed. The Obligor Bank is required to pay or incur a deferred payment obligation once it reopens for business.
If a Submitting Bank or other Involved Bank wishes to terminate its role, the process is outlined in sub-article 13(c).

ARTICLE 14

Unavailability of a Transaction Matching Application

An Involved Bank assumes no liability or responsibility for the consequences arising out of the unavailability of a TMA for any reason whatsoever.

Summary notes

- An Involved Bank cannot be held liable if a Transaction Matching Application is unavailable.

Comments

It may be that by exception there will be occasions where a TMA is unavailable. In these circumstances, an Involved Bank cannot be held liable, and this is reflected in article 14. Since there will only be one TMA for each Established Baseline, any issue surrounding unavailability will become known to and have an impact upon each Involved Bank at the same time.

ARTICLE 15

Applicable Law

a. The governing law of a BPO will be that of the location of the branch or office of the Obligor Bank specified in the Established Baseline.

b. URBPO supplement the applicable law to the extent not prohibited by that law.

c. An Obligor Bank is not required to comply with its obligations under a BPO and assumes no liability or responsibility for any consequences if it would be restricted from doing so pursuant to applicable law or regulatory requirements.

Summary notes

- Sub-article 15(a) follows the same principles as URDG article 34.
- Sub-article 15(b) is taken from ISP98 rule 1.02(a).
- There is currently no available field in the ISO 20022 TSMT messages to indicate a place of jurisdiction.

Comments

There is a need to achieve certainty as to what law will apply when interpreting and enforcing the URBPO. Sub-article 15(a) reflects the applicable law position relating to a BPO and follows the guiding principles already established in URDG article 34.

Sub-article 15(b) is adapted from ISP98 rule 1.02(a). As an Obligor Bank is dealing with data and not with documents, its review of certain pieces of data for compliance in accordance with local or international laws, including any sanctions violation, will be an immediate act that gives rise to an obligation to pay.

Therefore, sub-article 16(c) provides that an Obligor Bank is not required to act if the result of a Data Match or Data Mismatch would result in a breach of applicable law or regulatory requirements that may follow from any filtering process that may be attached to a TMA. In this respect, it should be noted that a TMA itself may not be relied upon to perform compliance checks and that Involved Banks should apply their standard risk management procedures and policies in order to address any such issues as may be related to KYC, AML and so forth.

The wording of article 15 is currently limited to a choice of applicable law only and does not address the place of jurisdiction. This is due to a technical limitation whereby there is no field within the current version of the ISO 20022 TSMT messages in which to indicate a place of jurisdiction.

ARTICLE 16

Assignment of Proceeds

a. A Recipient Bank has the right to assign any proceeds to which it may be or may become entitled under a BPO, in accordance with the provisions of the applicable law. This article relates only to the assignment of proceeds and not to the transfer of the Recipient Bank role under the Established Baseline to another bank (which would require an amendment to the Established Baseline in accordance with article 11).

b. An Obligor Bank is not required to recognise such assignment of proceeds until it provides its consent.

Summary notes

- Under current rules, the Seller's Bank is the only bank that can take on the role of BPO Recipient Bank.
- There may be a situation in which the Recipient Bank is not the bank that is providing finance to the seller.
- In this case, article 16 provides for the Recipient Bank to assign or transfer claims or proceeds to another bank (similar to the UCP).

Comments

If a Recipient Bank is not the bank that is providing finance to the seller, article 16 will provide for the Recipient Bank to assign or transfer claims or proceeds to another bank in much the same way as assignments operate under UCP 600 article 39.

Although there is no facility within the current scope of URBPO to allow any bank other than the Seller's Bank to act as a Recipient Bank, this does not preclude the possibility that any rights to a BPO payment due from an Obligor Bank could be assigned by the Recipient Bank to a third party under a separate contract outside the URBPO and pursuant to applicable law.

Chapter 5

Understanding Workflow

In this chapter we take a closer look at some working examples of transaction workflow in order to obtain a clear understanding of how a transaction can become established and how the status of that transaction can change as the result of an exchange of data between an Involved Bank and the TMA.

Of course, the possible permutations here are almost infinite, so the examples provided are designed to give only a flavour of how the flow of messages would appear in some of the more common business scenarios.

Based on this limited set of examples, the reader is encouraged to apply the same business logic in order to construct other flows consistent with the needs of alternative scenarios.

For convenience, relevant extracts from the URBPO are repeated here so as to facilitate a direct link between the individual rules and the related workflow.

5.1 ESTABLISHING A BASELINE

5.1.1 Establishing a Baseline between two primary banks only

In order to establish a Baseline, one of the primary banks (i.e. a Buyer's Bank or a Seller's Bank) must first submit an Initial Baseline Submission message to the TMA. The transaction can be initiated by either the Buyer's Bank or the Seller's Bank and may or may not include a BPO. If no BPO is included in the Initial Baseline Submission, the BPO may be added later by way of a Baseline Amendment to which Involved Banks must agree.

If the Initial Baseline Submission message fails validation, the transaction will not be initiated and the TMA will issue an Error Report to the bank that submitted the message.

If the Initial Baseline Submission message is successfully validated, the transaction will be captured in a "proposed" state and the TMA will send an Acknowledgement to the first bank (Bank A) plus a Full Push Through Report to the second bank (Bank B). The Full Push Through Report contains a copy of the Initial Baseline Submission.

The transaction becomes "established" when the second bank (Bank B) sends a Baseline ReSubmission (i.e. it resubmits the Baseline contained in the Full Push Through Report) to the TMA, resulting in Zero Mismatches. This is a basic scenario involving only two banks: a Buyer's Bank and a Seller's Bank.

If the Established Baseline contains an optional block of data called the "Payment Obligation Segment", then the BPO is also established when the Baseline is established. In this case, the Buyer's Bank will become the Obligor Bank and the Seller's Bank will become the Recipient Bank. More complex scenarios may involve other Obligor Banks and/or a Submitting Bank.

The following definitions and other extracts taken from the URBPO are most relevant to the process of establishing a Baseline in the TMA, as illustrated by the set of flow diagrams that follow:

Article 3 General Definitions

"Bank Payment Obligation" or "BPO" means an irrevocable and independent undertaking of an Obligor Bank to pay or incur a deferred payment obligation and pay at maturity a specified amount to a Recipient Bank following Submission of all Data Sets required by an Established Baseline resulting in a Data Match or an acceptance of a Data Mismatch pursuant to sub-article 10(c).

"Baseline" means data in respect of an underlying trade transaction submitted to a Transaction Matching Application by a Buyer's Bank or a Seller's Bank.

"Buyer's Bank" means the bank of the buyer. The Buyer's Bank may also be an Obligor Bank.

"Established Baseline" means a Baseline from the time when a Transaction Matching Application sends a Baseline Match Report containing Zero Mismatches and with the status 'established'.

"Involved Bank" means a Seller's Bank or Recipient Bank (depending upon its role at any given time), a Buyer's Bank, an Obligor Bank or a Submitting Bank.

"Obligor Bank" means the bank that issues a BPO.

"Payment Obligation Segment" means the part of a Baseline designated as 'payment obligation' that incorporates the terms of the BPO including the terms on which payment is to be made.

"Recipient Bank" means the bank that is the beneficiary of a BPO. The Recipient Bank is always the Seller's Bank.

"Seller's Bank" means the bank of the seller. The Seller's Bank will be indicated as the Recipient Bank in the Payment Obligation Segment of an Established Baseline.

"Submission" means (i) the act of a Buyer's Bank or Seller's Bank presenting data by submitting a Baseline to a Transaction Matching Application, or the Baseline so submitted, as the context requires, or (ii) the act of an Involved Bank presenting data to an Obligor Bank by means of submitting one or more Data Sets to a Transaction Matching Application, or the Data Sets so submitted, as the context requires.

"Submitting Bank" means an Involved Bank whose only role is to submit one or more Data Sets required by an Established Baseline.

"Transaction Matching Application" or "TMA" means any centralised data matching and workflow application, whether or not proprietary to an Involved Bank, which provides the service of processing TSMT messages received from involved Banks, the automatic comparison of the data contained in such messages, and the subsequent sending of all related TSMT messages to each Involved Bank.

"Zero Mismatches" means that the data represented in one Baseline match the data represented in a corresponding Baseline or, as the context may indicate, that all required Data Sets match the data required by an Established Baseline.

Article 4 **Message Definitions**

"Baseline Match Report" means a TSMT message sent by a TMA to each Involved Bank (except an Obligor Bank other than the Buyer's Bank), after Submission of a Baseline, indicating an Established Baseline or that mismatches have been found between two Baselines.

"Full Push Through Report" means a TSMT message sent by a TMA to each Involved Bank advising of a proposed Baseline, an Established Baseline or a proposed amendment to an Established Baseline.

Article 9 **Role of an Involved Bank**

d. A Baseline incorporating a BPO will only become an Established Baseline after each Involved Bank has accepted its role:

(i) **When the Buyer's Bank is the only Obligor Bank:** when a TMA sends a Baseline Match Report with Zero Mismatches confirming that the Baseline submitted by a Buyer's Bank matches the Baseline submitted by a Seller's Bank or Recipient Bank (as applicable);

Article 10 **Undertaking of an Obligor Bank**

a. An Obligor Bank is irrevocably bound in accordance with a BPO:

(i) **when a BPO is incorporated in an Established Baseline at the time of its establishment:** as of the time a TMA has sent either a Baseline Match Report with Zero Mismatches or a Role and Baseline Acceptance Notification with the status 'established' to each Involved Bank pursuant to sub-article 9(d);

Applying these rules, the following flow diagrams illustrate the process of Baseline establishment by tracking the sequential flow of ISO 20022 TSMT messages in and out of the central TMA.

Bank A (e.g. Buyer's Bank/ Obligor Bank)		TMA		Bank B (e.g. Seller's Bank/ Recipient Bank)
Initial Baseline Submission	→	Failed validation.		
Error Report	←	No transaction initiated.		
Initial Baseline Submission	→	Successful validation.		
Acknowledgement	←	Transaction Status: Proposed	→	Full Push Through Report

Flow Diagram 1: Initial Baseline Submission (Buyer's Bank/Seller's Bank).

Flow Diagram 1 illustrates the simplest case where a valid Initial Baseline Submission from Bank A results in a Full Push Through Report being received by Bank B. The Full Push Through Report contains details of the Baseline that was originally submitted by Bank A. At this stage the transaction is in a "proposed" state.

Bank B must now resubmit the Baseline contained in the Full Push Through Report. Provided that Bank B's Baseline ReSubmission matches the Initial Baseline Submission of Bank A, the Baseline will become "established". In this case, both banks will receive a Baseline Match Report with Zero Mismatches (see Flow Diagram 2).

Bank A (e.g. Buyer's Bank/ Obligor Bank)		TMA		Bank B (e.g. Seller's Bank/ Recipient Bank)
Full Push Through Report	←	Transaction Status: Established	←	Baseline ReSubmission
Baseline Match Report (Zero Mismatches)	←		→	Baseline Match Report (Zero Mismatches)

Flow Diagram 2: Baseline ReSubmission successful (Zero Mismatches): Baseline established.

If the Baseline ReSubmission is unsuccessful, resulting in a Data Mismatch, the Baseline Match Report will report a status of "partially matched" and highlight any items that do not match (see Flow Diagram 3).

Bank A (e.g. Buyer's Bank/ Obligor Bank)		TMA		Bank B (e.g. Seller's Bank/ Recipient Bank)
Full Push Through Report	←	Transaction Status: Partially Matched	←	Baseline ReSubmission
Baseline Match Report (Mismatches)	←		→	Baseline Match Report (Mismatches)

Flow Diagram 3: Baseline ReSubmission unsuccessful (Mismatches): Baseline partially matched.

In order to correct any Data Mismatch, either Bank A or Bank B must resubmit the Baseline again.

As soon as the two banks can achieve a perfect match in their twin submissions, the Baseline can be established (see Flow Diagram 4).

If the Established Baseline contains a BPO, the BPO also becomes established. In this case, the Buyer's Bank would become the Obligor Bank and the Seller's Bank would become the Recipient Bank of the BPO.

Bank A (e.g. Buyer's Bank/ Obligor Bank)		TMA		Bank B (e.g. Seller's Bank/ Recipient Bank)
Baseline ReSubmission	→	Transaction Status: Established	←	Baseline ReSubmission
Baseline Match Report (Zero Mismatches)	←		→	Baseline Match Report (Zero Mismatches)
Full Push Through Report	←		→	Full Push Through Report

Flow Diagram 4: Baseline Establishment (Buyer's Bank/Seller's Bank).

If the Baseline ReSubmissions continue to result in a Data Mismatch, the TMA will eventually reach a ceiling and force the transaction to be closed as shown in Flow Diagram 5.

Bank A (e.g. Buyer's Bank/ Obligor Bank)		TMA		Bank B (e.g. Seller's Bank/ Recipient Bank)
Baseline ReSubmission	→	ReSubmission limit reached.	←	Baseline ReSubmission
Status Change Notification	←	Transaction Status: Closed	→	Status Change Notification

Flow Diagram 5: ReSubmission failure – transaction closed.

If necessary, the two banks can start again by initiating a new transaction. This is a worst case scenario.

5.1.2 Establishing a Baseline with additional banks

Sub-articles 9(d) (ii) and (iii) reference a more complex scenario involving additional banks. In this case, there are some additional steps required before the Baseline can become established. The Baseline matching phase is the same, except that when a Baseline ReSubmission is successfully matched the transaction status moves temporarily to Role Acceptance Pending, as shown in Flow Diagram 6. That is to say that the Baseline is only partially matched.

Article 9 Role of an Involved Bank

d. A Baseline incorporating a BPO will only become an Established Baseline after each Involved Bank has accepted its role:

(ii) When an Obligor Bank, other than the Buyer's Bank, is the only Obligor Bank: when a TMA sends a Role and Baseline Acceptance Notification confirming that such Obligor Bank and, if applicable, a Submitting Bank, has accepted its role as specified in the Baseline Submission of both the Buyer's Bank and the Seller's Bank or Recipient Bank (as applicable). The sending of such a notification will follow a TMA sending a Baseline Match Report with Zero Mismatches; or

(iii) When there is more than one Obligor Bank that may include the Buyer's Bank: when a TMA sends a Role and Baseline Acceptance Notification confirming that each Obligor Bank and, if applicable, a Submitting Bank, has accepted its role as specified in the Baseline Submission of both the Buyer's Bank and the Seller's Bank or Recipient Bank (as applicable). The sending of such a notification will follow a TMA sending a Baseline Match Report with Zero Mismatches.

Bank A (e.g. Buyer's Bank/ Obligor Bank)	TMA	Bank B (e.g. Seller's Bank/ Recipient Bank)	Additional Banks (e.g. Obligor Bank/ Submitting Bank)
Full Push Through Report ←	Additional banks required.	← Baseline ReSubmission	
Baseline Match Report (Zero Mismatches) ←	Transaction Status: Role Acceptance Pending	→ Baseline Match Report (Zero Mismatches)	
		→	Full Push Through Report

Flow Diagram 6: Additional banks required to establish the Baseline.

The additional banks are required to confirm their roles by submitting a Role and Baseline Acceptance message as described in section 5.1.3.

5.1.3 Role and Baseline Acceptance

Article 4 Message Definitions

"Role and Baseline Acceptance" means a TSMT message sent to a TMA by a Submitting Bank, or an Obligor Bank other than the Buyer's Bank, accepting such bank's role as specified in the Baseline contained in a Full Push Through Report.

"Role and Baseline Acceptance Notification" means a TSMT message sent by a TMA informing each other Involved Bank that a Submitting Bank, or an Obligor

Bank other than the Buyer's Bank, has sent a Role and Baseline Acceptance in response to a Full Push Through Report.

Where additional banks are involved, in order for the Baseline to become established the additional banks (Obligor Banks and/or Submitting Bank) must submit a Role and Baseline Acceptance message in response to the Baseline received in the Full Push Through Report. The other Involved Banks will then receive a Role and Baseline Acceptance Notification message from the TMA confirming the additional banks' acceptance of their roles. As shown in Flow Diagram 7, the Full Push Through Report confirms the establishment of the Baseline in this case to all Involved Banks.

Bank A (e.g. Buyer's Bank/ Obligor Bank)	TMA	Bank B (e.g. Seller's Bank/ Recipient Ban÷k÷)	Additional Banks (e.g. Obligor Bank/ Submitting Bank)
	Additional bank accepts its role.	←	Role And Baseline Acceptance
		→	Acknowledgement
Role And Baseline Acceptance Notification ←	Transaction Status: Established	→ Role And Baseline Acceptance Notification	
Full Push Through Report ←		→ Full Push Through Report	Full Push Through Report

Flow Diagram 7: Additional bank accepts its role and the Baseline is established.

5.1.4 Role and Baseline Rejection

Article 4 Message Definitions

"Role and Baseline Rejection" means a TSMT message sent to a TMA by a Submitting Bank, or an Obligor Bank other than the Buyer's Bank, rejecting such bank's role as specified in the Baseline contained in a Full Push Through Report.

"Role and Baseline Rejection Notification" means a TSMT message sent by a TMA informing each Involved Bank that a Submitting Bank, or an Obligor Bank other than the Buyer's Bank, has sent a Role and Baseline Rejection in response to a Full Push Through Report.

The definition of the Role and Baseline Rejection message in URBPO article 4 refers to the possibility that a bank may reject the role it has been invited to play in a particular transaction.

If an additional bank rejects its role by submitting a Role and Baseline Rejection message, the TMA will notify the other Involved Banks by sending a Role and Baseline Rejection Notification message.

The other Involved Banks must now agree upon an alternative course of action in order to remedy the matter, for example by replacing the bank that has chosen to reject its role.

If the additional banks' rejection of its role cannot satisfactorily be resolved by the remaining banks, this may result in a Status Change Request leading to the transaction being closed (see Flow Diagram 8). This would be a worst case scenario.

Bank A (e.g. Buyer's Bank/Obligor Bank)		TMA		Bank B (e.g. Seller's Bank/Recipient Bank)	Additional Banks (e.g. Obligor Bank/ Submitting Bank)
		Additional bank rejects its role.	←		Role And Baseline Rejection
			→		Acknowledgement
Role And Baseline Rejection Notification	←	Transaction Status: Role Acceptance Pending	→	Role And Baseline Rejection Notification	
Status Change Request	→				
Acknowledgement	←		→	Status Change Notification	
			←	Status Change Request Acceptance	
			→	Acknowledgement	
Status Change Notification	←	Transaction Status: Closed	→	Status Change Notification	

Flow Diagram 8: Additional bank rejects its role – transaction closed.

5.2 BASELINE AMENDMENT REQUEST

Article 11 Amendments

a. An amendment to an Established Baseline that incorporates a BPO or an amendment to incorporate a BPO in an Established Baseline requires the agreement of each Involved Bank.

b. (i) A Seller's Bank or Recipient Bank (as applicable) or a Buyer's Bank may request an amendment to an Established Baseline by sending a Baseline Amendment Request. The Seller's Bank or Recipient Bank (as applicable) or a Buyer's Bank, as applicable, may accept the Baseline Amendment Request by sending an Amendment Acceptance; and

(ii) After such acceptance, a TMA will send a Full Push Through Report to each Obligor Bank and, if applicable, a Submitting Bank, requesting it to confirm its role in the transaction by sending a Role and Baseline Acceptance message to the TMA.

c. An amendment to an Established Baseline that incorporates a BPO or an amendment to incorporate a BPO in an Established Baseline is effective:

(i) **When the Buyer's Bank is the only Obligor Bank:** when a TMA sends an Amendment Acceptance Notification to it in response to an Amendment Acceptance.

(ii) **When an Obligor Bank, other than the Buyer's Bank, is the only Obligor Bank:** when a TMA sends a Role and Baseline Acceptance Notification to each Involved Bank confirming that such Obligor Bank and, if applicable, a Submitting Bank, has accepted its role as specified in the Baseline contained in a Full Push Through Report.

(iii) **When there is more than one Obligor Bank that may include the Buyer's Bank:** when a TMA sends a Role and Baseline Acceptance Notification to each Involved Bank in response to a Full Push Through Report acknowledging that each Obligor Bank and, if applicable, a Submitting Bank, has affirmed its role following an Amendment Acceptance.

d. An Established Baseline will remain unchanged when any Involved Bank rejects a proposed amendment to the Established Baseline by sending an Amendment Rejection or a Role and Baseline Rejection (as applicable) and a TMA sends an Amendment Rejection Notification or a Role and Baseline Rejection Notification (as applicable) to each other Involved Bank.

Article 4 Message Definitions

"Baseline Amendment Request" means a TSMT message sent to a TMA by a Buyer's Bank, a Seller's Bank or a Recipient Bank (as applicable) requesting an amendment to an Established Baseline.

Article 10 Undertaking of an Obligor Bank

a. An Obligor Bank is irrevocably bound in accordance with a BPO:

(ii) when a BPO is incorporated by an amendment to an Established Baseline: as of the time a TMA has sent either an Amendment Acceptance Notification or a Role and Baseline Acceptance Notification to each Involved Bank pursuant to sub-article 11(c).

The process for handling Baseline Amendment Requests is covered in URBPO article 11.

A Baseline Amendment Request may be submitted by either a Buyer's Bank or a Seller's Bank after the Baseline has been established.

If there is a Mismatch Acceptance pending, then the Baseline Amendment Request will be rejected by the TMA.

Data Set messages may be received during the period between the issuance of a Baseline Amendment Request and the acceptance/rejection of the Baseline Amendment Request.

Following completion of the Amendment Acceptance/ Rejection process, a data comparison can be performed.

The process for Baseline Amendment Acceptance is covered in sections 5.2.1 and 5.2.2 and for Baseline Amendment Rejection in sections 5.2.3 and 5.2.4.

5.2.1 Baseline Amendment Acceptance between two primary banks only

Article 4 Message Definitions

"Amendment Acceptance" means a TSMT message sent to a TMA by a Buyer's Bank, a Seller's Bank or a Recipient Bank (as applicable) accepting a Baseline Amendment Request.

"Amendment Acceptance Notification" means a TSMT message sent by a TMA to a Buyer's Bank, a Seller's Bank or a Recipient Bank (as applicable) notifying it of the acceptance of a Baseline Amendment Request.

Flow Diagram 9 shows that an Amendment Acceptance message must be submitted by the primary bank (Buyer's Bank or Seller's Bank) that did not submit the Baseline Amendment Request. In this case, the TMA will send an Amendment Acceptance Notification to the bank requesting such amendment. At this point, the Baseline is amended. This is confirmed to both banks by the issuance of Baseline Report by the TMA.

Bank A (e.g. Buyer's Bank/ Obligor Bank)		TMA		Bank B (e.g. Seller's Bank/ Recipient Bank)
Baseline Amendment Request	→	Transaction Status: Amendment Requested	→	Full Push Through Report Baseline Report
Delta Report	←		→	Delta Report
Amendment Acceptance Notification	←		←	Amendment Acceptance
Baseline Report	←	Transaction Status: Established (Baseline changed)	→	Acknowledgement Baseline Report

Flow Diagram 9: Amendment Acceptance (Buyer's Bank/ Seller's Bank).

5.2.2 Baseline Amendment Acceptance involving additional banks

Bank A (e.g. Buyer's Bank/ Obligor Bank)		TMA		Bank B (e.g. Seller's Bank/Recipient Bank)	Additional Banks (e.g. Obligor Bank/Submitting Bank)
Baseline Amendment Request	→	Transaction Status: Amendment Requested	→	Full Push Through Report Baseline Report	
Delta Report	←		→	Delta Report	
		Transaction Status: Role Acceptance Pending	←	Amendment Acceptance	
Amendment Acceptance Notification	←		→	Acknowledgement	
			→		Full Push Through Report Baseline Report Delta Report
			←		Role and Baseline Acceptance
		Transaction Status: Established (Baseline changed)	→		Acknowledgement
Role and Baseline Acceptance Notification	←		→	Role and Baseline Acceptance Notification	
Baseline Report	←		→	Baseline Report	Baseline Report

Flow Diagram 10: Amendment Acceptance (additional banks).

If there are additional banks involved in the transaction, those banks must confirm their continued acceptance of their role – and thereby confirm their acceptance of the amended Baseline – by submitting a Role and Baseline Acceptance message.

In this case, the message flows will continue as shown in Flow Diagram 10.

5.2.3 Baseline Amendment Rejection between two primary banks only

Article 4 Message Definitions

"Amendment Rejection" means a TSMT message sent to a TMA by a Buyer's Bank, a Seller's Bank or a Recipient Bank (as applicable) rejecting a Baseline Amendment Request.

"Amendment Rejection Notification" means a TSMT message sent by a TMA to a Buyer's Bank, a Seller's Bank or a Recipient Bank (as applicable) notifying it of the rejection of a Baseline Amendment Request.

In Flow Diagram 11, the Baseline Amendment Rejection message is submitted by the primary bank (Buyer's Bank or Seller's Bank) that did not submit the Baseline Amendment Request. In this case, the TMA will send an Amendment Rejection Notification to the bank requesting such amendment. At this point the Baseline remains unchanged.

Bank A (e.g. Buyer's Bank/Obligor Bank)		TMA		Bank B (e.g. Seller's Bank/Recipient Bank)
Baseline Amendment Request	→	Transaction Status: Amendment Requested	→	Full Push Through Report Baseline Report
Delta Report	←		→	Delta Report
Amendment Rejection Notification	←	Transaction Status: Established (Baseline unchanged)	← →	Amendment Rejection Acknowledgement

Flow Diagram 11: Baseline Amendment Request rejected.

5.2.4 Baseline Amendment Rejection involving additional banks

Where there are additional banks involved in a transaction, it is possible for a primary bank to accept a proposed amendment to a Baseline but for such changes to subsequently be rejected by one or more of those additional banks. In such cases, the Baseline will also remain unchanged (see Flow Diagram 12).

Bank A (e.g. Buyer's Bank/ Obligor Bank)	TMA	Bank B (e.g. Seller's Bank/ Recipient Bank)	Additional Banks (e.g. Obligor Bank/ Submitting Bank)
Baseline Amendment Request →	Transaction Status: Amendment Requested	→ Full Push Through Report Baseline Report	
Delta Report ←		→ Delta Report	
	Transaction Status: Role Acceptance Pending	← Amendment Acceptance	
Amendment Acceptance Notification ←		→ Acknowledgement	
		→	Full Push Through Report Baseline Report Delta Report
		←	Role and Baseline Rejection
	Transaction Status: Established (Baseline unchanged)	→	Acknowledgement
Role and Baseline Rejection Notification ←		→ Role and Baseline Rejection Notification	
Baseline Report ←		→ Baseline Report	Baseline Report

Flow Diagram 12: Baseline Amendment Request rejected (additional banks).

5.3 DATA SET SUBMISSION

Article 3 General Definitions

"Data Match" means a comparison of all required Data Sets with an Established Baseline resulting in Zero Mismatches as specified in a Data Set Match Report.

"Data Set" means any of the categories (for example, 'commercial', 'transport', 'insurance', 'certificate' or 'other certificate') included in a Data Set Submission sent to a Transaction Matching Application by an Involved Bank for comparison with an Established Baseline.

"Submission" means (i) the act of a Buyer's Bank or Seller's Bank presenting data by submitting a Baseline to a Transaction Matching Application, or the Baseline so submitted, as the context requires, or (ii) the act of an Involved Bank presenting data to an Obligor Bank by means of submitting one or more Data Sets to a Transaction Matching Application, or the Data Sets so submitted, as the context requires.

Article 4 Message Definitions

"Data Set Match Report" means a TSMT message sent by a TMA to each Involved Bank after Submission of all Data Sets required by an Established Baseline and the automatic comparison of such Data Sets with that Established Baseline, advising it of either a Data Match or a Data Mismatch.

"Data Set Submission" means a TSMT message sent to a TMA by an Involved Bank that contains one or more categories of Data Set for data comparison.

Article 8 Expiry Date of a BPO

c. A data comparison will only occur after the Submission of all Data Sets required by an Established Baseline. A TMA will then send a Data Set Match Report to each Involved Bank advising it of either a Data Match or a Data Mismatch.

Article 10 Undertaking of an Obligor Bank

c. An Obligor Bank must pay or incur a deferred payment obligation and pay at maturity a specified amount to a Recipient Bank in accordance with the payment terms specified in the Payment Obligation Segment of an Established Baseline if, following the Submission of all Data Sets required by an Established Baseline on or before the expiry date of the BPO specified in the Established Baseline and following a data comparison:

(i) **there is a Data Match;**

The above-referenced articles relate to the rules on data submission. At any point in time after a Baseline has been established, Data Sets can be submitted for a comparison of data to that Established Baseline.

5.3.1 Baseline involving two primary banks only

In the simplest scenario, the Data Set(s) will be submitted by one of the primary banks, often the Seller's Bank or Recipient Bank (as applicable). If the Data Set matches the Established Baseline it will result in the TMA issuing a Data Set Match Report with Zero Mismatches. If the Established Baseline contains a Payment Obligation Segment and the Data Sets submitted match the Established Baseline, then the BPO will become due.

Bank A (e.g. Buyer's Bank/Obligor Bank)		TMA		Bank B (e.g. Seller's Bank/ Recipient Bank)
Forward Data Set Submission	←		←	Data Set Submission
			→	Acknowledgement
Data Set Match Report (Zero Mismatches) Baseline Report	←	Transaction Status: Complete	→	Data Set Match Report (Zero Mismatches) Baseline Report
Status Change Request	→	Transaction Status: Status Change Requested		
Acknowledgement	←		→	Status Change Request Notification
			←	Status Change Request Acceptance
			→	Acknowledgement
Status Change Notification	←	Transaction Status: Closed	→	Status Change Notification

Flow Diagram 13: Transaction completed and closed.

The transaction is now complete but not closed. Involved Banks may continue to request reports on the transaction until it is formally closed. The transaction cannot be closed without the common consent of both the Buyer's Bank and the Seller's Bank. Closure may eventually be achieved by the Submission of a Status Change Request message, as shown in Flow Diagram 13.

This "two-step" approach towards completion and closure is somewhat at variance with established procedures for traditional trade finance. For example, when a letter of credit, guarantee or collection is paid, the file is normally closed. By following the structured workflow of the ISO 20022 TSMT messages, a TMA will not automatically close a Baseline transaction even when fully utilised. In the absence of any specific instruction to close the transaction, the Baseline will remain extant within the TMA, leaving the door open to a further exchange of messages. However, if there is no further activity within a prescribed period of time, the Baseline will eventually "time out" in accordance with the TMA operating rules and the transaction will then be closed by the TMA.

5.3.2 Baseline involving additional banks

If there are additional banks involved in the transaction, those banks will also receive a copy of the Baseline Match Report (see Flow Diagram 14). This is particularly relevant in the case of an Obligor Bank, which needs to know if and when an obligation becomes due, such as when the data as specified in the Baseline has been submitted and matches.

Bank A (e.g. Buyer's Bank/ Obligor Bank)	TMA	Bank B (e.g. Seller's Bank/Recipient Bank)	Additional Banks (e.g. Obligor Bank/ Submitting Bank)
	Transaction Status: Complete	← Data Set Submission	
Forward Data Set Submission ←		→ Acknowledgement	Forward Data Set Submission
Data Set Match Report (Zero Mismatches) ←		→ Data Set Match Report (Zero Mismatches)	Data Set Match Report (Zero Mismatches)
Baseline Report		Baseline Report	Baseline Report

Flow Diagram 14: Transaction status is complete (additional banks).

5.4 DATA SET PRE-MATCH

In some circumstances, a Seller's Bank/Recipient Bank may wish to present Data Sets for matching without the knowledge of the Buyer's Bank/Obligor Bank. It is possible to do this by presenting the Data Sets for what is known as a "pre-match" (see Flow Diagram 15). In this case, no Data Set Match Report is issued. Instead, a Baseline Report is sent to the Seller's Bank/Recipient Bank only. The transaction status remains "established".

No obligation to pay can result from a pre-match.

Bank A (e.g. Buyer's Bank/Obligor Bank)	TMA	Bank B (e.g. Seller's Bank/ Recipient Bank)
	Transaction Status: Established	← Data Set Submission [CODE: PRE-MATCH]
		→ Acknowledgement
		→ Baseline Report

Flow Diagram 15: Data Set Pre-Match – no change in status.

If a Baseline has been established without a BPO and the Seller's Bank successfully submits the corresponding Data Sets for a pre-match only, resulting in Zero Mismatches, it remains possible for the Seller's Bank to subsequently submit a Baseline Amendment Request in order to add a BPO.

If the Buyer's Bank is the only bank required to take on the role of Obligor Bank, then the BPO will become established as soon as the Buyer's Bank submits its Amendment Acceptance. If the Seller's Bank then presents the Data Sets for matching, the BPO will immediately become due.

If there are other Obligor Banks involved, then those other Obligor Banks must also submit a Role and Baseline Acceptance in order that the BPO can become established as per section 5.2.2.

5.5 MISMATCH ACCEPTANCE

Article 3 General Definitions

"Data Mismatch" means a comparison of all required Data Sets with an Established Baseline resulting in one or more mismatches as specified in a Data Set Match Report.

Article 4 Message Definitions

"Mismatch Acceptance" means a TSMT message sent to a TMA by a Buyer's Bank accepting a Data Mismatch.

"Mismatch Acceptance Notification" means a TSMT message sent by a TMA to each Involved Bank notifying it of the acceptance of a Data Mismatch by a Buyer's Bank.

Article 10 Undertaking of an Obligor Bank

c. An Obligor Bank must pay or incur a deferred payment obligation and pay at maturity a specified amount to a Recipient Bank in accordance with the payment terms specified in the Payment Obligation Segment of an Established Baseline if, following the Submission of all Data Sets required by an Established Baseline on or before the expiry date of the BPO specified in the Established Baseline and following a data comparison:

(ii) **there is a Data Mismatch and the Buyer's Bank is the only Obligor Bank:** when a TMA acknowledges the Mismatch Acceptance of the Buyer's Bank by sending a Mismatch Acceptance Notification to a Recipient Bank; or

(iii) **there is a Data Mismatch and an Obligor Bank, other than the Buyer's Bank, is the only Obligor Bank:** when the Obligor Bank and, if applicable, a Submitting Bank has affirmed its role by sending a Role and Baseline Acceptance to a TMA and a TMA acknowledges it by sending a Role and Baseline Acceptance Notification to each Involved Bank. The sending of such a notification will follow a TMA acknowledging the Mismatch Acceptance of the Buyer's Bank by sending a Mismatch Acceptance Notification to each Involved Bank; or

(iv) **there is a Data Mismatch and there is more than one Obligor Bank that may include the Buyer's Bank:** when

a) a TMA acknowledges the Mismatch Acceptance of the Buyer's Bank by sending a Mismatch Acceptance Notification to each Involved Bank; and

b) the Obligor Bank and, if applicable, a Submitting Bank, has affirmed its role by sending a Role and Baseline Acceptance to a TMA and a TMA acknowledges it by sending a Role and Baseline Acceptance Notification to each Involved Bank.

As previously noted, Data Sets can be submitted for a comparison of data at any point in time after a Baseline has been established.

If the Data Sets submitted contain a Data Mismatch then the Buyer's Bank (which may also be an Obligor Bank) must either accept or reject such a Data Mismatch.

5.5.1 Baseline involving two primary banks only; Buyer's Bank is Obligor Bank

If the Buyer's Bank is the only Obligor Bank, then the transaction is completed as soon as the Buyer's Bank has accepted the mismatches and the TMA confirms this by issuing a Mismatch Acceptance Notification to the Seller's Bank/Recipient Bank (see Flow Diagram 16).

Bank A (e.g. Buyer's Bank/ Obligor Bank)		TMA		Bank B (e.g. Seller's Bank/ Recipient Bank)
Forward Data Set Submission	←		←	Data Set Submission
			→	Acknowledgement
Data Set Match Report (Mismatches)	←	Transaction Status: Active	→	Data Set Match Report (Mismatches)
Mismatch Acceptance	→			
Acknowledgement	←		→	Mismatch Acceptance Notification
Baseline Report	←	Transaction Status: Complete	→	Baseline Report

Flow Diagram 16: Mismatch Acceptance (Buyer's Bank/Seller's Bank).

5.5.2 Baseline involving additional banks

If there is an additional Obligor Bank involved in the transaction, such Obligor Bank must affirm its continued role by submitting a Role and Baseline Acceptance message to the TMA, whereupon the TMA will issue a Role and Baseline Acceptance Notification to other Involved Banks (see Flow Diagram 17).

Bank A (e.g. Buyer's Bank/Obligor Bank)		TMA		Bank B (e.g. Seller's Bank/Recipient Bank)	Additional Banks (e.g. Obligor Bank/ Submitting Bank)
		Transaction Status: Active	←	Data Set Submission	
Forward Data Set Submission	←		→	Acknowledgement	
Data Set Match Report (Mismatches)	←		→	Data Set Match Report (Mismatches)	
Mismatch Acceptance	→	Transaction Status: Role acceptance pending	→	Mismatch Acceptance Notification	Mismatch Acceptance Notification
Acknowledgement	←				
			→		Full Push Through Report
			←		Role and Baseline Acceptance
			→		Acknowledgement
Role and Baseline Acceptance Notification	←	Transaction Status: Complete	→	Role and Baseline Acceptance Notification	
Baseline Report	←		→	Baseline Report	Baseline Report

Flow Diagram 17: Mismatch Acceptance (additional banks).

5.6 MISMATCH REJECTION

Article 4 Message Definitions

"Mismatch Rejection" means a TSMT message sent to a TMA by a Buyer's Bank rejecting a Data Mismatch.

"Mismatch Rejection Notification" means a TSMT message sent by a TMA to each Involved Bank notifying it of the rejection of a Data Mismatch by a Buyer's Bank.

Article 10 **Undertaking of an Obligor Bank**

g. An Obligor Bank is not required to pay or incur a deferred payment obligation to pay at maturity if a data comparison results in a Data Mismatch that is rejected by the Buyer's Bank or another Obligor Bank other than the Buyer's Bank.

5.6.1 Baseline involving two primary banks only; Buyer's Bank is Obligor Bank

If the Data Set Submission of the Seller's Bank/Recipient Bank results in a Data Mismatch and the Buyer's Bank/Obligor Bank rejects such a mismatch, the TMA will advise the Seller's Bank/Recipient Bank by way of a Mismatch Rejection Notification.

In this case, the transaction remains active and incomplete (see Flow Diagram 18).

Bank A (e.g. Buyer's Bank/ Obligor Bank)	TMA	Bank B (e.g. Seller's Bank/ Recipient Bank)
Forward Data Set Submission ←		← Data Set Submission
		→ Acknowledgement
Data Set Match Report (Mismatches) ←		→ Data Set Match Report (Mismatches)
Mismatch Rejection →	Transaction Status: Active	
Acknowledgement ←		→ Mismatch Rejection Notification

Flow Diagram 18: Mismatch Rejection.

At this point, in order for the transaction to continue, the Seller's Bank/Recipient Bank must resubmit the Data Set(s) as per Flow Diagram 19.

Provided there is now a Data Set Match (i.e. Zero Mismatches) or a number of mismatches have been eliminated and all of the remaining mismatches are acceptable to the Buyer's Bank/Obligor Bank, then the transaction can be completed.

It is not possible for a Buyer's Bank/Obligor Bank to make a partial acceptance of any mismatches.

Bank A (e.g. Buyer's Bank/ Obligor Bank)		TMA		Bank B (e.g. Seller's Bank/ Recipient Bank)
Forward Data Set Submission	←	Transaction Status: Active	←	Data Set Submission
			→	Acknowledgement
Data Set Match Report (Zero Mismatches)	←	Transaction Status: Complete	→	Data Set Match Report (Zero Mismatches)
Baseline Report				Baseline Report

Flow Diagram 19: ReSubmission of previously mismatched Data Sets.

5.6.2 Baseline involving additional banks

In a more complex scenario, there may be an additional Obligor Bank whose agreement to any Data Mismatch must also be obtained in order for the transaction to continue. As noted above, the Data Mismatch must first be accepted by the Buyer's Bank (which may also be an Obligor Bank). The additional Obligor Bank is then required to agree by submitting a Role and Baseline Acceptance.

If the additional Obligor Bank disagrees, it will instead submit a Role and Baseline Rejection. In this case, the Baseline remains unchanged and the transaction remains active (see Flow Diagram 20).

The Buyer's Bank and the Seller's Bank/Recipient Bank must then decide what action to take. For example, they may decide to reject the Data Mismatch and retain the original Baseline. Alternatively, they may request an amendment to the Baseline, for example to replace the additional Obligor Bank.

If there is more than one Data Mismatch, it may be possible to correct those mismatches to which the additional Obligor Bank does not agree and to represent the Data Set Submission in such a way as to enable the additional Obligor Bank to submit a Role and Baseline Acceptance.

Bank A (e.g. Buyer's Bank/Obligor Bank)	TMA	Bank B (e.g. Seller's Bank/Recipient Bank)	Additional Banks (e.g. Obligor Bank/ Submitting Bank)
		← Data Set Submission	
Forward Data Set Submission ←	Transaction Status: Active	→ Acknowledgement	
Data Set Match Report (Mismatches) ←		→ Data Set Match Report (Mismatches)	
Mismatch Acceptance →	Transaction Status: Role acceptance pending	→ Mismatch Acceptance Notification	Mismatch Acceptance Notification
Acknowledgement ←			
		→	Full Push Through Report
		←	Role and Baseline Rejection
		→	Acknowledgement
Role and Baseline Rejection Notification ←	Transaction Status: Active (Baseline unchanged)	→ Role and Baseline Rejection Notification	
Baseline Report ←		→ Baseline Report	Baseline Report

Flow Diagram 20: Role and Baseline Rejection by additional bank(s).

If the Buyer's Bank continues to accept mismatches to which an additional Obligor Bank will not agree, it becomes the decision of the buyer as to how the transaction should eventually be settled. This may result in the closure of the transaction in the TMA so that further action will fall outside the scope of the URBPO. This is a worst case scenario.

5.7 SPECIAL MESSAGES

Article 4 Message Definitions

"Special Notification" means a TSMT message sent by a TMA to an Involved Bank notifying it of a Special Request made by another Involved Bank.

"Special Request" means a TSMT message sent to a TMA by (i) a Submitting Bank advising a reason that prevents it from being able to submit a Data Set, or (ii) an Involved Bank withdrawing from its role in an Established Baseline due to force majeure (subject to article 13).

Article 13 Force Majeure

a. An Involved Bank assumes no liability or responsibility for the consequences arising out of the interruption of its business, including its inability to access a TMA, or a failure of equipment, software or communications network, caused by Acts of God, riots, civil commotions, insurrections, wars, acts of terrorism, or by any strikes or lockouts or any other causes, including failure of equipment, software or communications networks, beyond its control.

b. Notwithstanding the provisions of sub-article 13(a), an Obligor Bank will, upon resumption of its business, remain liable to pay or to incur a deferred payment obligation and pay at maturity a specified amount to a Recipient Bank in respect of a BPO that expired during such interruption of its business and for which there has been the Submission of all Data Sets required by an Established Baseline on or before the expiry date of the BPO resulting in a Data Match or a Mismatch Acceptance pursuant to sub-article 10(c).

c. In the event of force majeure, a Submitting Bank or (subject to sub-article 13(b)) another Involved Bank may terminate its role in an Established Baseline by sending a Special Request to a TMA, following which a TMA will send a Special Notification to each Involved Bank.

There are two circumstances in which a Special Request message may be submitted to the TMA:

(i) If a Submitting Bank is unable to submit a Data Set under the terms of its agreed role in an Established Baseline (see Flow Diagram 21). In this case, the Submitting Bank submits a Special Request message with the code CSDS (Cannot Submit Data Set); or

(ii) If an Involved Bank must withdraw from its agreed role in an Established Baseline (see Flow Diagram 22). This option may only be exercised in force majeure. In this case the Involved Bank submits a Special Request message with the code MWFT (Must Withdraw From Transaction).

Scenario 1: CSDS

Bank A (e.g. Buyer's Bank/Obligor Bank)	TMA	Bank B (e.g. Seller's Bank/Recipient Bank)	Submitting Bank
		←	Special Request
	Transaction Status: Active	→	Acknowledgement
Special Notification ←		→ Special Notification	

Flow Diagram 21: Submitting Bank cannot submit Data Set(s).

Scenario 2: MWFT

Bank A (e.g. Buyer's Bank/Obligor Bank)	TMA	Bank B (e.g. Seller's Bank/Recipient Bank)	Additional Banks (e.g. Obligor Bank/Submitting Bank)
		←	Special Request
	Transaction Status: Active	→	Acknowledgement
Special Notification ←		→ Special Notification	Special Notification

Flow Diagram 22: Involved Bank must withdraw from transaction.

In either circumstance, the remaining banks involved in the transaction must decide what action to take, for example (a) to replace the bank that is unable to fulfil its role or (b) to close the transaction.

Chapter 6

Corporate-to-Bank Guidelines and Messaging

Under Version 1.0 of the Uniform Rules for Bank Payment Obligations (URBPO), a BPO is only recognised if it is part of an Established Baseline in a Transaction Matching Application (TMA). It represents an obligation between banks that are subscribed to the same TMA. As such, it is impossible to establish a BPO as either a corporate-to-corporate obligation or bank-to-corporate obligation. The obligation is between banks only, the Obligor Bank being the bank that is obligated to pay and the Recipient Bank (the Seller's Bank) being the designated beneficiary.

The ISO 20022 TSMT messages published on the ISO website are designed exclusively to support the exchange of data between Involved Banks and a TMA. As such, there are no mandatory messaging standards to support the exchange of BPO-related data between a corporate and a bank/financial services provider. Nor are there any mandatory channels for the exchange of such data. This means that data can be exchanged between a corporate and a bank using any standard and any channel. For example, an Excel spreadsheet presented via a bank's front-end trade application in a web portal. In a worst case scenario, though far from ideal, the information could even be passed to the bank by way of paper documents.

6.1 ADAPTING THE ISO 20022 TSMT MESSAGES

Some corporates may eventually wish to consider the possibility of using an adapted subset of the ISO 20022 TSMT messages to communicate with their banks. Such messages could, for example, be fed directly to/from an Enterprise Resource Planning (ERP) application, such as SAP or Oracle, where all the relevant data is stored.

In principle, the only messages in which a corporate end user would have an active interest/involvement would be:

a. Baseline establishment

b. Baseline amendment

c. Data Set Submission

Some TMAs may also support the processing of the so-called Intent to Pay Notification message, which allows a Buyer's Bank to confirm to a Seller's Bank a buyer's intention to pay in accordance with the agreed terms but which has no binding effect in law. In such cases, a corporate may also wish to be able to make use of the relevant messages such as the Intent to Pay Notification, Forward Intent to Pay Notification and Intent to Pay Report.

The following Tables Q and R represent a subset of ISO 20022 TSMT messages that could be adapted to support the exchange of data related to a BPO transaction between a corporate and a bank. In this instance, for the sake of clarity, two lists are shown. The first describes messages that could be sent by a corporate to a bank; the second shows the reverse flow of messages that could be sent by a bank to a corporate.

N.B. These lists are provided for illustrative purposes only. As stated, there are no officially defined standards for corporate/bank messaging.

Adapted Message Type	Message Name	Purpose	Sent by	Sent to
tsmt. 005.001.02	Amendment Acceptance	To instruct a bank to accept a Baseline Amendment Request.	A buyer or a seller	A Buyer's Bank or a Seller's Bank
tsmt. 007.001.02	Amendment Rejection	To instruct a bank to reject a Baseline Amendment Request.	A buyer or a seller	A Buyer's Bank or a Seller's Bank
tsmt. 009.001.03	Baseline Amendment Request	To request a bank to submit a request to amend an Established Baseline.	A buyer or a seller	A Buyer's Bank or a Seller's Bank
tsmt. 012.001.03	Baseline ReSubmission	To instruct a bank to respond to an Initial Baseline Submission or to resubmit Baseline data that has been mismatched.	A buyer or a seller	A Buyer's Bank or a Seller's Bank

Adapted Message Type	Message Name	Purpose	Sent by	Sent to
tsmt. 014.001.03	Data Set Submission	To instruct a bank to trigger either a match or a pre-match of the information submitted against the Established Baseline.	A buyer or a seller	A Buyer's Bank or a Seller's Bank
tsmt. 019.001.03	Initial Baseline Submission	To instruct a bank to initiate a transaction.	A buyer or a seller	A Buyer's Bank or a Seller's Bank
tsmt. 020.001.02	Mismatch Acceptance	To instruct a bank to accept a Data Mismatch.	A buyer	A Buyer's Bank
tsmt. 022.001.02	Mismatch Rejection	To instruct a bank to reject a Data Mismatch.	A buyer	A Buyer's Bank
tsmt. 044.001.01	Intent to Pay Notification	To instruct a bank to express a confirmed intent to pay a certain amount at a certain time in relation to one or more transactions.	A buyer	A Buyer's Bank

Table Q: ISO 20022 TSMT messages that could be adapted and sent from a corporate to a bank.

Adapted Message Type	Message Name	Purpose	Sent By	Sent To
tsmt. 001.001.03	Acknowledgement	To acknowledge the receipt of an incoming message from a buyer or a Seller.	A Buyer's Bank or a Seller's Bank	A buyer or a seller
tsmt. 006.001.03	Amendment Acceptance Notification	To notify a buyer or seller of the acceptance of a Baseline Amendment Request.	A Buyer's Bank or a Seller's Bank	A buyer or a seller
tsmt. 008.001.03	Amendment Rejection Notification	To notify a buyer or seller of the rejection of a Baseline Amendment Request.	A Buyer's Bank or a Seller's Bank	A buyer or a seller
tsmt. 010.001.03	Baseline Match Report	To report to a buyer or seller either (a) the successful establishment of a Baseline (following Submission of two Initial Baseline Submissions with Zero Mismatches) or (b) the failure to establish a Baseline owing to mismatches having been found between the two Initial Baseline Submissions.	A Buyer's Bank or a Seller's Bank	A buyer or a seller
tsmt. 011.001.03	Baseline Report	To report to a buyer or seller either a pre-calculation or final calculation of the dynamic part of an Established Baseline.	A Buyer's Bank or a Seller's Bank	A buyer or a seller

Adapted Message Type	Message Name	Purpose	Sent By	Sent To
tsmt. 013.001.03	Data Set Match Report	To report to a buyer or seller on either a Data Match or a Data Mismatch, following Submission of all Data Sets required by an Established Baseline and the automatic comparison of such Data Sets with that Established Baseline.	A Buyer's Bank or a Seller's Bank	A buyer or a seller
tsmt. 015.001.03	Delta Report	To list the differences between the Established Baseline and a newly proposed Baseline, following a request for a Baseline Amendment.	A Buyer's Bank or a Seller's Bank	A buyer or a seller
tsmt. 016.001.03	Error Report	To advise the inability of the TMA to process a message received from an Involved Bank due to an error detected in that message.	A Buyer's Bank or a Seller's Bank	A buyer or a seller
tsmt. 017.001.03	Forward Data Set Submission Report	To pass on to a buyer or seller information related to the Data Sets covered by the transaction.	A Buyer's Bank or a Seller's Bank	A buyer or a seller

Adapted Message Type	Message Name	Purpose	Sent By	Sent To
tsmt. 018.001.03	Full Push Through Report	To advise the buyer or seller details of a proposed Baseline, an Established Baseline or a proposed amendment to an Established Baseline. The Baseline data forms part of the Full Push Through Report.	A Buyer's Bank or a Seller's Bank	A buyer or a seller
tsmt. 021.001.03	Mismatch Acceptance Notification	To notify the seller that a buyer has accepted a Data Mismatch.	A Seller's Bank	A seller
tsmt. 023.001.03	Mismatch Rejection Notification	To notify a seller that a buyer has rejected a Data Mismatch.	A Seller's Bank	A seller
tsmt. 024.001.03	Action Reminder	To remind a buyer or seller of an action that is overdue.	A Buyer's Bank or a Seller's Bank	A buyer or a seller
tsmt. 040.001.03	Time-out Notification	To advise a buyer or seller that a transaction will be closed within a given time if no action is taken.	A Buyer's Bank or a Seller's Bank	A buyer or a seller
tsmt. 045.001.01	Forward Intent to Pay Notification	To inform a seller of the Buyer's confirmed intent to pay a certain amount at a certain time in relation to one or more transactions.	A Seller's Bank	A seller
tsmt. 046.001.01	Intent to Pay Report	To report upon intent to pay messages received.	A Buyer's Bank and a Seller's Bank	A buyer or a seller

Table R: ISO 20022 TSMT messages that could be adapted and sent from a bank to a corporate.

6.2 DIFFERENCES IN SCOPE

When a financial institution subscribes to a TMA, it does so for the purpose of exchanging information with other financial institutions that are similarly subscribed to the same TMA.

The information itself will invariably be sourced from a corporate customer, a buyer or a seller, or a trusted third party acting on behalf of that corporate customer. For example, in order for a bank to submit an Initial Baseline Submission, it must first receive the relevant purchase order data from the buyer or seller. In order to submit a Commercial Data Set, the bank must first receive the relevant invoice data. The bank will validate and process this data before submitting it to the TMA itself.

It follows that the scope of the messages exchanged between a buyer or seller and a Buyer's Bank or a Seller's Bank differs from that of the messages exchanged between a Buyer's Bank or a Seller's Bank and a TMA.

Any message sent by a buyer or seller to a Buyer's Bank or Seller's Bank represents a request for that bank to submit data to a TMA. The messages sent by the Buyer's Bank or Seller's Bank to the TMA represent formal instructions to act and form part of a structured exchange of data between Involved Banks and the TMA.

It is important to bear in mind that any request received by a Buyer's Bank or Seller's Bank from a buyer or seller will differ in content from the corresponding instruction that is sent by the Buyer's Bank or Seller's Bank to the TMA. For that reason, it is advisable that the buyer or seller receives an acknowledgement and/or a copy of that corresponding instruction from the Buyer's Bank or Seller's Bank.

For example, if the buyer or seller submits a request to create an Initial Baseline Submission, a copy of that Baseline will be included in the Full Push Through Report, which can be copied to the buyer or seller for information purposes. Buyers and sellers should similarly be copied in on any other responses received by the Buyer's Bank or Seller's Bank from the TMA.

When a Buyer's Bank or a Seller's Bank submits an Initial Baseline Submission message to a TMA, it will receive an Acknowledgement message from the TMA. This Acknowledgement message will contain a unique transaction identifier code (TID), which must subsequently appear on all related messages that are exchanged between the Involved Banks and the TMA regarding that particular transaction.

The buyer and the seller should be instructed to make use of that same code in any messages that are subsequently exchanged between themselves and an Involved Bank.

Before submitting an Initial Baseline Submission to a TMA, a financial institution will perform all necessary internal checks and validations and complete any missing data that the corporate may be unable to provide, such as the bank identifier code (BIC) of the counterparty bank.

6.3 END-TO-END MESSAGE FLOWS

Adopting a similar style to Chapter 5 above, the end-to-end message flows that could possibly take place between buyers, sellers, Involved Banks and a TMA may be illustrated by way of the following example in Flow Diagram 23 (see pages 136-139):

Buyer	Buyer's Bank/Obligor Bank	TMA
Initial Baseline Submission Request (with/without BPO) →		
	Initial Baseline Submission →	
Acknowledgement Copy (containing unique Transaction Identifier) ←	Acknowledgement (containing unique Transaction Identifier) ←	Transaction Status: Proposed
Copy of Full Push Through Report ← Copy of Baseline Match Report	Full Push Through Report ← Baseline Match Report (Zero Mismatches)	
		Transaction Status: Established
Copy of Full Push Through Report ← Copy of Delta Report	Full Push Through Report ← Delta Report	
Request to submit an Amendment Acceptance →	Amendment Acceptance →	
Copy of Acknowledgement ←	Acknowledgement ←	
Copy of Full Push Through Report ← Copy of Baseline Report	Full Push Through Report ← Baseline Report	
Copy of Forward Data Set Submission ←	Forward Data Set Submission ←	

	Seller's Bank/Recipient Bank	Seller
	→ Full Push Through Report	→ Copy of Full Push Through Report
	← Baseline ReSubmission	← Copy of Baseline ReSubmission
	→ Acknowledgement (containing unique Transaction identifier)	→ Copy of Acknowledgement (containing unique Transaction identifier)
	→ Full Push Through Report Baseline Match Report (Zero Mismatches)	→ Copy of Full Push Through Report Copy of Baseline Match Report
	← Baseline Amendment Request	← Request to Amend Baseline
	→ Acknowledgement	→ Copy of Acknowledgement
	→ Full Push Through Report Delta Report	→ Copy of Full Push Through Report Copy of Delta Report
	→ Amendment Acceptance Notification	→ Copy of Amendment Acceptance Notification
	→ Full Push Through Report Baseline Report	→ Copy of Full Push Through Report Copy of Baseline Report
	← Data Set Submission	← Copy of Data Set Submission
	→ Acknowledgment	→ Copy of Acknowledgement

Buyer		Buyer's Bank/Obligor Bank		TMA
Copy of Data Set Match Report (with mismatches) Copy of Baseline Report	←	Data Set Match Report (with mismatches) Baseline Report	←	Transaction Status: Active
Instruction to accept mismatches	→	Mismatch Acceptance	→	
Copy of Acknowledgement	←	Acknowledgement	←	
Copy of Data Set Match Report Copy of Baseline Report		Data Set Match Report Baseline Report	←	Transaction Status: Complete

	Seller's Bank/Recipient Bank	Seller
	→ Data Set Match Report (with mismatches) Baseline Report	→ Copy of Data Set Match Report (with mismatches) Copy of Baseline Report
	→ Mismatch Acceptance Notification	→ Copy of Mismatch Acceptance Notification
	→ Data Set Match Report Baseline Report	→ Copy of Data Set Match Report Copy of Baseline Report

Flow Diagram 23: Example of how messages might flow end-to-end between buyer, Buyer's Bank, Seller's Bank and seller.

For the purposes of the above example, the possibility of an Amendment Rejection or a Mismatch Rejection has been ignored, as has the possibility of an invalid submission resulting in an Error Report. Other messages not shown in the example include the Action Reminder and the Time-out Notification.

Chapter 7

Corporate Agreements

7.1 INTERACTIONS OUTSIDE THE SCOPE OF THE URBPO

Figure 14 shows that the URBPO governs only those interactions that take place between the TMA and an Involved Bank. Any interactions between the bank and its corporate customer or between the two corporate counterparties (the buyer and the seller) are strictly outside the scope of the URBPO.

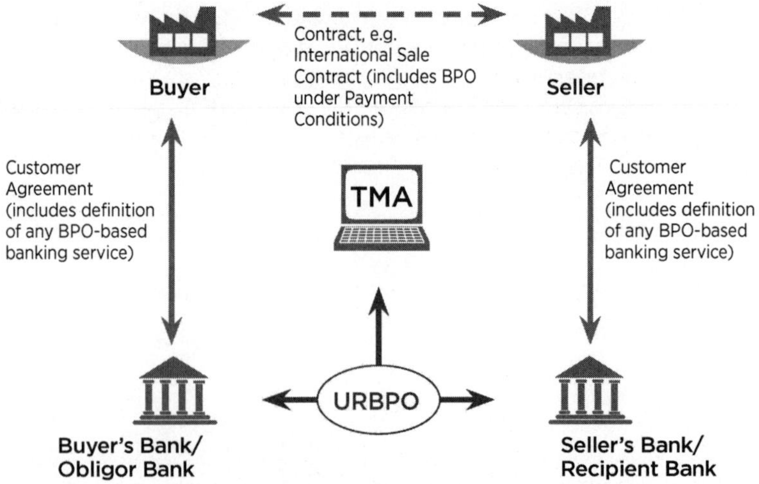

Figure 14: The URBPO governs interactions between Involved Banks and the TMA.

Figure 15 illustrates the business flows that take place outside the TMA and which are therefore outside the scope of the URBPO.

These include the exchange of documents between the buyer and the seller, the exchange of data between a corporate customer and a bank and the execution of a payment instruction between banks.

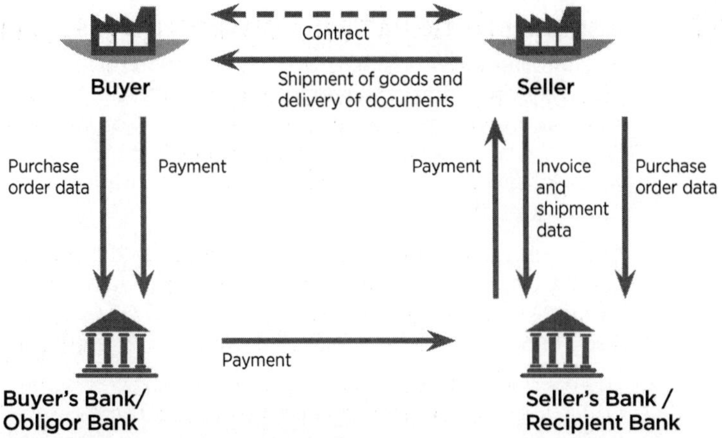

Figure 15: Business flows that take place outside the TMA are not governed by the URBPO.

After a buyer and a seller have entered into a contractual agreement in which the agreed payment term is shown as a BPO, both the buyer and the seller will need to put in place an agreement with a bank that is able to provide them with the required BPO-related services.

It is important for the buyer and the seller to ensure that both the Buyer's Bank and the Seller's Bank, as well as any other bank as may be required to become involved in the transaction, are all subscribed to the same TMA scheme.

When all of the underlying agreements between the buyer, seller and participating banks are formally in place, the exchange of data can begin. Purchase order data must be provided by both buyers and sellers to their respective banks in order that the Baseline can be established. Once the goods are shipped, physical documents are sent directly by the seller to the buyer. The relevant data elements that have been extracted from these documents are passed to the bank for matching.

When the transaction is complete and all required data has been satisfactorily matched, the payment is authorised and executed.

All of these interactions take place outside the TMA. They are not subject to the URBPO and do not require adoption of ISO 20022 TSMT standards.

7.2 AGREEMENT BETWEEN A BUYER AND A SELLER

Any international business transaction requires a precisely detailed underlying contract. The ICC Model International Sale Contract provides a template for the presentation of a set of clear and concise standard contractual conditions for the most basic international trade agreement.

Although denominated as a "sale" contract, the model is equally appropriate for use by buyers, as it balances the interests of exporters (sellers) and importers (buyers). It may therefore also be used for a purchase agreement.

The model contract is divided into two parts: Specific Conditions, which allow the parties to use the model directly by filling in the blanks in the form, and General Conditions, which provide a platform of standard legal terms and thus a reference tool for contract drafting or negotiation. These General Conditions may be used together with the Specific Conditions or independently.

The ICC Model International Sale Contract is specifically adapted for transactions governed by the UN Convention for the International Sale of Goods (CISG), which applies to an increasingly large volume of international sales.

The model is available for sale on the ICC's website at: www.iccwbo.org.

The expansion of global trade goes hand in hand with the need for standard contracts that are universally acceptable. Without access to model contract forms, SMEs in particular are at a disadvantage, as they risk building the legal basis of their international business dealings on agreements that have either been drafted without any professional legal support or imposed by the other party.

Large companies may also benefit from such models, as they may offer the compromise required to solve the deadlock entered into during negotiations.

In the past, model contracts often had a rather limited focus. For example, sector-specific organisations created standard contracts for their constituencies, and there existed a host of models intended for specific categories of users (e.g. buyers, agents, distributors, manufacturers and so forth), which tended to provide the best possible contractual solutions for the category of user for which they were drafted.

7.2.1 The ICC Approach

The ICC has always favoured a different, more balanced approach, as it aims to represent all those involved in trade alike: sellers and buyers, principals and agents, suppliers and distributors. Consequently, model contracts issued by the ICC try to take into account the interests of all parties involved, without favouring any one of them over another.

Although the basics of international sales do not change overnight, model contracts should reflect current trade usage or else they are bound to fall into disuse.

This requires models to be updated and revised from time to time, but at the same time to remain predictable, in line with proven practices.

7.2.2 Specific and General Conditions

The ICC Model International Sale Contract is intended to be used by business circles, and its language is conceived to be understandable for business people. Therefore, the model is short, clear and specific, while still presenting a comprehensive set of rights and obligations. Moreover, it allows those not participating in the negotiations to use the resulting contract as a guide to executing the transaction and assessing the execution of the agreement afterwards.

The contract is divided into two parts:

a. Specific Conditions, setting out terms that are specific to a particular contract of sale; and

b. General Conditions, setting out standard terms common to all contracts.

The model has been designed on the assumption that parties would normally use both parts, with each part being drafted with the other part in mind.

It is particularly important to designate the mode and time of payment. Where payment is to be made by transfer to the Seller's Bank, the bank or branch identifier code should be clearly stated, together with sufficient details to identify the account (IBAN or other) and, if desired, the mode of the payment message (e.g. wire transfer or electronic funds transfer).

Some of the payment modes available require the buyer to execute payment or provide for payment security prior to shipment of the goods. If the time of shipment precedes the time of delivery (e.g. when selling Documents Against Payment), the parties should not only agree on a time of delivery but also on a time of shipment.

The model now also provides buyers and sellers with the possibility to organise payment through a BPO.

7.2.3 Extract from the ICC Model International Sale Contract

A-7 PAYMENT CONDITIONS (ART. 5)

Payment on open account (art 5.1)

Time for payment (if different from art 5.1) ______ days from date of invoice. Other: ______

☐ Open account backed by demand guarantee or standby letter of credit (art. 5.6)

Payment in advance (art 5.2)

Date (if different from art 5.2): __________

☐ Total price

☐ % of the price: remaining amount __________% to be paid at ____________

☐ Payment in advance backed by advance payment bond

Documentary collection (art 5.4)

☐ D/P Documents against payment

☐ D/A Documents against acceptance

Irrevocable documentary credit (art 5.3)

☐ Confirmed

☐ Unconfirmed

Place of issue (if applicable)________

Place of confirmation (if applicable)_________

Credit available:

☐ At sight

☐ By deferred payment at: __ days

☐ By acceptance of drafts at: __ days

☐ By negotiation

Partial shipments: __ Allowed __ Not allowed

Transhipment: __Allowed __Not allowed

• **Date on which the documentary credit must be notified to seller (if different from 5.3)**

___ days before date of shipment other ___

Irrevocable Bank Payment Obligation (art 5.5)

☐ Settlement by Payment

☐ Settlement by Deferred Payment Undertaking and payment at maturity. Deferred payment terms ___ days after sight or after date of ___

Date on which the Bank Payment Obligation must be notified to seller (if different from art. 5.5)

___ days before date of shipment other ___

Other:________________________________
(e.g. cheque, bank draft, electronic funds transfer to designated bank account or seller)

Seller's Bank Details

IBAN/bank account number ____________________________

BIC/SWIFT code ____

N.B. For information on IBAN, see **http://www.ecbs.org/iban.htm**. For information on BICs, see **https://www2.swift.com/directories**.

If the parties have agreed on payment against the security of a BPO, then, unless otherwise agreed, the buyer must arrange for the seller to receive an assurance of payment in accordance with the agreed payment terms in the form of a BPO to be issued by a bank in favour of the Seller's Bank, subject to the URBPO, and to be notified at least 30 days before the agreed date of shipment or at least 30 days before the earliest date within the agreed shipment period. Unless otherwise agreed, the BPO is payable at sight.

7.3 AGREEMENT BETWEEN A CORPORATE CUSTOMER AND A FINANCIAL INSTITUTION

Financial institutions in general will have standard templates (boilerplates) in place to reflect the terms and conditions and levels of service under which specific services will be delivered to their corporate customers. When incorporating a BPO-related service into such agreements, it is the financial institution's responsibility to ensure compliance with applicable law and its own policies and procedures. Issues to take into account when considering the wording of such agreements include the following:

- definition of the banking service;
- commercial terms for the delivery of such service, in particular payment and settlement that fall outside the scope of both the TMA and the URBPO;
- any operational requirements that may need to be complied with in relation to the exchange of data with a TMA and the terms and conditions applied by the operator of the transaction matching service;
- any limitations linked to the availability of the TMA;
- any limitations around the amendment of instructions and/or processing of mismatched data; and
- definition of force majeure.

Chapter 8

BPO Business Scenarios

The Bank Payment Obligation (BPO) may be regarded first and foremost as a risk mitigation tool. It provides the means to ensure that a buyer receives the goods or services required and that that the seller is paid on time. As such, a BPO may be seen to complement the traditional trade finance services that are currently available, not only through documentary letters of credit, but also alternative instruments such as payment guarantees, standby letters of credit and credit insurance.

The BPO may also be used to support a variety of financing propositions. As such, it is again complementary to existing trade services available not only through documentary letters of credit but also factoring, forfaiting and so-called "reverse factoring" or approved payables finance.

Figure 16 shows the high-level flows associated with the establishment of a Baseline, based upon the matching of purchase order data and the subsequent matching of invoice and transport data that results in the BPO becoming due.

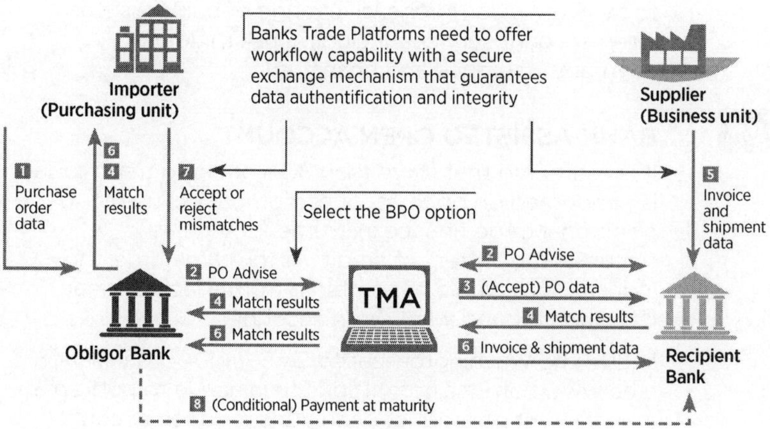

Figure 16: Overview of BPO-related flows through a TMA. *Source: ICC*

At various stages in the BPO transaction lifecycle, it is possible for Involved Banks to identify trigger points for the provision of risk mitigation and financing services based upon the electronic matching of data.

This is increasingly important in a world where more and more trade is being conducted on open account, that is, where physical documents are sent directly from the seller to the buyer instead of being routed through the banking system.

The fact that the processing of the BPO revolves around an automated matching of data rather than the physical examination of documents means that any risk of delay arising out of a dispute over "discrepancies" can be minimised. Data "mismatches" are highlighted immediately so that the Buyer's Bank can either accept or reject them.

Automation also allows additional flexibility in the handling of amendments and the ability to reduce the cost of capital, for example by delaying the issuance of the BPO. All of this adds up to increased process efficiency for everyone involved in the supply chain.

The objective is to fill in the missing links. While the management of the physical supply chain refers to the movement of goods from production to distribution, the management of the financial supply chain refers to the movement of money and hence working capital.

These two sides of the supply chain can effectively be linked together by the processing of information and the generation of reports by a centralised TMA, using a BPO to facilitate a comprehensive range of bank-assisted open account services, including risk mitigation, payment assurance and financing.

8.1 BANK-ASSISTED OPEN ACCOUNT

It is estimated that more than 80% of world trade today is conducted on open account, not making use of traditional trade finance instruments such as documentary letters of credit. At the same time, the industry as a whole has suffered from a lack of clear definition around what open account is.

In 2011 the Washington-based BAFT-IFSA organisation (see www.baft-ifsa.com) took the initiative to publish a standard set of product definitions for open account trade processing and open account trade finance, in support of its mandate to evaluate and guide standardisation, improve risk management and enhance the role and relevance of financial institutions.

Part of the rationale behind this common list of definitions was a recognition of the fact that the recent development of new technologies has brought about an opportunity for increased collaboration between banks to service the business needs of both buyers and sellers.

There is now an established niche for open account transactions to benefit from bank assistance, particularly in those areas where access to working capital finance may still be required. The BAFT-IFSA definitions are designed to provide clarity on open account trade-related products and services.

They describe open account transaction lifecycles and identify related trade service processing and financing services that a bank may provide. Additionally, these definitions are designed to provide the flexibility to encourage service customisation and differentiation, thus enabling banks to enhance further the wide spectrum of solutions covering different elements of the transaction banking value chain.

During the course of this chapter, we will use the BAFT-IFSA standard definitions as a means of illustrating a range of BPO-related business scenarios.

In Table S, the processing and financing opportunities are matched to the corresponding trigger points in the supply chain.

Supply Chain Trigger Points	Bank Processing Opportunity	Bank Financing Opportunity
Purchase Order agreed	Purchase Order Advice	Pre-Shipment Finance
Goods warehoused	Document Checking/ Data Matching	Warehouse Finance
Documents issued	Documents/Purchase Order Reconciliation	Receivables Purchase
Documents presented	Document Checking/ Data Matching	Post-Shipment Finance
Documents approved	Management of Approved Documents	Approved Payables Finance
Due date	Document Payment	Repay any outstanding financing

Table S: Trigger points for the provision of financial supply chain services. Source: BAFT-IFSA

8.2 OPEN ACCOUNT PROCESSING/SERVICING

Open account processing is linked to the existing processing capabilities for trade services, including purchase order upload, data matching and payment services. An important aspect of this activity is the exchange and sharing of data to trigger supply chain finance opportunities.

8.2.1 Purchase Order Advice

A purchase order specifying the goods and terms is created by the buyer. The seller is then notified of the purchase order and other shipping instructions through a collaboration platform, fax, email, portal or other method. Once notified, the buyer may require the seller's acknowledgement. *Source: BAFT-IFSA*

In Figure 17 we show the agreement of the purchase order details between the buyer and the seller. Both buyer and seller must subsequently upload these purchase order details to their own banks. All of this happens outside the TMA and outside the scope of the URBPO.

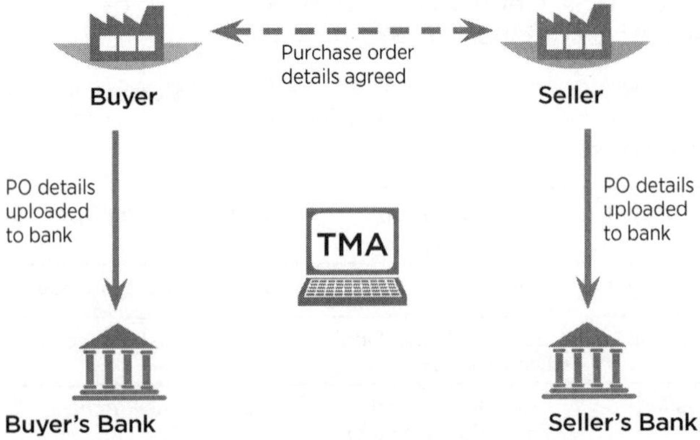

Figure 17: Buyers and sellers must upload their purchase order data to the bank.

In the example shown in Figure 18, the Initial Baseline Submission is submitted by the Buyer's Bank. It is equally possible for the Initial Baseline Submission to be submitted by the Seller's Bank.

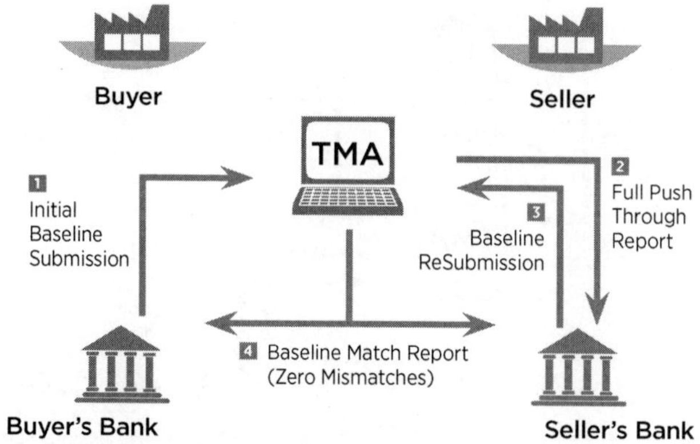

Figure 18: The banks will use the PO data to create a Baseline in the TMA. The Baseline may include a BPO.

On receipt of the Initial Baseline Submission, the TMA generates a Full Push Though Report, which contains a copy of the proposed Baseline. In response to the Full Push Through Report, the Seller's Bank must resubmit the Baseline so that the transaction can become established in the TMA.

In this example, there are two banks only, the Buyer's Bank and the Seller's Bank. Therefore, if the Baseline ReSubmission of the Seller's Bank matches the Initial Baseline Submission of the Buyer's Bank, the TMA will generate a Baseline Match Report with Zero Mismatches and the Baseline will be established.

If the Baseline includes a BPO (which is optional), then the BPO is also established. At this point, the Buyer's Bank would become the Obligor Bank and the Seller's Bank would become the Recipient Bank (see Figure 19).

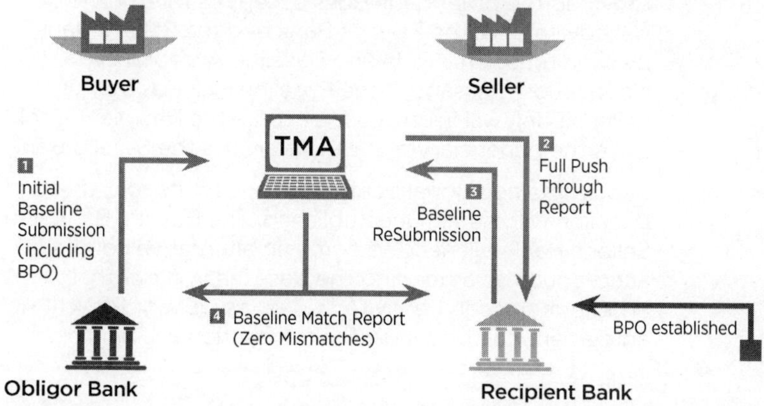

Figure 19: If the Baseline includes a BPO, the Buyer's Bank becomes the Obligor Bank and the Seller's Bank becomes the Recipient Bank.

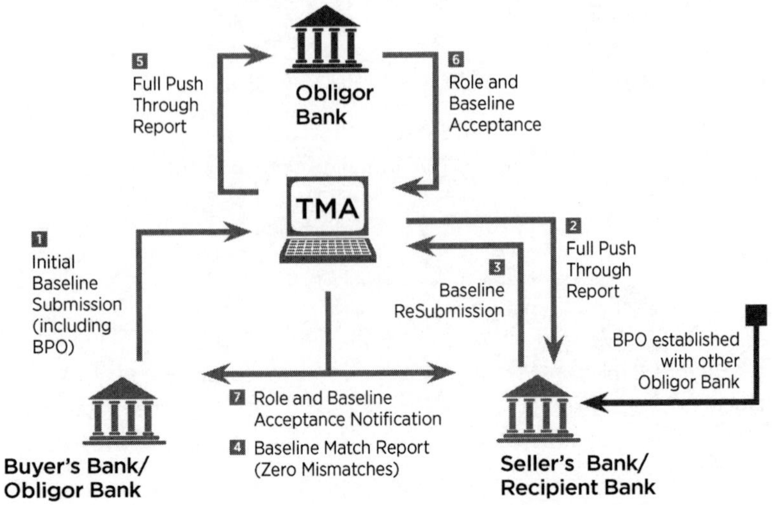

Figure 20: If another Obligor Bank is involved, it must accept its role by submitting a Role and Baseline Acceptance message.

If there are more than two banks involved in the transaction (e.g. another bank is named as an Obligor Bank in the Baseline), then the Baseline status will remain "partially matched" unless or until the other bank accepts its role as an Obligor Bank in the transaction. This bank may be acting as an Obligor Bank either instead of the Buyer's Bank or in addition to the Buyer's Bank.

In such cases, the TMA will send another Full Push Through Report to the other bank, in response to which the bank must submit a Role and Baseline Acceptance message, confirming its acceptance of its role, for example, as an Obligor Bank (see Figure 20).

Provided the other bank does accept its role, the TMA will advise both the Buyer's Bank and the Seller's Bank by sending them a Role and Baseline Acceptance Notification message. If the Baseline includes a BPO, the Seller's Bank will in any case become the Recipient Bank, since the beneficiary of a BPO is always the Seller's Bank.

Should the additional bank fail to accept its role, the Baseline will remain unestablished. The Buyer's Bank and Seller's Bank will need to agree an alternative course of action, such as amending the Baseline in order that another bank can be invited to act as Obligor Bank. If no agreement can be made, the transaction will be closed.

The above examples illustrate how a TMA can be deployed to support purchase order advice, potentially including a BPO to facilitate risk mitigation, payment assurance and financing.

8.2.2 Document Presentment and Data Matching

Documents are created and presented by the seller. Matching criteria under Open Account are defined by the buyer. They may consist of simple checking for the presence of all the required documents or detailed checking of specific data values within or among documents in an automated, semi-automated, or manual fashion as defined in the Purchase Order Advice. *[Source: BAFT-IFSA]*

Data matching replaces document checking. In a BPO-related transaction, the relevant data elements as specified in the Baseline are extracted from the corresponding commercial invoice and transport documents and input into the TMA in the form of Data Sets.

The seller must deliver the data (or documents) to the Seller's Bank/Recipient Bank. This happens outside the TMA and therefore outside the scope of the URBPO (see Figure 21).

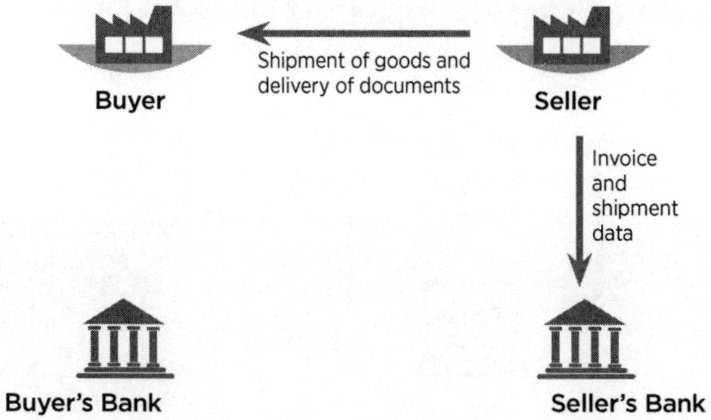

Figure 21: The seller must deliver the commercial and transport data to the Seller's Bank.

The Seller's Bank will use this data to create the Commercial and Transport Data Sets. These Data Sets are input into the TMA and compared to the Established Baseline.

If the data comparison results in Zero Mismatches, the TMA will generate a Data Set Match Report with Zero Mismatches (see Figure 22).

If there is a BPO, then the BPO is now due, since all the data matching requirements included in the Baseline will have been met. This will be reflected in the Baseline Report.

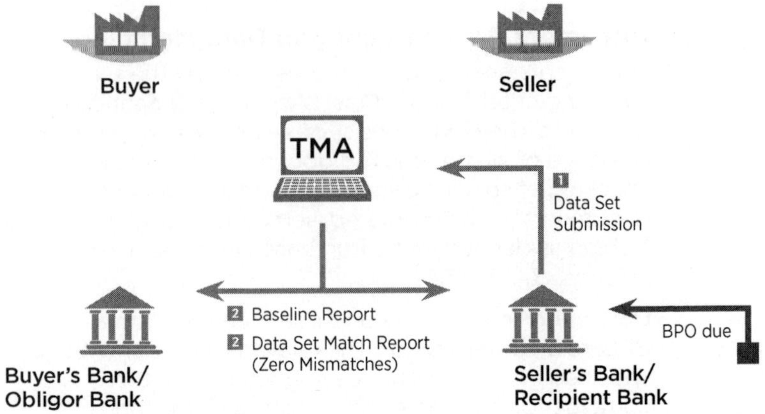

Figure 22: If the data comparison results in Zero Mismatches, the TMA will send a Data Set Match Report with Zero Mismatches and a Baseline Report to the Buyer's/Obligor Bank and the Seller's/Recipient Bank. The BPO is now due.

If there is an additional bank involved in the transaction, that bank will also receive a copy of the Data Set Match Report and Baseline Report (see Figure 23).

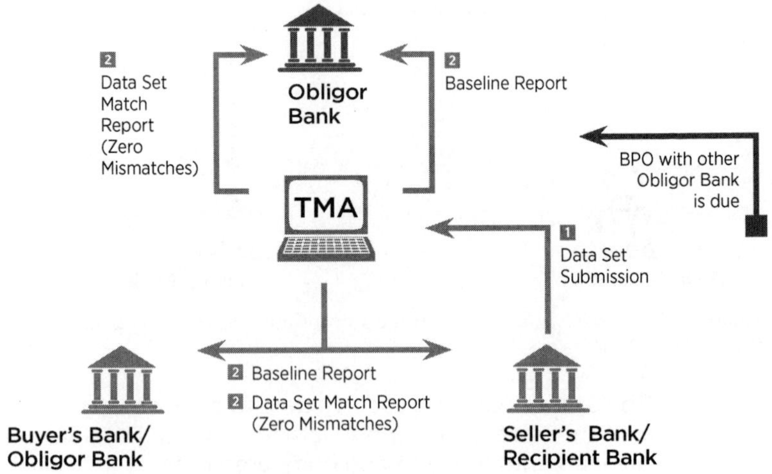

Figure 23: Additional banks will receive a copy of the Data Set Match Report with Zero Mismatches and Baseline Report. The BPO with other Obligor Bank(s) is now due.

8.2.3 Discrepancy Handling/Dispute Resolution

If the matching results include discrepancies between the buyer's matching criteria and the presented document data, the buyer is typically notified to determine if the documents will be rejected or approved. For efficiency purposes, the buyer can pre-authorise the bank to pay documents where there are no discrepancies. Dispute resolution enables buyers and sellers to resolve disputes related to Open Account activity on-line or via other methods of communication. *[Source: BAFT-IFSA]*

If a data comparison results in a mismatch of data between the Data Set(s) and the Established Baseline, the TMA will generate a Data Set Match Report that will highlight such mismatches (see Figure 24).

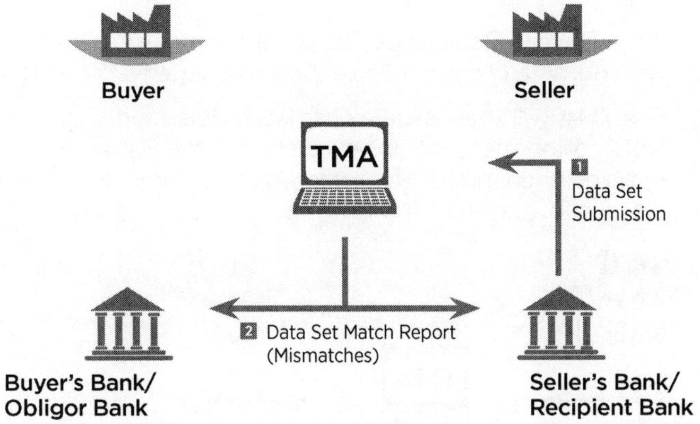

Figure 24: If the Data Set(s) contain mismatches, these will be reported in the Data Set Match Report.

The Buyer's Bank/Obligor Bank now has the option either to accept or to reject these mismatches.

Mismatches can be accepted by the submission of a Mismatch Acceptance. The TMA will then issue a Mismatch Acceptance Notification and Baseline Report to Involved Banks (see Figure 25). The Baseline Report will reflect the acceptance of the mismatches. In addition, the BPO will become due, since all matching conditions have been met.

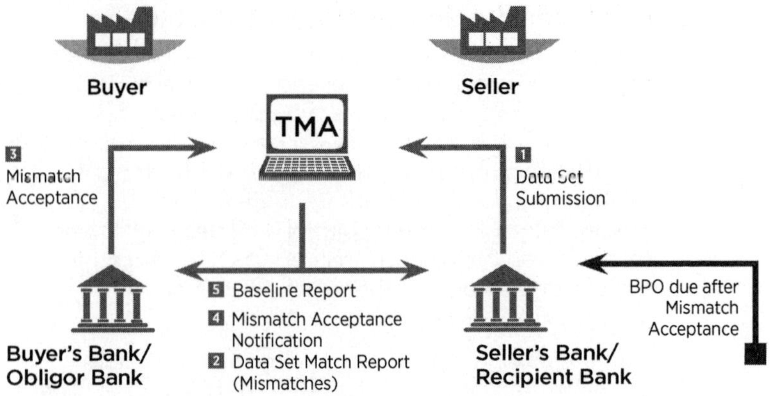

Figure 25: If the Buyer's Bank accepts the mismatches, the TMA sends a Mismatch Acceptance Notification and Baseline Report to Involved Banks. The BPO is due.

If the Buyer's Bank does not accept the mismatches, it will submit a Mismatch Rejection message to the TMA.

The TMA will then issue a Mismatch Rejection Notification message. In this instance, the Baseline remains unchanged. The rejected Data Set is effectively discarded, and the BPO is not due (see Figure 26).

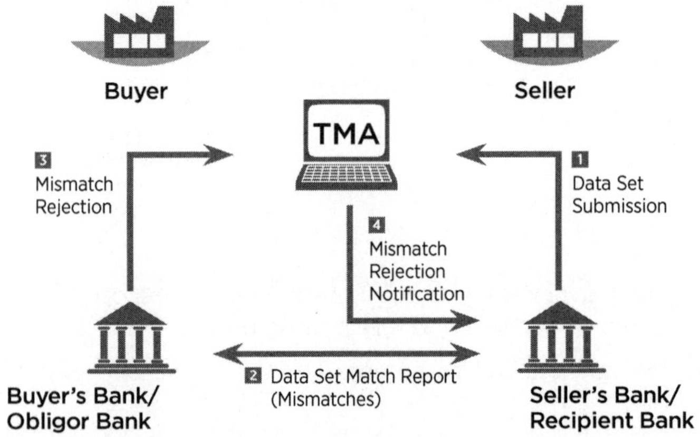

Figure 26: If the Buyer's Bank rejects the mismatches, the Baseline remains unchanged and the BPO is not due.

The ability to accept mismatches that are identified simply, clearly and early through the electronic comparison of data reduces the risk of delays being caused by disputes over discrepancies. This reinforces the value of the BPO as a means of avoiding the risk of late payment and providing an assurance that payment will be made on time as per the agreed terms.

If there are other Obligor Banks involved in the transaction, the Buyer's Bank must first accept the mismatches. The TMA will then send a Full Push Through Report to the other Obligor Banks inviting them to respond with a Role and Baseline Acceptance. Provided the other banks accept their continued roles following the acceptance of mismatches by the Buyer's Bank, then the transaction may proceed to completion. The TMA will issue a Role and Baseline Acceptance Notification and a Baseline Report reflecting that the BPO is now due (see Figure 27).

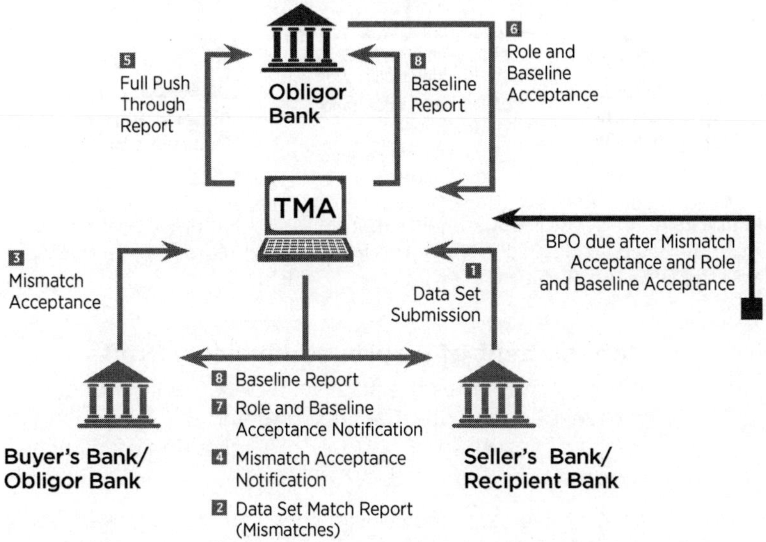

Figure 27: If the additional Obligor Bank accepts its continued role following the acceptance of mismatches by the Buyer's Bank, it will submit a Role and Baseline Acceptance message. The TMA will send a Role and Baseline Acceptance Notification to the other banks and issue a Baseline Report to reflect the changes and to show that the BPO is now due.

If an additional Obligor Bank rejects its continued role by sending a Role and Baseline Rejection message, then the Baseline will remain unchanged (see Figure 28). The Data Set Submission will effectively be discarded and the BPO is not due. The other Involved Banks must now decide what action to take in order for the transaction to continue, such as requesting a Baseline Amendment to remove/replace the bank that has rejected its role.

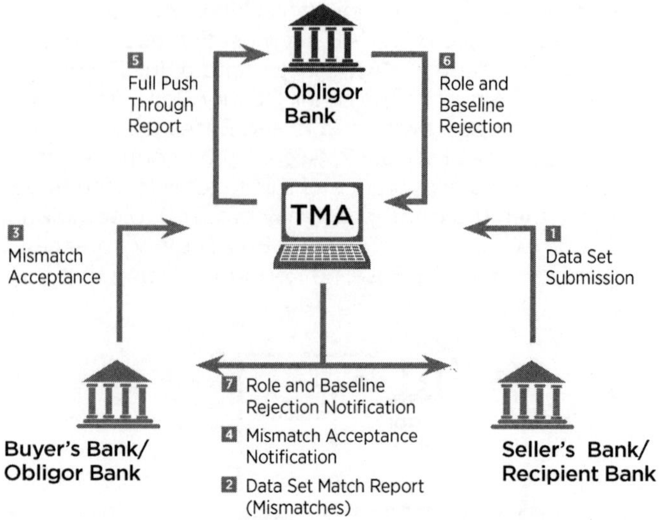

Figure 28: If an Obligor Bank rejects its role following the acceptance of mismatches by the Buyer's Bank, the Baseline will remain unchanged and the BPO is not due.

8.2.4 Management of Approved Invoices/Drafts

The bank manages the approved documents process with respect to potential financing and the scheduling of transaction settlement and/or the collection of invoice proceeds. *[Source: BAFT-IFSA]*

As we have seen previously, once the goods have been shipped, the seller is required to upload the commercial and transport data to the Seller's Bank in order that the Seller's Bank can submit the relevant Data Sets for matching. If the Data Sets match, or if mismatches are accepted, it means that the commercial invoice data has been approved. This in turn means that the Seller's Bank/Recipient Bank may agree to finance the seller and that any BPO that has been issued may be relied upon as a source of repayment. This scenario is played out in Figures 29, 30 and 31.

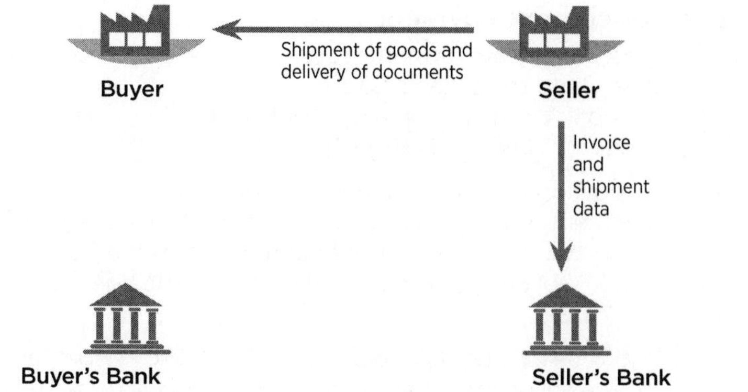

Figure 29: The seller uploads the commercial invoice and transport data as before.

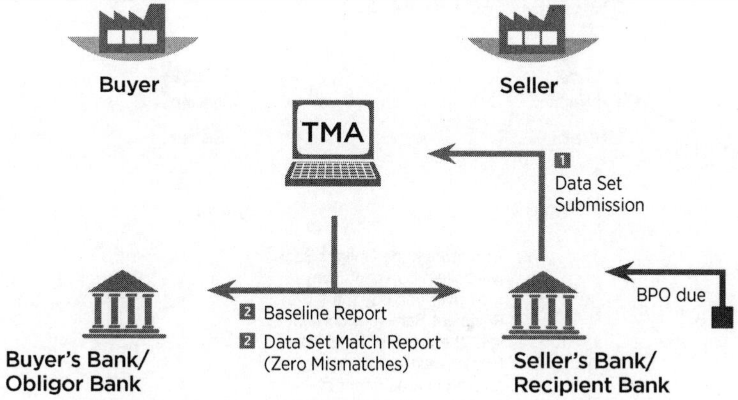

Figure 30: The Seller's Bank/Recipient Bank submits the Data Sets that match the Established Baseline. This means that any BPO that was included in the Baseline is now due.

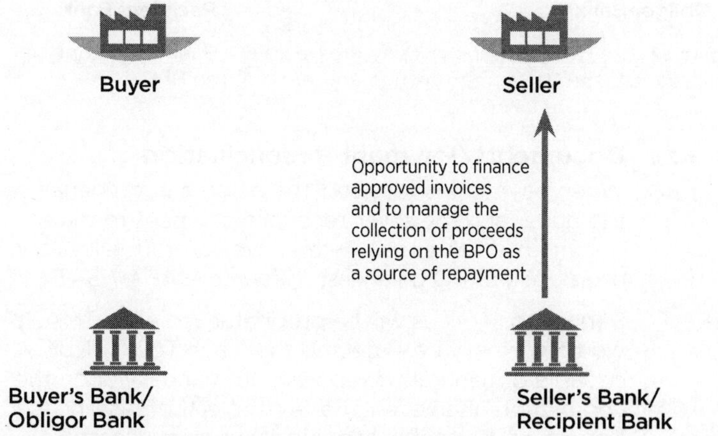

Figure 31: The Seller's Bank/Recipient Bank can now rely upon the BPO as a source of repayment.

8.2.5 Document Payment

The buyer pays at maturity (usually the document due date) and the seller is paid or Seller's financing (if any) is repaid with any remaining proceeds going to the seller. *[Source: BAFT-IFSA]*

Following on from the management of approved invoices under 8.2.4 above, the Seller's Bank/Recipient Bank will eventually collect payment from the Buyer's Bank/Obligor Bank in accordance with the agreed terms of the BPO.

If the Seller's Bank/Recipient Bank has provided finance to the seller, then the proceeds of the BPO payment will be used as a source of repayment. Otherwise, the Seller's Bank/Recipient Bank will complete payment to the seller (see Figure 32).

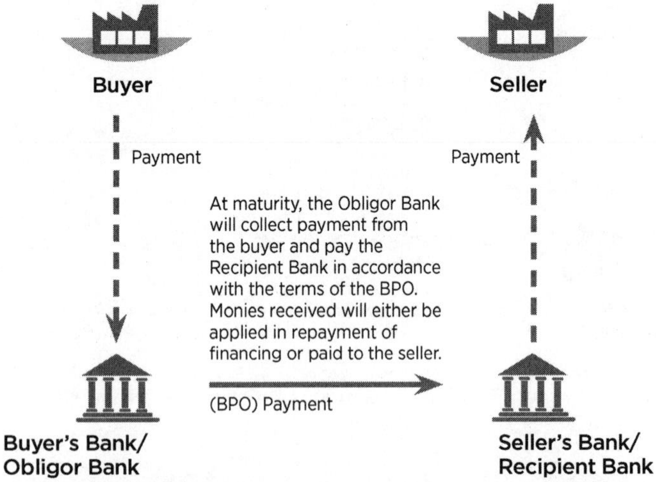

Figure 32: The Obligor Bank will pay the Recipient Bank at maturity in accordance with the agreed settlement terms of the BPO.

8.2.6 Documents/Payment Reconciliation

When payment is received, the bank may, on behalf of the buyer and the seller, reconcile payment to the documents' value (usually the invoice/draft value) and keep track of PO balances. *[Source: BAFT-IFSA]*

Reporting services will be proprietary to each TMA. It would normally be expected that each TMA will be capable of generating reports automatically upon the completion of an event. For example, the Baseline Match Report will be sent automatically upon successful establishment of a Baseline, and a Data Set Match

Report will be automatically generated after Submission of Data Sets.

In addition to these automatically generated reports, the ISO 20022 TSMT messaging standards provide for the delivery of reports that may be requested by an Involved Bank at any time. These reports include an Activity Report to describe activities that have taken place within a given time span, a Transaction Report to provide details relating to a specific transaction and a Status Report to report on the current status of any transactions in which a bank may be involved (see Figure 33). The TMA operator may levy an additional charge for such reports.

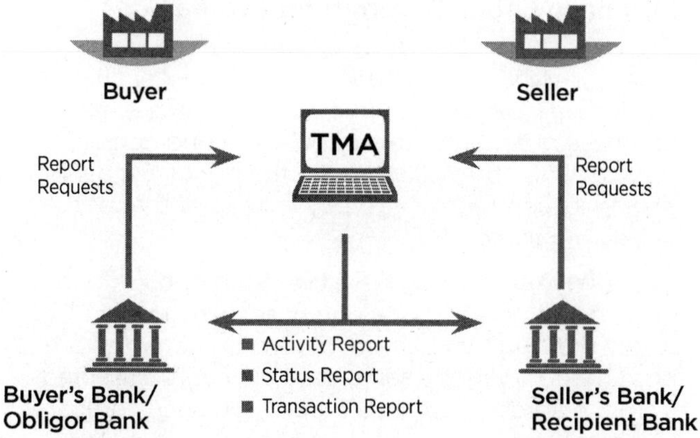

Figure 33: The Buyer's Bank/Obligor Bank and the Seller's Bank/Recipient Bank can request a variety of reports to be generated by the TMA at any time.

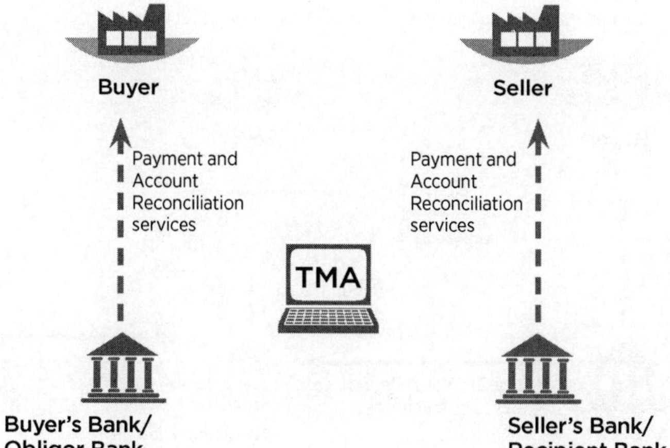

Figure 34: Using the TMA generated reports, the Buyer's Bank/Obligor Bank and the Seller's Bank/Recipient Bank will be able to offer a range of value-added payment and account reconciliation services.

The information included in these reports will enable the bank to keep track of outstanding purchase orders and reconcile payments made pursuant to approved invoices. This in turn facilitates the provision of value-added payment and account reconciliation services to the corporate customer (see Figure 34).

8.3 OPEN ACCOUNT FINANCE

Financial supply chain solutions are designed to link together buyers, sellers and financial institutions in order to facilitate financing opportunities across the entire lifecycle of an open account trade transaction.

8.3.1 Purchase Order Commitment to Pay

The Buyer's Bank issues its commitment to pay the seller (at sight or at maturity) once the seller ships and makes available the required documents that match the purchase order and other stipulated conditions. This service allows the seller to take the risk of the bank issuing its commitment to pay instead of that of the buyer. *[Source: BAFT-IFSA]*

As we have seen previously, the establishment of a Baseline is indicative of a purchase order match. That is to say that the two Baseline Submissions, which are both based upon the same data elements extracted from the agreed purchase order, have been compared and matched resulting in Zero Mismatches. If the Baseline includes a BPO, the BPO is also established (see Figure 35). In this case, the Buyer's Bank may assume the role of the Obligor Bank, and the Seller's Bank will assume the role of the Recipient Bank.

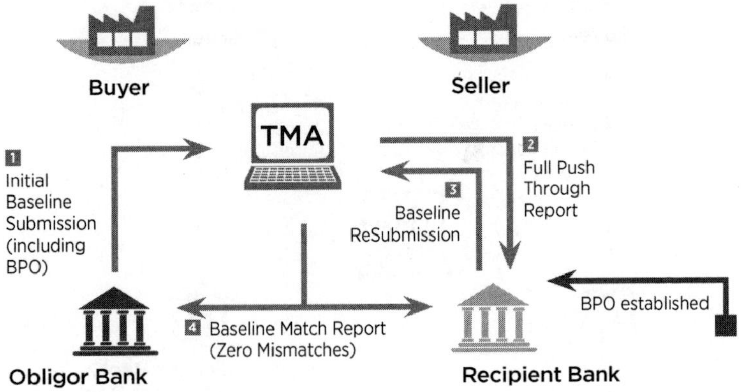

Figure 35: If the two Baseline Submissions match, the Baseline is established. If a BPO is included, the BPO is also established.

At this point, the BPO represents the commitment of the Buyer's Bank/Obligor Bank to pay the Seller's Bank/Recipient Bank or to incur a deferred payment obligation and pay at maturity. Relying on this commitment to pay and taking into account the risk of the Obligor Bank, the Seller's Bank/Recipient Bank is able to consider any request for financing from the seller (see Figure 36).

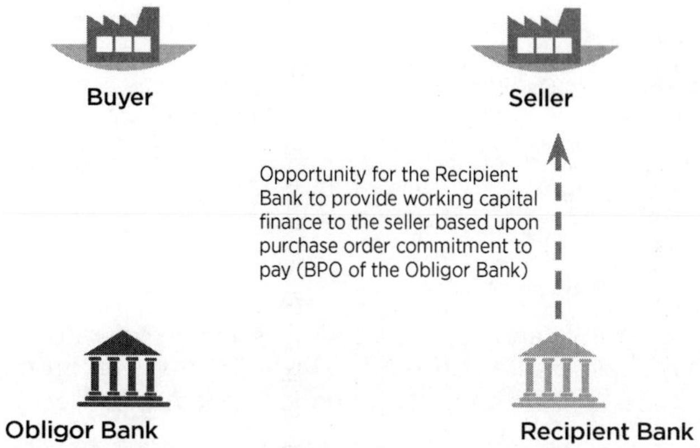

Figure 36: The Seller's Bank/Recipient Bank may consider financing the seller based upon the purchase order commitment to pay (BPO) of the Obligor Bank.

8.3.2 Pre-Shipment Finance

Pre-Shipment Finance, also known as purchase order financing, is made available to a seller based on a purchase order received from a buyer. This financing can cover all the related working capital needs of the seller including raw materials, wages, packing costs and other pre-shipment expenses. Once the goods are ready, refinancing or repayment can occur. *[Source: BAFT-IFSA]*

As per the purchase order commitment to pay arrangements shown under 8.3.1 above, an offer of pre-shipment finance is dependent upon the confirmation of a purchase order, as may be evidenced by the establishment of a TMA Baseline (see Figure 37).

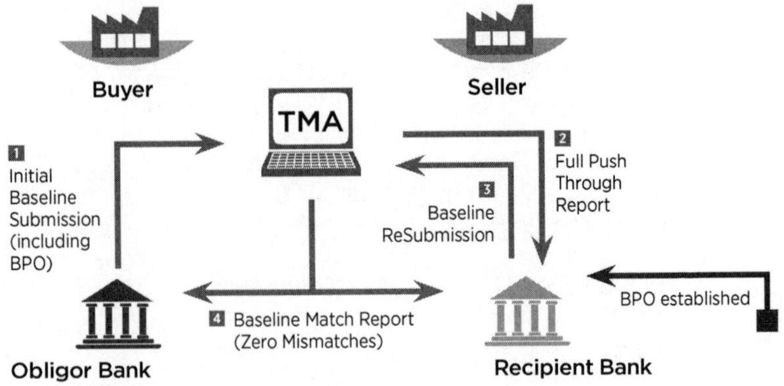

Figure 37: The establishment of the Baseline confirms the agreed content of the purchase order.

The scenario shown here is very similar to the one shown under 8.3.1.

The terms and conditions attached to an offer of pre-shipment finance (see Figure 38) may vary from those attached to finance under a purchase order commitment to pay.

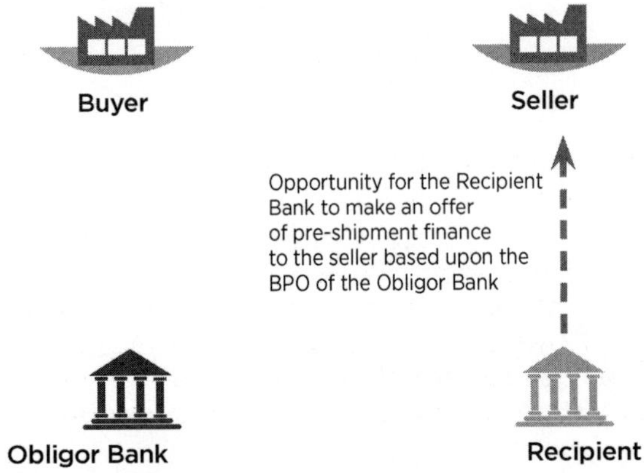

Figure 38: Similar to Figure 33, the Recipient Bank may consider making an offer of finance to the seller, relying on the BPO of the Obligor Bank as a source of repayment.

8.3.3 Warehouse Finance

Warehouse financing is a form of trade finance in which goods are held in a warehouse for the buyer, usually by the seller, until needed. At a minimum, warehouse receipts are commonly required as evidence for the financing. Some banks may only do this under structured trade transactions. *[Source: BAFT-IFSA]*

The Submission of data into a TMA provides visibility into the underlying trade transaction. This enables Involved Banks to keep track of the movement of goods along the physical supply chain, opening up the possibility to identify multiple trigger points for the delivery of financial services, including financing itself.

The matching of warehouse receipt data to an Established Baseline could be used as a means to support a proposition for warehouse finance.

This is one example where a Seller's Bank/Recipient Bank may wish to take advantage of the possibility to "pre-match" in order to force a match of a Data Set, the results of which will be seen by the Seller's Bank/Recipient Bank only (see Figure 39).

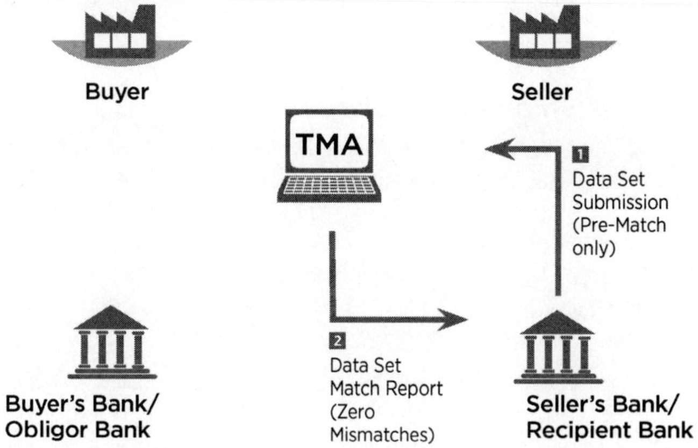

Figure 39: A Seller's Bank/Recipient Bank can submit a Data Set with the instruction "pre-match" in order to force a match, the results of which are seen by the Seller's Bank/Recipient Bank only.

If the Seller's Bank/Recipient Bank is satisfied that the data matches, it may be in a position to make an offer of warehouse finance to the seller (see Figure 40).

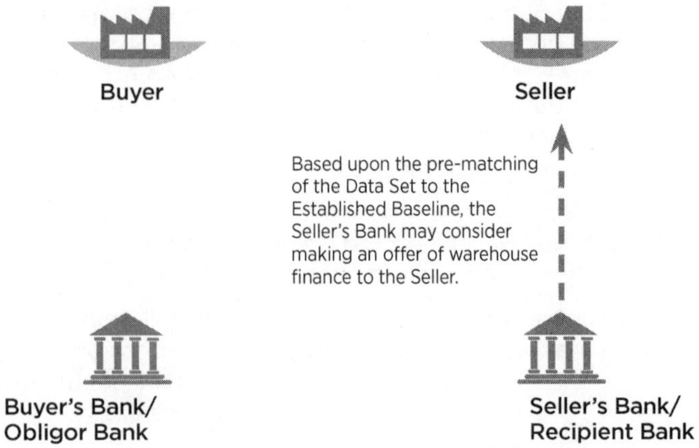

Figure 40: The pre-matched Data Set enables the Seller's Bank/Recipient Bank to consider a request for warehouse finance.

8.3.4 Post-Shipment Finance

Post-shipment finance is provided to a seller using the receivable as collateral. The seller presents shipping documents as evidence of a receivable and the bank may also require a bill drawn on the buyer for the goods exported. The bank may prefer to purchase and discount a bill drawn on the buyer for the goods exported. *[Source: BAFT-IFSA]*

Once the goods have been shipped, the seller is able to send the documents directly to the buyer in order that the buyer can take delivery, just as they would in a pure open account arrangement.

At the same time, the seller will submit related data to the Seller's Bank in accordance with the Established Baseline. The Submission of matching Data Sets will cause the BPO to become due (see Figure 41). The Obligor Bank must then pay the Seller's Bank/Recipient Bank or incur a deferred payment obligation and pay at maturity.

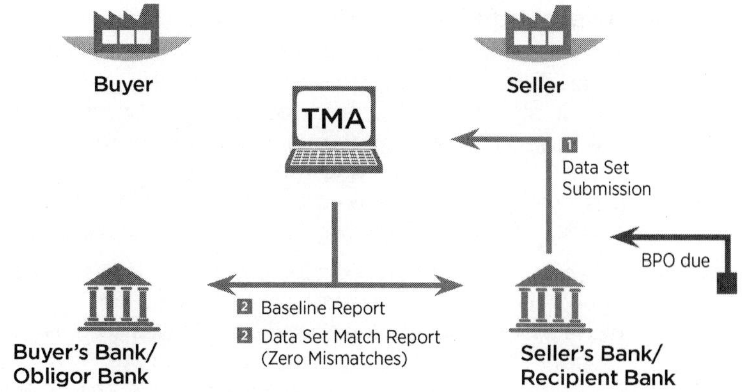

Figure 41: The BPO becomes due upon Submission of matching Data Sets.

If payment is deferred to a due date at some time in the future, say 180 days, there is an opportunity for the Seller's Bank/Recipient Bank to provide post-shipment finance to the seller. Reliance is placed on the Obligor Bank's commitment to pay at maturity (see Figure 42).

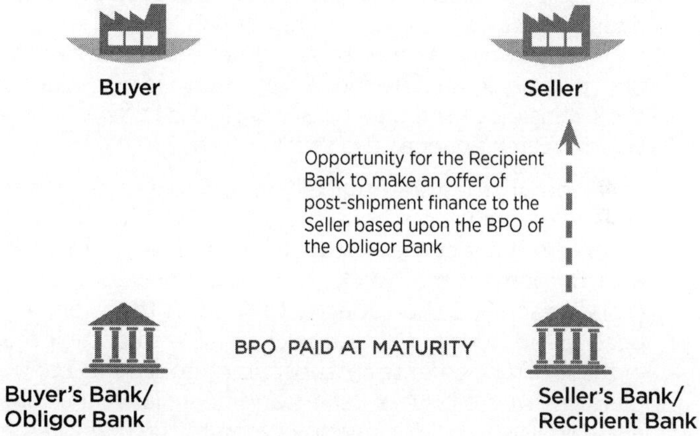

Figure 42: The Seller's Bank/Recipient Bank may rely upon the Obligor Bank's BPO to support a proposition for post-shipment finance.

At this later stage of the transaction lifecycle, when the goods have been shipped and the invoice and transport data have been matched, this represents a more secure, less risky form of finance than the earlier confirmed purchase order/pre-shipment financing scenarios.

8.3.5 Approved Payables Finance

Approved Payables Finance allows sellers to sell their receivables and/or drafts relating to a particular buyer to a bank at a discount as soon as they are approved by the buyer. This allows the buyer to pay at normal invoice/draft due date and the seller to receive early payment. The bank relies on the creditworthiness of the buyer. *[Source: BAFT-IFSA]*

In recent times, a considerable amount of interest has been expressed in so-called "reverse factoring". Some niche market players have marketed this service as "supply chain finance", while a more accurate description of the service in question would arguably be "approved payables finance".

In simple terms, this is a business scenario that enables a bank to finance the seller by placing reliance on the creditworthiness and credit rating of the buyer and making use of the buyer's own credit lines.

Since the financing arrangements are reliant upon the availability of credit from the buyer, approved payables finance business has tended to flourish in what is popularly known as the "three corner model", where only one bank, namely the Buyer's Bank, is involved, to the exclusion of the Seller's Bank. That is to say that the Buyer's Bank finances the seller directly.

This kind of structure originally emerged in the Spanish-speaking countries, where it was known as "confirming". Given the three corner nature of the business model, it is an arrangement that works well for big players with global reach and the capacity to support the supplier base of big buyers. Other banks are able to participate in these arrangements by subscribing to a multi-bank platform where buyers, sellers and financial institutions are able to share information related to the management of risk and financing.

The BPO potentially offers an alternative approach to approved payables finance, moving away from the "three corner model" towards a "four corner model" in which a Buyer's Bank/Obligor Bank and a Seller's Bank/Recipient Bank may collaborate with one another. Once again, the ability to pre-match Data Sets may be advantageous to this scenario.

Very often, a seller may not have identified an early requirement for financing. If the seller has confidence that the buyer will pay and has no identified need for finance, it is possible for a Baseline initially to be set up in the TMA without the inclusion of a BPO.

It will sometimes happen that the seller then does have a need for finance but this need arises only very late in the transaction lifecycle.

One thing always to bear in mind here is that a BPO cannot be created after Submission of matching Data Sets. The simple reason for this is that a BPO always represents a conditional obligation to pay. The conditional element of a BPO is that the Data Sets specified in the Established Baseline are an exact match.

In order to satisfy these conditions, the Data Sets must always be submitted after the establishment of the BPO, and never before. If the Data Sets required in the Established Baseline have already been submitted and matched, a BPO cannot now be created since the matching conditions can never be met. Hence, the potential advantage of the "pre-match".

In order to support this kind of business scenario, the Baseline must first be established without a BPO (see Figure 43).

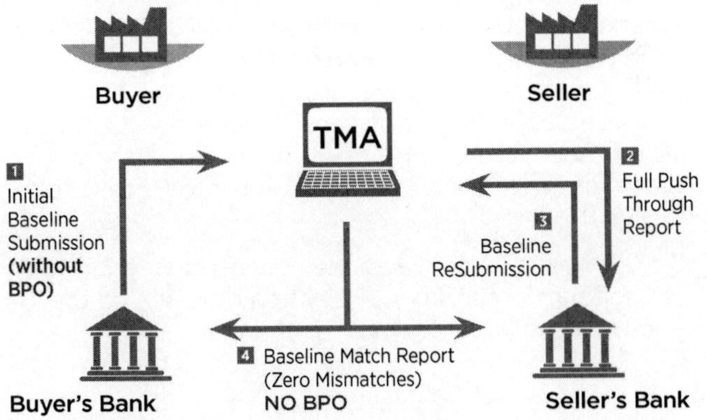

Figure 43: Baseline establishment without a BPO.

At the next step, when the goods have been shipped and the documents have been sent directly from seller to buyer, thus enabling the buyer to take delivery, the seller submits the data to the Seller's Bank but requests the Seller's Bank to keep open the possibility of providing finance against the selected invoices, should the need for short-term finance arise before the due date.

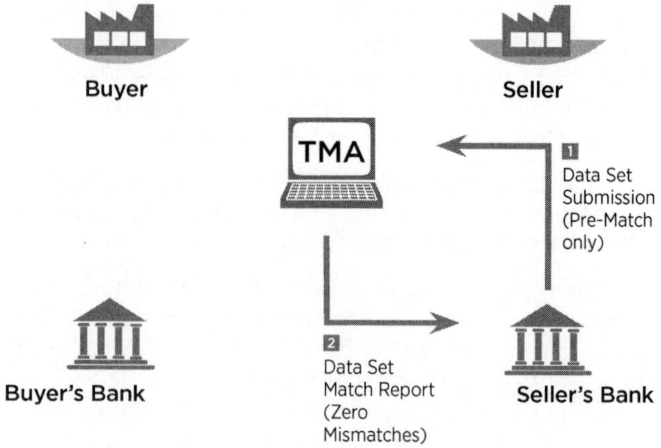

Figure 44: By submitting data for a pre-match, the Seller's Bank retains the option to create a BPO.

In order to retain the possibility of creating a BPO against the related invoices, the Seller's Bank will request a "pre-match" (see Figure 44). By doing this, the Seller's Bank can satisfy itself in advance that the Data Sets, when eventually presented for full matching, will match.

In order to create a BPO after a Data Set pre-match, the Seller's Bank will need to submit a Baseline Amendment Request message. This message will request an amendment to the Baseline to add a BPO. The TMA will send details of the proposed amendment to the Buyer's Bank. Of course, the Buyer's Bank must agree to the proposed amendment by sending an Amendment Acceptance to the TMA in which case the Baseline will be amended and the BPO will come into force (see Figure 45).

If the Buyer's Bank rejects the proposed amendment, it will send an Amendment Rejection message to the TMA and the Baseline will remain unchanged.

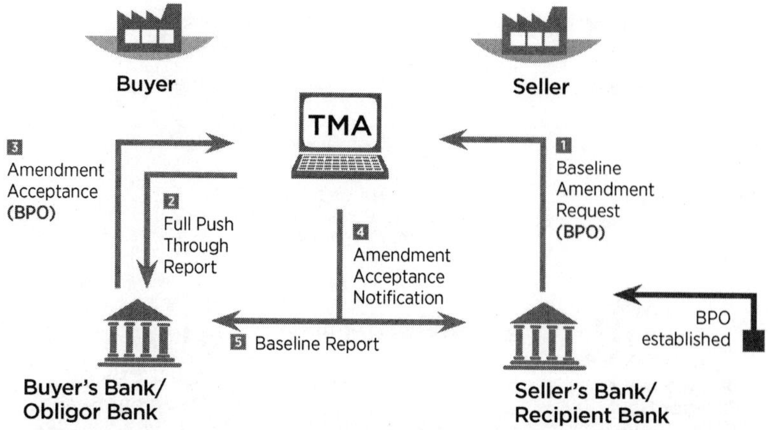

Figure 45: If the Buyer's Bank accepts the Baseline Amendment Request, the BPO is established. The Buyer's Bank becomes the Obligor Bank and the Seller's Bank becomes the Recipient Bank.

After the BPO has been established, the Seller's Bank/Recipient Bank may, if it wishes to do so, immediately submit the Data Sets for full data matching. Having already submitted the data for a successful pre-match, the Seller's Bank/Recipient Bank knows that the Data Sets will match and that the BPO will therefore become due (see Figure 46).

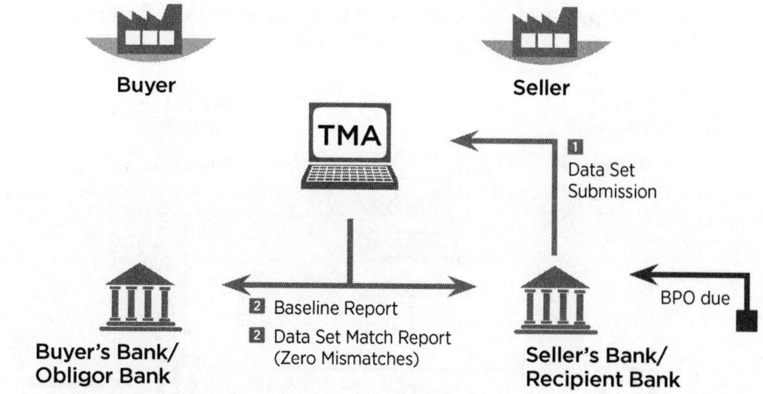

Figure 46: When the Data Sets are successfully matched to the Established Baseline, the BPO becomes due.

If the BPO is payable on deferred payment terms, the Seller's Bank/Recipient Bank may now consider financing the seller, placing reliance on the BPO of the Obligor Bank as its source of repayment (see Figure 47).

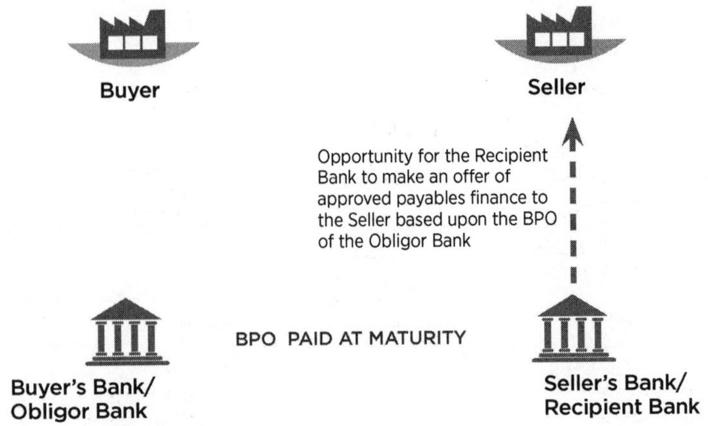

Figure 47: The Seller's Bank/Recipient Bank can finance the seller directly using the BPO of the Obligor Bank as collateral.

8.3.6 Receivables Purchase

Receivables Purchase allows sellers to sell their receivables/drafts relating to one or many buyers to their bank to receive early payment. The bank may require insurance and/or limited or full recourse to the seller to mitigate the risk of the pool of receivables. *[Source: BAFT-IFSA]*

This scenario can again be underwritten by the matching of the Data Sets to the Established Baseline so that the BPO is due (see Figure 48).

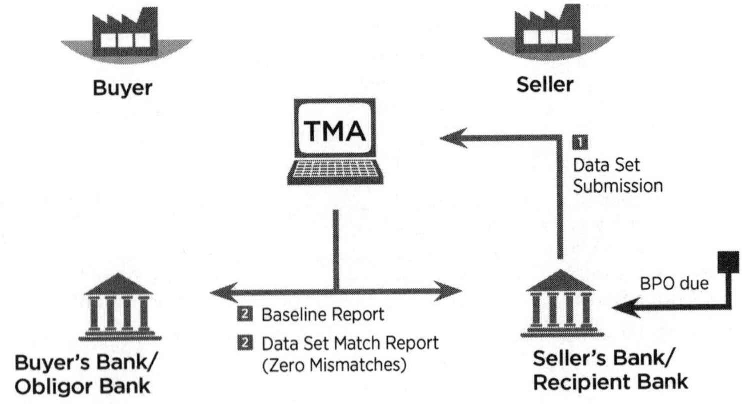

Figure 48: The matching of the Data Sets to the Established Baseline means the BPO is due.

As a variation on previous scenarios, the Seller's Bank/ Recipient Bank may elect to purchase the receivables. Repayment will in any case eventually come from the Obligor Bank.

This scenario is further illustrated and completed in Figures 49 and 50.

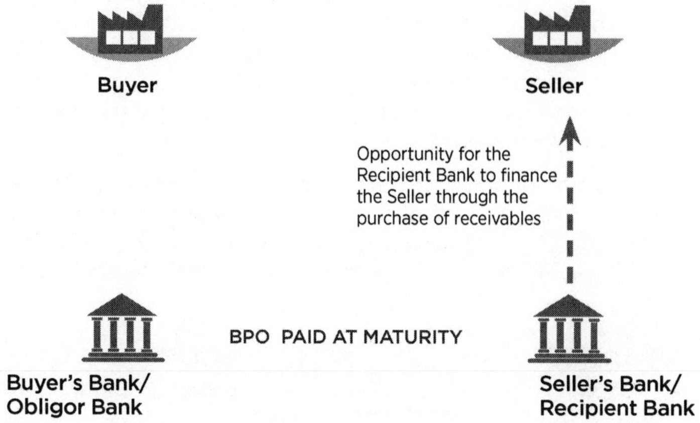

Figure 49: The Seller's Bank/Recipient Bank can discount the receivables and obtain repayment from the Obligor Bank on the due date.

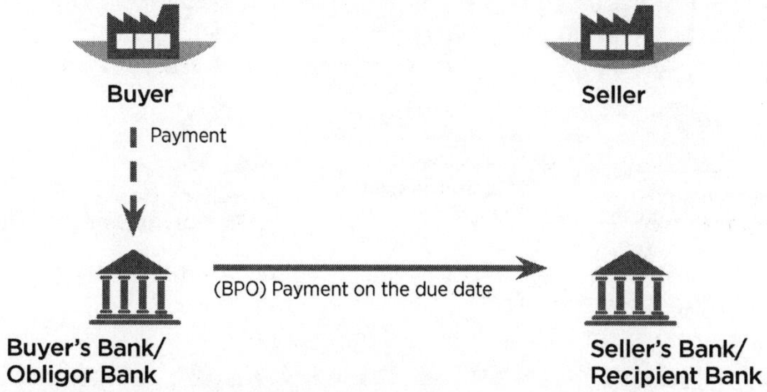

Figure 50: The Obligor Bank pays on the due date.

8.3.7 Flexible Due Date

As an alternative to payment on the scheduled repayment date, customers may request payment prior to or following the scheduled due date. Repayment prior to the scheduled date would result in expected prepayment discount, while extensions of due date would equate to additional financing. *[Source: BAFT-IFSA]*

Another illustration of the flexibility attached to the issuance of a BPO is the ease with which a due date may be amended so as to either bring forward or delay the execution of the payment.

Going back to the example of approved payables finance, another way for the Seller's Bank/Recipient

Bank to potentially finance the seller would be by bringing forward the due date of the BPO. This would force the Obligor Bank to pay early so that the Seller's Bank/Recipient Bank could finance the seller using funds that it has already received from the Obligor Bank. This is somewhat similar to a bank loan arrangement and may be associated with some form of risk/revenue sharing between banks.

In order to bring forward or postpone a due date there needs to be an amendment to the Baseline (see Figures 51 and 52). By pushing back the due date of a BPO the Buyer's Bank is delivering extended credit to the buyer.

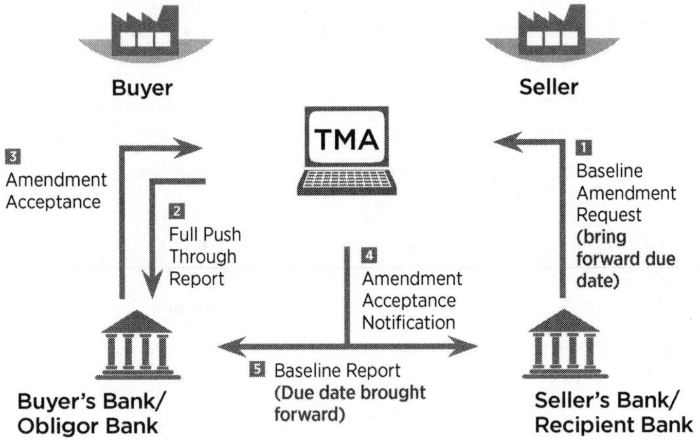

Figure 51: The Recipient Bank may request a Baseline Amendment to bring forward the due date.

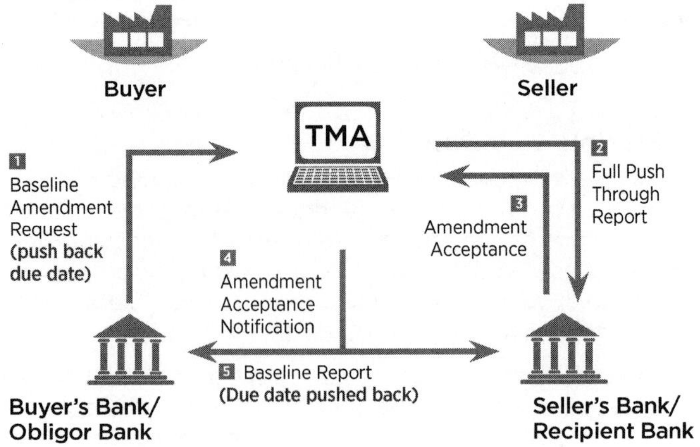

Figure 52: The Obligor Bank may request a Baseline Amendment to push back the due date.

8.4 BPO CASE STUDIES

Although a growing number of financial institutions have declared themselves operationally ready, it is fair to say that, to date, the number of banks and corporates that have used a BPO in a live environment is quite limited.

Banks leading the way have mostly been Asian-based and include the Bank of Tokyo-Mitsubishi UFJ, the Bank of China, Siam Commercial Bank and Standard Chartered Bank. Only a small number of corporate adopters have been identified in the public domain. The best-known examples include BP Chemicals and Ito-Yokado.

One of the factors that has to some extent constrained market adoption is the absence of an industry-owned rulebook. At its Spring Banking Commission meetings held in Lisbon (Portugal) on 16-17 April 2013, the ICC voted 100% in favour of the adoption of the URBPO.

It is widely anticipated that ICC ownership of the rules will prove to be a natural turning point and a catalyst that will accelerate market demand for BPO-based services.

8.4.1 BP Chemicals (Exporter)

Working with Standard Chartered Bank, BP Chemicals and its Middle East counterparty, Octal Petrochemicals, went live on the BPO in May 2012.

With trade account receivables in the region of EUR 1.4 billion and more than 600 clients worldwide, BP Chemicals was actively seeking a secure and cost-effective means of collecting payment, avoiding some of the high processing and confirmation costs commonly associated with the use of letters of credit.

The flexibility surrounding the use of the BPO has enabled BP and Octal to strengthen their strategic relationship by dematerialising the trade flow documentation. Owing to the delayed issuance of the BPO, Octal is able to benefit from a reduced demand on credit lines while BP is able to reduce costs as a result of enhanced operational efficiencies.

8.4.2 Standard Chartered Bank

Standard Chartered Bank has a broad geographic coverage capable of supporting BPO-based transactions on a global scale. The bank has invested in BPO-based solutions that can be adapted to meet specific client needs in terms of credit protection, pre- and post-shipment financing, risk mitigation and working capital management.

8.4.3 Ito-Yokado (Importer)

Working with the Bank of Tokyo-Mitsubishi UFJ, Ito-Yokado also went live on the BPO in 2012.

Having experienced a decline in sales revenue in 2011, Ito-Yokado was seeking to leverage the strengths of the Seven and I Holdings Group in order to raise competitiveness. Adoption of the BPO has enabled Ito-Yokado to streamline its operations, enhancing reconciliation processes and negotiating improved terms. Inventory levels have been reduced by placing smaller orders at higher frequency. Suppliers are able to benefit from the ease of operation and an accelerated cash conversion cycle, resulting in improved working capital management.

8.4.4 Bank of Tokyo-Mitsubishi UFJ (BTMU)

BTMU has been one of the most active banks in pioneering the BPO solution across Asia. Recognising the continued shift of business towards trading on open account, BTMU has actively pursued the opportunity to provide a new range of solutions to service the open account market, providing increased process efficiency and winning new business in new markets.

Chapter 9

Useful Links

9.1 Uniform Rules for Bank Payment Obligations

International Chamber of Commerce
www.iccwbo.org

9.2 Messaging Standards

ISO 20022
www.iso20022.org

9.3 Transaction Matching Application Service

SWIFT
www.swift.com

9.4 Industry Organisations

Asian Development Bank
www.adb.org

Association of International Credit and Trade Finance Professionals
www.ictfworld.org

BAFT-IFSA
www.baft-ifsa.com

EBRD
www.ebrd.com

Factors Chain International
www.fci.nl

Finance, Credit and International Business Association
fcibglobal.com

Institute of International Banking Law and Practice
www.iiblp.org

International Factors Group
www.ifgroup.com

National Association of Credit Managers
www.nacm.org

Pan-Asian Alliance
www.paa.net

World Trade Organisation
www.wto.org

9.5 Software service providers and technology platforms

ACI Worldwide
www.aciworldwide.com/en/Products-and-services

Ariba
www.ariba.com

Asyx
www.asyx.com

Basware
www.basware.co.uk

Bolero
www.bolero.net

Bottomline Technologies
www.bottomline.co.uk

China Systems
www.chinasystems.com/solutions

CGI
www.cgi.com

CSI Banktrade
www.banktrade.com

Core Solutions
www.coresolutions.com

Corporate LinX
www.corporatelinx.com/home.html

Demica
www.demica.com

Earthport
www.earthport.com

Electronic Shipping Solutions
www.essdocs.com

Fundtech
www.fundtech.com

Getronics
www.getronics.com

Global Trade Corporation
www.globaltradecorp.com

Gresham
www.gresham-computing.com

GTNexus
www.gtnexus.com

GXS
www.gxs.com

Misys
www.misys.com

NTT Data
www.nttdata.com

OB10
www.ob10.com

Orbian
www.orbian.com

Pinnacle Solutions
www.pinnaclesolutions.com

Polaris
www.polarisft.com

Premium Technology
www.premiumit.com

PrimeRevenue
primerevenue.com

Quadrem
www.ariba.com/programs/quadrem

Siscom
www.siscom.com.sa

SmartStream Technologies
www.smartstream.com

Sopra Group
www.sopragroup.co.uk

Sterling Commerce
www-01.ibm.com/software/uk/commerce/sterling-commerce

Sungard
www.sungard.com

Surecomp
www.surecomp.com

Syncada
www.syncada.com

Taulia
www.taulia.com/en/solutions

Temenos
www.temenos.com

The Receivables Exchange
www.receivablesxchange.com

Tieto Enator
www.tieto.com

Tradebeam
www.tradebeam.com

Tradecard
www.tradecard.com

Tradevan
www.tradevan.com.tw

Volante
www.volantetech.com

9.6 Business consultancy and business intelligence

Aberdeen Group
www.aberdeen.com

Acarate
www.acarate.com

Aite Group
www.aitegroup.com/Reports

Capco
www.capco.com

Cap Gemini
www.capgemini.com

Celent
www.celent.com

Collyer Consulting
www.collyerconsulting.com

Deloitte
www.deloitte.com

Gartner
www.gartner.com/technology

Global Business Intelligence
www.globalbanking.com

Hennah FSC Advisory
www.hennahfscadvisory.co.uk

KPMG
www.kpmg.com

Oliver Wyman
www.oliverwyman.com

Opus Advisory
www.opus-advisory.com

PriceWaterhouse
www.pwc.com

Trade Finance Associates
www.tradefinanceassociates.com

Tradewiz
www.tradewiz.net

TradeLC Advisory
www.davidmeynell.com

Vanasse & Associés
www.vanasse-associes.com

Xalles
www.xalles.com

9.7 Banks

Afrasiabank
www.afrasiabank.com

ANZ
www.anz.com

Banco do Brasil
www.bb.com.br

Banco Itau BBA
www.itau.com

Bangkok Bank
www.bangkokbank.com

Bank al Etihad
www.bankaletihad.com

Bank of China
www.boc.cn/en

Bank of Communications
www.bankcomm.com

Bank of Montreal
www.bmo.com

Barclays
www.barclayscorporate.com

BNP Paribas
www.bnpparibas.com/en

BTMU
www.bk.mufg.jp/global

Byblos Bank
www.byblosbank.com

China Citic Bank
www.cncbinternational.com/home/en/index.jsp

China Minsheng Banking Corp
www.cmbc.com.cn/index_en.shtml

Citigroup
www.citigroup.com/transactionservices

Commercial Bank of Dubai
www.cbd.ae

Commerzbank
www.commerzbank.com

Deutsche Bank
www.db.com/en/content/company/global_transaction_banking.htm

FIMBank
www.fimbank.com

First National Bank
www.fnb.co.za

Handelsbanken
www.handelsbanken.com

HSBC
www.business.hsbc.co.uk/1/2/international-business

Hua Nan Bank
www.hncb.com.tw/eng

ING
www.ing.com

JPMorgan
www.jpmorgan.com

Kasikornbank
www.kasikornbank.com/EN

Korea Exchange Bank
www.keb.co.kr/main/en

La Caixa
www.lacaixa.com/index_en.html

Maybank
www.maybank.com/en/index.page

National Bank of Greece
www.nbg.gr

Nova Llubljanska Banka
www.nlb.si

Rabobank
www.rabobank.com/en/group/index.html

Qatar National Bank
www.qnb.com.qa

SEB
www.sebgroup.com

Siam Commercial Bank
www.scb.co.th/en/home

SMBC
www.smbcgroup.com

Société Générale
www.societegenerale.com/en

Standard Bank of South Africa
www.standardbank.co.za

Standard Chartered
www.standardchartered.com

Swedbank
www.swedbank.com

The Royal Bank of Scotland
www.rbs.co.uk/corporate/finance.ashx

Unicredit
www.unicreditgroup.eu

UBS
www.ubs.com

9.8 Education and Media

Banking Technology
www.bankingtech.com

BCR Publishing
www.bcrpub.co.uk

Bobs Guide
www.bobsguide.com

Cash & Trade
www.cashandtrademagazine.com

Coastline Solutions
www.coastlinesolutions.com

Corporate Treasurer
www.thecorporatetreasurer.com

Euromoney
www.euromoney.com

Exporta Group
www.exportagroup.com

FX-MM
www.fx-mm.com

Global Finance
www.gfmag.com

Global Trade Review
www.gtreview.com

GTNews
www.gtnews.com

IBS Intelligence
www.ibsintelligence.com

LinkedIn
www.linkedin.com/home

Slide share
www.slideshare.net

The Asian Banker
www.theasianbanker.com

The Banker
www.thebanker.com

The Benche
www.thebenche.com

TFR
www.tfreview.com/news

Trade Finance
www.tradefinancemagazine.com

Treasury Today
www.treasurytoday.com/magazine

Index

ICC Tools for Trade Finance

URBPO — online training

Four hours of structured e-training in all aspects of the URBPO from the basic concepts through to a detailed analysis of the rules.

Book now online **www.iccwbo.org/onlinetraining**

ICC Uniform Rules for Forfaiting — URF 800

Including Model Agreements
Created by the ICC Banking Commission and the International Forfaiting Association (IFA)
ICC Pub. No. 800E, €25

ICC's URF provide a standard set of forfaiting rules that reflect a broad consensus among bankers, users and all members of the forfaiting community worldwide. Created by experts for experts, ICC URF is a must-have for anyone involved in international trade finance transactions.

ICC Uniform Rules for Demand Guarantees — URDG 758

ICC Pub. No. 758E, €30

Officially endorsed by UNCITRAL, this edition provides a clear layout of the examination process for demands, a step-by-step roadmap for handling extend or pay demands, a checklist of drafting recommendations and more.

Guide to ICC Uniform Rules for Demand Guarantees (URDG 758)

by Dr. Georges Affaki, Sir Roy Goode
ICC Pub. No. 702E, €149

This Guide is a vital tool to help you efficiently use ICC's Uniform Rules for Demand Guarantees (URDG 758) - indispensable for issuers and users of guarantees and their advisors.

ICC at a glance

International Chamber of Commerce (ICC) is the world business organization, a representative body that speaks with authority on behalf of enterprises from all sectors in every part of the world.

The fundamental mission of ICC is to promote open international trade and investment and help business meet the challenges and opportunities of globalization. Its conviction that trade is a powerful force for peace and prosperity dates from the organization's origins early in the 20th century. The small group of far-sighted business leaders who founded ICC called themselves "the merchants of peace".

ICC has three main activities: rule setting, dispute resolution, and policy advocacy. Because its member companies and associations are themselves engaged in international business, ICC has unrivalled authority in making rules that govern the conduct of business across borders. Although these rules are voluntary, they are observed in countless thousands of transactions every day and have become part of the fabric of international trade.

ICC also provides essential services, foremost among them the ICC International Court of Arbitration, the world's leading arbitral institution. Another service is the World Chambers Federation, ICC's worldwide network of chambers of commerce, fostering interaction and exchange of chamber best practice. ICC also offers specialized training and seminars and is an industry-leading publisher of practical and educational reference tools for international business, banking and arbitration.

Business leaders and experts drawn from the ICC membership establish the business stance on broad issues of trade and investment policy as well as on relevant technical subjects. These include anti-corruption, banking, the digital economy, marketing ethics, environment and energy, competition policy and intellectual property, among others.

ICC works closely with the United Nations, the World Trade Organization and intergovernmental forums including the G20.

ICC was founded in 1919. Today its global network comprises over 6 million companies, chambers of commerce and business associations in more than 130 countries. National committees work with ICC members in their countries to address their concerns and convey to their governments the business views formulated by ICC.

ICC

International Chamber of Commerce

The world business organization

ICC Banking Commission at a glance

The world's essential rule-making body for the banking industry

With 80 years of experience and more than 600 members in +100 countries, the ICC Banking Commission — the largest commission of ICC, the World Business Organisation — has rightly gained a reputation as the most authoritative voice in the field of trade finance.

Rules

ICC Banking Commission produces universally accepted rules and guidelines for international banking practice. ICC rules on documentary credits, UCP 600, are the most successful privately drafted rules for trade ever developed, serving as the basis of USD2 trillion trade transactions a year.

Policy-making

ICC Banking Commission is helping policy makers and standard setters to translate their vision into concrete programmes and regulations to enhance business practices throughout the world.

Publications and market intelligence

Used by banking professionals and trade finance experts worldwide, ICC Banking Commission publications and market intelligence is the industry's most reputable and reliable source of guidance to bankers and practitioners in a broad range of fields.

Dispute resolution

The ICC Banking Commission and ICC International Centre for Expertise administer the ICC Rules for Documentary Instruments Dispute Resolution Expertise (DOCDEX) to facilitate the rapid settlement of disputes arising in banking.

Education and certification

Over ten thousand people in over 100 countries have trained and been certified in international trade finance using our suite of ICC approved online training services and certification facilities.

Specialized training and events

In addition to its bi-annual summit gathering +300 international delegates every six months, the ICC Banking Commission organizes regular seminars and conferences around the world, in partnerships with ICC National Committees and other sponsors.

Strategic partnerships

Well-established collaboration with leading policy makers and trade association, including WTO (World Trade Organization), ADB (Asian Development Bank), Berne Union, EBRD (European Bank for Reconstruction and Development), IDB (Inter-American Development Bank), IFC (International Finance Corporation), IMF (International Monetary Fund), SWIFT, the World Bank and others.

NOTES

THE ICC GUIDE
to the Uniform Rules for Bank Payment Obligations

Bank Payment Obligations (BPOs) enable banks to mitigate the risks associated with international trade to the benefit of both buyers and sellers. They enable flexible financing propositions across the entire transaction lifecycle, including pre-shipment, post-shipment and buyer finance.

The ICC drafted the first-ever *Uniform Rules for Bank Payment Obligations* (URBPO), a 21st century standard in supply chain finance that governs BPO transactions worldwide and facilitates international trade. The rules were developed by the Banking Commission of the International Chamber of Commerce (ICC), in partnership with financial messaging provider SWIFT to take into account the legitimate expectations of all relevant sectors.

The ICC Guide to the Uniform Rules for Bank Payment Obligations closely examines the ways in which the three critical components of standards, platform and rules must interact and complement one another in order to facilitate the successful completion of a BPO transaction.

It explains workflow in detail and provides examples of how a Bank Payment Obligation may be applied in practice to support a variety of customer value propositions, enabling corporates to take full advantage of a host of bank-assisted open account solutions designed to optimise the management of the cash conversion cycle and of working capital.

This manual is designed not only to guide practitioners in their interpretation of the Uniform Rules for Bank Payment Obligations but also to provide substance to the practical application of the BPO in the context of real life business scenarios. It is a vital reference for anyone involved in financial supply chain transactions and for students of international commerce.

ICC
International Chamber of Commerce
The world business organization

ICC Publication: 751E
ISBN: 978-92-842-0191-4

ICC Business Bookstore
www.iccbooks.com

9 789284 201914